Curso de Filosofia
*Para professores e alunos dos cursos
de ensino médio e de graduação*

Antonio Rezende
organizador

CURSO DE FILOSOFIA
*Para professores e alunos dos cursos
de ensino médio e de graduação*

20ª reimpressão

Copyright © 1986 by Editora Zahar

Grafia atualizada segundo o Acordo Ortográfico da Língua Portuguesa de 1990, que entrou em vigor no Brasil em 2009.

CIP-Brasil. Catalogação na fonte
Sindicato Nacional dos Editores de Livros, RJ

C986	Curso de filosofia: para professores e alunos dos cursos de ensino médio e de graduação / Antonio Rezende — 1ª ed — Rio de Janeiro: Zahar, 1986.
	ISBN 978-85-7110-399-3
	1. Filosofia. I. Rezende, Antonio.
10-2800	CDU: 1
	CDD: 100

[2022]
Todos os direitos desta edição reservados à
EDITORA SCHWARCZ S.A.
Praça Floriano, 19, sala 3001 — Cinelândia
20031-050 — Rio de Janeiro — RJ
Telefone: (21) 3993-7510
www.companhiadasletras.com.br
www.blogdacompanhia.com.br
facebook.com/editorazahar
instagram.com/editorazahar
twitter.com/editorazahar

SUMÁRIO

Apresentação do organizador   7

Introdução:
O QUE É FILOSOFIA E PARA QUE SERVE   11
Maura Iglésias, PUC/RJ

1. PRÉ-SOCRÁTICOS: FÍSICOS E SOFISTAS   19
Maura Iglésias, PUC/RJ

2. PLATÃO E AS IDEIAS   51
José Américo Motta Pessanha, UFRJ

3. O REALISMO ARISTOTÉLICO   69
Maria do Carmo Bettencourt de Faria, UFRJ

4. A FILOSOFIA CRISTÃ   88
José Silveira da Costa, UFRJ

5. O RACIONALISMO CARTESIANO   101
Hilton Japiassú, UFRJ

6. O EMPIRISMO INGLÊS   117
Danilo Marcondes, PUC/RJ e UFF

7. O CRITICISMO KANTIANO   127
Valerio Rohden, UFRGS

8. O POSITIVISMO DE COMTE   144
Maria Célia Simon, USU

9. Hegel e a Dialética   159
   Franklin Trein, UFRJ

10. O Materialismo Histórico   173
   Wilmar do Valle Barbosa, UFRJ

11. O Irracionalismo de Kierkegaard   196
   Leda Miranda Huhne, USU

12. Nietzsche: Uma Crítica Radical   219
   Vera Portocarrero, USU

13. O Existencialismo de Sartre   232
   Gerd Bornheim, UFRJ

14. A Filosofia Analítica   244
   Vera Cristina de Andrade Bueno, PUC/RJ e UFF
   Luiz Carlos Pereira, Unicamp e PUC/RJ

15. Visões da Modernidade   256
   Eduardo Jardim de Moraes, PUC/RJ
   Kátia Muricy, PUC/RJ

16. A Filosofia no Brasil   275
   Antonio Rezende, PUC/RJ e CEN

Vocabulário elaborado por Hilton Japiassú   293

Índice onomástico   306

Apresentação

O presente *Curso de filosofia* destina-se a todos os que se iniciam no estudo da matéria, assim como a todo leitor culto que tenha o seu interesse despertado pela temática dessa disciplina ou queira, de forma metódica e mais sistematizada, organizar as ideias filosóficas que integram já o seu repertório cultural, haurido em várias fontes dispersas, ao sabor da curiosidade e da ocasional motivação, ou construído, à maneira dos pensadores, em função do *pathos*, do espanto original propriamente filosófico.

Por isso mesmo, espera tornar-se um valioso instrumento para uso dos professores e alunos do ensino médio, onde o ensino da filosofia vem sendo reintroduzido.

Creio que é de Antonio Cândido a queixa de que ele próprio e os de sua geração nada escreveram que tivesse como destinatários os jovens adolescentes de nossos colégios e o leitor culto não especializado, ficando essa faixa expressiva da inteligência brasileira privada do indispensável instrumento teórico que a capacitasse a uma *leitura* mais ampla e consistente de seu tempo e seu país.

O presente manual pretende ocupar esse espaço no setor específico do saber filosófico, querendo contribuir, em nível de iniciação, para a formação da inteligência crítica de seus destinatários.

Para isso, ir aos filósofos mesmos constitui a mediação reconhecidamente necessária. Porque o espírito filosófico não se pode formar senão pelo contato direto com as filosofias e com os filósofos. Por isso, nossa opção, entre outras, foi a de contratá-los diretamente. Para tanto, decidimos apresentá-los historicamente encarnados e na ordem de sua aparição cronológica. O estudo histórico tem a vantagem de ser menos "dogmático" que o estudo temático, e de mais simples exposição pedagógica.

8 Curso de filosofia

Inspirou-nos a estrutura deste *Curso de filosofia* a ideia de reunir num único documento uma história da filosofia — posto que não há aprendizado possível de filosofia sem a história da filosofia — e uma seleção de textos significativos dos grandes autores, capaz de ilustrar os temas básicos de nossa disciplina.

Inspirou-nos, também, o desejo de constituir este livro um verdadeiro *manual*, algo como um vade-mécum dos juristas, de indispensável e frequente consulta, sempre à mão, para tornar o filósofo aprendiz apto ao enfrentamento das grandes questões da filosofia, que são, afinal, de toda gente, e para, enfim, ensiná-lo a pensar.

A escolha dos diversos autores desta obra comum obedeceu ao critério da proximidade que facilitava o contato do organizador com os redatores dos vários capítulos e o da competência, visto serem todos eles profissionais qualificados, que gozam do reconhecimento da comunidade de alunos e professores e que, no banco de provas do dia a dia de sua atividade no magistério de nossas faculdades de filosofia, trabalham com seus discípulos os temas e os autores sobre os quais se dispuseram a escrever.

Naturalmente, tal mobilização se deveu ao espírito de militância fraterna e de companheirismo desenvolvido na convivência constante proporcionada pela seção regional da Sociedade de Estudos e Atividades Filosóficas (SEAF-RJ) de que são sócios todos os coautores deste *Curso*.

Responde, finalmente, este livro ao desejo e inspiração do presidente da SEAF, professor Olinto A. Pegoraro, que animou a sua publicação, querendo com isso traduzir, num gesto concreto, a intenção proclamada dessa entidade de dar ao ensino da filosofia no ensino médio o tratamento prioritário que sua reintrodução na rede das escolas públicas estava a exigir.

No tocante à estrutura do manual, vale notar que fizemos constar dele, na parte final, um glossário de termos mais usados em filosofia, com sua significação geral. No fim, porém, de cada capítulo, há uma listagem de palavras-chave, que constituem um vocabulário estrito para a leitura e a compreensão de cada capítulo em particular. Após cada capítulo, há também um questionário para uso dos alunos e cuja resposta correta constitui um indicador seguro da assimilação proveitosa do texto ou, caso contrário, um convite para a repetição da leitura até a obtenção do resultado positivo. Os temas, também no final de cada capítulo, são sugestões para animar seminários e debates programados pelo professor, temas que, embora sugeridos pelos textos — sempre acompanhados de comentários técnicos de seus apresentadores —, os extrapolam, naturalmente, abrindo-se aquelas perspectivas que fazem da construção da filosofia uma obra aberta e inconclusa.

Como todo manual, este é também um livro lacunoso. Lacunas aumentadas, sobretudo, pela urgência que marcou fortemente a sua elaboração. Por isso, contamos com o favor dos seus destinatários, de sua crítica e a dos professores que se dignarem utilizá-lo nos seus cursos para, numa próxima edição, isentá-lo das falhas e limitações que forem apontadas e melhorá-lo quanto estiver no alcance de seus autores.

Rio, maio de 1986,
ANTONIO REZENDE
(organizador)

Introdução

O QUE É FILOSOFIA E PARA QUE SERVE

*Maura Iglésias**

1. Filosofias

O uso normal e correto da língua portuguesa admite um sentido muito amplo para a palavra "filosofia". Fala-se, por exemplo, que Fulano tem uma excelente "filosofia" de trabalho; que a vovó tem uma "filosofia" de vida formidável; e até mesmo que determinado técnico de futebol vai imprimir uma nova "filosofia" ao time. Em todos esses casos, parece que "filosofia" tem a ver com uma concepção, e pois com um "saber", de como o trabalho, a vida ou o time de futebol devem ser dirigidos: há um "saber de direção" envolvido nessas filosofias. Mas fala-se também de filosofia hindu, de filosofia chinesa... E aqui parece que filosofia já tem um sentido mais técnico, de sistematização de pensamentos especulativos ou de reflexões morais produzidos pelo povo hindu ou pelo chinês. Como se não bastasse, as livrarias oferecem, sob a rubrica "filosofia", uma variedade bastante exótica, onde aparecem, entre outras produções, tratados de ioga, e disciplinas espirituais e ascéticas de monges tibetanos.

Em todos esses casos, e é o que deve unificar tantos usos diferentes da palavra, filosofia tem a ver com uma forma de saber — e que não é um saber qualquer: não é, por exemplo, um "saber que o fogo queima", ou um "saber nadar", ou um "saber plantar", ou um "saber fazer vestidos", por mais úteis e até mesmo indispensáveis que sejam todos esses tipos de saber. "Filosofia" tem, mesmo no seu sentido lato, uma ligação com um saber que se percebe como sendo mais relevante,

---

* Professora de filosofia, PUC/RJ.

12   Curso de filosofia

relativo a coisas mais fundamentais, embora menos diretamente úteis, que um simples saber empírico, ou que um saber ligado a produções de coisas indispensáveis para a sobrevivência. Não é, pois, meramente arbitrário o uso da palavra "filosofia" em todos os casos citados acima. Mas é preciso estar ciente de que a disciplina acadêmica que se intitula "filosofia" usa essa palavra num sentido estrito, que exclui de seu âmbito não só a concepção de vida da vovó e as disciplinas ascéticas dos monges tibetanos, mas também — e esta afirmação talvez seja um tanto polêmica — textos às vezes altamente especulativos das milenares civilizações chinesa e hindu. Mas não há nenhum julgamento depreciativo por parte de quem nega ao pensamento hindu ou chinês o nome de filosofia. Quer-se simplesmente dizer que eles são diferentes, têm outros pressupostos, metas outras que a filosofia propriamente dita.

2. Filosofia

Filosofia é uma palavra de origem grega (*philos* = amigo; *sophia* = sabedoria) e em seu sentido estrito designa um tipo de especulação que se originou e atingiu o apogeu entre os antigos gregos, e que teve continuidade com os povos culturalmente dominados por eles: *grosso modo*, os povos ocidentais. É claro que, atualmente, nada impede que em qualquer parte do mundo se possa fazer especulação "à moda grega", isto é, filosofia.

Mas, se afirmamos que esse tipo de especulação é diferente, que tem características próprias, quais são estas, afinal? Que é, afinal, filosofia?

Bem... Se perguntarmos a dez físicos "o que é a física", eles responderão, provavelmente, de maneira parecida. O mesmo se passará, provavelmente, se perguntarmos a dez químicos "o que é a química". Mas, se perguntarmos a dez filósofos, "o que é a filosofia", ouso dizer que três ficarão em silêncio, três darão respostas pela tangente, e as respostas dos outros quatro vão ser tão desencontradas que só mesmo outro filósofo para entender que o silêncio de uns e as respostas dos outros são todas abordagens possíveis à questão proposta.

Para quem ainda está fora da filosofia, a coisa pode estar parecendo confusa. Mas a razão da dificuldade é fácil de explicar: talvez seja possível dizer e entender o que é a física, de fora da física; e dizer e entender o que é a química, de fora da química. Mas, para dizer e entender o que é a filosofia, é preciso já estar dentro dela. "O que é a física" não é uma questão física, "o que é a química" não é uma questão química, mas "o que é a filosofia" já é uma questão filosófica — e talvez uma das características da questão filosófica seja o fato de suas respostas, ou tentativas de resposta, jamais esgotarem a questão, que permanece assim com sua força de questão, a convidar outras respostas e outras abordagens possíveis.

E já que os filósofos não vão mesmo entrar num acordo, deixemos de lado o problema da definição. Entremos de uma vez na filosofia, mais propriamente na metafísica de Aristóteles, onde este está justamente em busca de uma "*sophia*" (sabedoria) que seja a maior, a mais importante, a primeira sabedoria.

É pois evidente que a sabedoria [*sophia*] é uma ciência sobre certos princípios e causas. E, já que procuramos essa ciência, o que deveríamos indagar é de que causas e princípios é ciência a sabedoria. Se levarmos em conta as opiniões que temos a respeito do sábio, talvez isso se torne mais claro. Pensamos, em primeiro lugar, que o sábio sabe tudo, na medida do possível, sem ter a ciência de cada coisa particular. Em seguida, consideramos sábio aquele que pode conhecer as coisas difíceis, e não de fácil acesso para a inteligência humana (pois o sentir é comum a todos e por isso é fácil, e nada tem de sábio). Ademais, àquele que conhece com mais exatidão e é mais capaz de ensinar as causas, consideramo-lo mais sábio em qualquer ciência. E, entre as ciências, pensamos que é mais sabedoria a que é desejável por si mesma e por amor ao saber, do que aquela que se procura por causa dos resultados, e [pensamos] que aquela destinada a mandar é mais sabedoria que a subordinada. Pois não deve o sábio receber ordens, porém dá-las, e não é ele que há de obedecer a outro, porém deve obedecer a ele o menos sábio. Tais são, por sua qualidade e seu número, as ideias que temos acerca da sabedoria e dos sábios.

(Aristóteles, *Metafísica*, A 982 a)*

---

* Nas citações de autores antigos, figuram não só o título da obra e o livro ou capítulo de onde é extraída a citação, mas também a paginação (com indicação das colunas, parágrafos e linhas) de uma edição importante tomada como referência. A paginação da edição de referência figura geralmente à margem, em todas as edições da mesma obra, em qualquer língua. (N. da A.)

14   Curso de filosofia

Cada uma das características apontadas por Aristóteles mereceria um exame especial. Mas fixemo-nos em algumas delas. O saber filosófico: 1) é um saber "de todas as coisas", um saber universal; num certo sentido, nada está fora do campo da filosofia; 2) é um saber pelo saber: um saber livre, e não um saber que se constitui para resolver uma dificuldade de ordem prática; 3) é um saber pelas *causas*; o que Aristóteles entende por causa não é exatamente o que nós chamamos por esse nome; de qualquer forma, saber pelas causas envolve o exercício da razão, e esta envolve a crítica: o saber filosófico é, pois, um saber crítico.

3. Origem da filosofia

Platão e Aristóteles indicaram com precisão a experiência que, segundo eles, dá origem ao pensar filosófico. É aquilo que os gregos chamaram *"thauma"* (espanto, admiração, perplexidade).

> Teeteto — E, pelos deuses, Sócrates, meu espanto é inimaginável ao indagar-me o que isso significa; e, às vezes, ao contemplar essas coisas, verdadeiramente sinto vertigem.
> Sócrates — Teodoro, meu caro, parece que não julgou mal tua natureza. É absolutamente de um filósofo esse sentimento: espantar-se. A filosofia não tem outra origem ... .
>
> (Platão, *Teeteto*, 155 c 8)

> Com efeito, foi pela admiração [*thauma*] que os homens começaram a filosofar tanto no princípio como agora; perplexos, de início, ante as dificuldades mais óbvias, avançaram pouco a pouco e enunciaram problemas a respeito das maiores, como os fenômenos da Lua, do Sol e das estrelas, assim como da gênese do universo. E o homem que é tomado de perplexidade e admiração julga-se ignorante (por isso o amigo dos mitos [filómito] é de um certo modo filósofo, pois também o mito é tecido de maravilhas); portanto, como filosofavam para fugir à ignorância, é evidente que buscavam a ciência a fim de saber, e não com uma finalidade utilitária.
>
> (Aristóteles, *Metafísica*, A 982 b)

A filosofia, pois, começa quando algo desperta nossa admiração, espanta-nos, capta nossa atenção (que é isso? por que é assim? como é possível que seja assim?), interroga-nos insistentemente, exige uma explicação.

Espantar-se diante das coisas, interrogá-las, é próprio da condição humana. Qualquer cultura, por mais primitiva que seja, tem, desde sempre, seu arsenal de respostas e explicações às questões que normalmente são postas. No caso de questões originárias (como surgiu o mundo, como surgiu aquele determinado povo, de onde vem a chuva ou o trovão ou o fogo, como foram introduzidas as técnicas ou as regras sociais), é comum que as respostas estejam contidas em mitos. E se, por um lado, é normal ao ser humano espantar-se, interrogar, é por outro lado normal que não se espante nem se interrogue muito. Sendo a maioria das pessoas pouco exigente, as explicações dadas pelo mito, ou quaisquer outras explicações prontas de uma cultura, bastam para quebrar o espanto nascente, e, assim sendo, a filosofia não acontece. Aliás, é comum também que as questões mais fundamentais nem cheguem a ser postas — um ser humano pode crescer, assimilando com naturalidade as explicações dadas pela sua cultura sobre o mundo que o circunda, quer se trate do mundo físico, quer do social. As regras de conduta, o sistema de organização social muitas vezes não chegam a espantar ninguém. As pessoas crescem aceitando sem discutir os papéis sociais que lhes são atribuídos, sem jamais questionar seu valor e seu porquê, como se tudo fosse parte da ordem natural e inevitável das coisas. Ora, a filosofia grega parece ter surgido quando, por uma série de fatores complexos, que não podemos aqui desenvolver, as respostas dadas pelo mito a certas questões não satisfizeram mais a certas mentes particularmente exigentes de um povo particularmente curioso e passível de se espantar — e as questões continuaram assim, com sua força de questão e de espanto, a exigir uma resposta que fosse além das convencionais.

4. Por que filosofia?

Uma das coisas que mais chamam a atenção, quando se examina o fenômeno filosófico na Grécia, é a rapidez com que a filosofia atingiu sua plena maturidade. Entre Tales e Platão, a distância é de apenas dois séculos! É claro que isso dependeu da feliz coincidência de vários fatores, entre os quais o aparecimento de alguns gênios excepcionais. Mas também a própria maneira de ser da especulação filosófica deter-

16   Curso de filosofia

minou esse desenvolvimento meteórico. A explicação pelo mito, ou pela tradição, tem a força do sagrado. Quando o mito fala, é como se Deus falasse — e com Deus não se discute. Mas quando, numa sociedade laicizada como foi a grega do século VI a.c., onde não só o mito já está desacreditado, mas onde se pode dar ao luxo de não levar o mito a sério, os sábios começam a dar explicações filosóficas sobre fenômenos naturais, estas não têm de modo algum a força do sagrado. A explicação filosófica é apenas a explicação de um homem. E, sem o endosso divino, ela não pode impor-se sem uma prova. Ora, ao contrário da matemática, que, ao lado da filosofia, desenvolveu-se rapidamente nessa época, a filosofia não conseguia produzir suas provas. E assim a resposta de um filósofo só fazia convidar outro a apresentar sua resposta à questão. Isso parece ter provocado uma reação em cadeia, e o questionamento filosófico caminhou rapidamente, como continua caminhando até hoje, porque não tem fim. Desde os tempos dos gregos, muitas das questões que nasceram "filosóficas" já deixaram de o ser — pois foram resolvidas, perdendo sua força de espanto. Mas, em compensação, outras questões são suscitadas, em número infinito.

E agora talvez caiba uma pergunta: quais as consequências disso tudo?

Bem... Entre os dez filósofos a quem mais acima propúnhamos a questão "o que é a filosofia", talvez houvesse um engraçadinho que responderia com uma definição célebre e jocosa, que rola por aí sobre a filosofia: "*è una scienza colla quale o senza la quale il mondo diventa tale e quale*".

Num certo sentido, esse engraçadinho tem razão. Filosofia é saber pelo saber. Não sendo, pois, dirigida a nenhuma solução de ordem prática, ela é, num certo sentido, o mais inútil de todos os saberes.

E cabe de novo perguntar: mas então... pra que fazer isso?

Bem... Quando se examina a história das civilizações, até um passado muito recente, um aspecto que chama a atenção é o dinamismo das sociedades ocidentais, em comparação com as orientais. A civilização ocidental não só elaborou as teorias físicas que resultaram na tecnologia moderna, mas também todas as grandes teorias no campo da biologia, da psicologia, da política, da economia etc. que revolucionaram a visão tradicional sobre os homens e suas instituições. Com seus méritos e deméritos, vantagens e desvantagens, todo esse dinamismo tem a ver com o tipo de pensamento desenvolvido no Ocidente, isto é, com a filosofia.

Ora, uma das belezas que nos revela a análise etimológica da palavra filosofia é a modéstia com que o filósofo se apresenta: ele não é um sábio, ele é "amante da sabedoria". A filosofia não é tanto um saber como uma atividade: a da busca, a do cultivo do saber. O primeiro espanto talvez tenha sido involuntário; mas, depois que se torna "amante da sabedoria", o filósofo torna-se amante do próprio espanto, que é a experiência que o joga na atividade da busca do saber, que é o objeto do seu amor. O filósofo é alguém que sabe manter viva a capacidade de se espantar. Lá mesmo, onde todo o mundo está instalado, dentro do óbvio mais ululante, o filósofo é aquele que chega e, com toda espécie de perguntas engraçadas, dá uma sacudida e faz ver que nada é óbvio, e que tudo é realmente de pasmar! Nada escapa a seu questionamento: nem Deus, nem o homem e suas instituições, nem as ciências, seus métodos e seus resultados, nem os resultados do questionamento filosófico, nem o próprio direito do filósofo de questionar. Filosofia é "saber de todas as coisas" e é saber crítico. Nem ela própria pode escapar ao seu questionamento e à sua crítica.

Ora, numa sociedade em que as explicações estão todas prontas, onde as normas são aceitas sem discussão, a tendência é estagnar. As alterações, inevitáveis em qualquer comunidade humana, ficam por conta de fatores externos: mudanças climáticas, cataclismas, guerras, invasões... Mas lá onde há questionamento de tudo existe um princípio interno de transformação, e existe a permanente possibilidade da mudança.

É por isso que, entre os nossos dez filósofos, um certamente se insurgiria contra seu colega engraçadinho e bradaria indignado: "Alto lá! A filosofia é o contrário disso, ela é justamente a ciência com a qual não é possível ao mundo permanecer tal e qual!"

E é só entrar na filosofia para entender que ele também tem razão.

Capítulo 1

PRÉ-SOCRÁTICOS: FÍSICOS E SOFISTAS

*Maura Iglésias**

1. Sábios. Filósofos. Físicos. Sofistas

Entre todos os povos aparecem homens que se notabilizam por seu saber. Os gregos já tinham a memória de vários sábios ilustres quando, no século VI a.c., começaram a aparecer, nas colônias gregas da Jônia (Ásia Menor), os primeiros sábios de um tipo que a tradição posterior chamou filósofos. Eles não foram, provavelmente, vistos por seus contemporâneos como sendo essencialmente diferentes de outros sábios. Eram homens de grande saber, teórico e prático, aos quais foram atribuídos feitos notáveis, como prever eclipses, medir a distância de navios no mar (Tales), traçar mapas da Terra, construir relógios de sol (Anaximandro). Alguns desses feitos dependeram de conhecimentos astronômicos e matemáticos adquiridos provavelmente junto a sábios babilônios e egípcios. Não é por conta disso, pois, que esses primeiros filósofos se distinguiram de outros sábios.

Sua originalidade começa a aparecer melhor quando se consideram suas explicações sobre fenômenos naturais como a chuva, o raio, o trovão; suas descrições do cosmo; suas explicações sobre a origem mesma do universo. É na comparação dessas suas explicações sobre o mundo natural com aquelas dadas pelos mitos e pelas crenças populares que nos damos conta da emergência de algo novo: o uso da especulação racional na tentativa de compreender a realidade que se manifesta aos homens.

---

* Professora de filosofia da PUC/RJ.

20 Curso de filosofia

Durante todo o século VI, foi sobre a *physis*, o mundo natural, que se exerceu sobretudo a especulação racional dos gregos. A filosofia nasceu como física, e os primeiros filósofos foram, acertadamente, também chamados físicos.

Mas note-se que, apesar de nossa palavra física provir de *physis*, a realidade que os gregos chamaram por esse nome não corresponde exatamente àquela que é objeto da física atual. Os gregos não apreenderam a *physis*, por exemplo, num contraste com o biológico ou mesmo com o psíquico. Ao contrário. *Physis* vem de *phyein* (emergir, nascer, crescer, fazer nascer, fazer crescer) e designa tudo o que brota, cresce, surge, vem a ser.

O contraste que os gregos vão descobrir é entre *physis* e *nomos*, que se poderia entender, *grosso modo*, como o contraste entre ordem natural e ordem humana. Para nós, esse contraste pode parecer óbvio: de um lado, leis naturais — eternas, imutáveis, inexoráveis, leis que os homens podem descobrir, mas não constituir ou alterar, que podem usar em seu proveito, mas a que não podem deixar de submeter-se; e, de outro lado, leis humanas, escritas ou orais, costumes, regras de conduta, a própria linguagem — toda uma realidade que parece constituída pelo homem e dele dependente.

Esse contraste, entretanto, não é notado espontaneamente por qualquer cultura. Uma sociedade pré-filosófica pode apreender as leis e costumes sociais como tão inexoráveis quanto as leis naturais — umas e outras fundadas no sagrado, constituídas pela vontade divina. Foi a profunda dessacralização da sociedade grega que permitiu que, a partir do século V a.C., alguns sábios começassem a refletir sobre a natureza do *nomos*. Ora, o contato com culturas diferentes já havia revelado a diversidade dos valores, das leis, dos costumes, das regras de conduta que regem as sociedades humanas. E esses sábios foram levados a concluir que o *nomos* não era "natural", mas sim produto da convenção humana. Esses sábios foram os sofistas.

Tendo assim tirado ao *nomos* seu fundamento absoluto, divino, os sofistas passavam a fundá-lo no próprio arbítrio dos homens. E esses homens, eles, sofistas, propunham educar, preparando-os para assumir plenamente sua condição de cidadãos. E ser bom cidadão consistia não apenas em bem conduzir-se, mas em ser capaz de bem administrar a cidade.

Fosse qual fosse o conteúdo do ensinamento sofístico, parte integrante dele era a técnica de bem compor discursos, de bem usar a palavra, de bem falar sobre todas as coisas. Ora, no regime democrático que então florescia em Atenas, aquele que tivesse o domínio da palavra teria o domínio da assembleia e, dessa forma, o poder político. Numa cultura em que o indivíduo se realiza dentro de sua *polis* (cidade-Estado) e em função dela, o sucesso na política se confundia com o sucesso pessoal, com a vida bem-sucedida, com a própria felicidade. Não havia, pois, saber mais cobiçado do que esse que os sofistas diziam ter e poder transmitir.

Para os atenienses em geral, Sócrates (469-399 a.C.) talvez fosse um sofista como os outros. Ele se ocupava do mesmo tipo de questões, tipicamente humanas, e vivia cercado de jovens ávidos de aprender. Platão, entretanto, marcou uma oposição fundamental entre Sócrates e os sofistas. Nada tendo escrito, o Sócrates que conhecemos é o personagem que aparece em quase todos os diálogos de Platão. Os escritos dos sofistas, por outro lado, foram todos perdidos, deles só restando fragmentos. Dessa forma, tanto de Sócrates quanto dos sofistas temos, praticamente, a imagem que deles nos deixou Platão. E, para Platão, enquanto Sócrates é o filósofo por excelência, os sofistas... esses, coitados, não são nem sábios nem filósofos. São charlatães, ilusionistas cujo saber se resume em "saber usar a palavra" e com ela criar, graças à ignorância do público a quem se dirigem, uma falsa aparência de saber.

É muito devido à imagem que Platão nos legou de Sócrates e dos sofistas que os historiadores da filosofia consagraram a expressão filósofos pré-socráticos, reconhecendo em Sócrates uma linha divisória, o momento em que a ênfase do pensamento racional mudou de objeto, passando da *physis* para o *nomos*. A reflexão sobre assuntos humanos já tinha sido, em verdade, inaugurada por sofistas anteriores a Sócrates; mas neles a história da filosofia, com ou sem justiça, não reconhece filósofos dignos desse nome.

Infelizmente, tanto dos físicos pré-socráticos quanto dos sofistas, todos os escritos foram perdidos; assim sendo, só podemos conhecê-los por fragmentos e pela doxografia. Mas tentaremos abordar os grandes temas de seu pensamento, dando, aqui e ali, amostras dos farrapos que foram preservados, ou dos testemunhos que nos chegaram sobre eles. Convém lembrar entretanto que esses testemunhos, sobretudo no caso dos sofistas, nem sempre tiveram a preocupação de fidelidade.

2. Meteorologia. Cosmologia. Cosmogonia

Algumas das questões que ocuparam os primeiros filósofos não nos parecem em absoluto "filosóficas". As respostas a essas questões, procuraríamos, hoje, de preferência nas ciências empíricas, como a física. São questões sobre fenômenos naturais como a chuva, o raio, o trovão etc. (meteorologia); descrições do cosmo (cosmologia); explicações sobre a formação do universo (cosmogonia). Não existe, entretanto, diferença entre assuntos filosóficos e assuntos científicos quando começa a especulação racional. As ciências que hoje são empíricas nasceram "especulativas", e os resultados dessas especulações não podiam de forma alguma ser comprovados.

As respostas que os primeiros filósofos deram a algumas dessas questões podem não ser a última palavra que as ciências empíricas hoje nos dão, mas revelam intuições notáveis.

2.1. Meteorologia

[Segundo Anaximandro] os ventos produzem-se quando os vapores mais sutis do ar se separam e quando são postos em movimento por congregação; a chuva resulta da exalação que se eleva das coisas que estão ao sol, e o relâmpago origina-se sempre que o vento se desencadeia e fende as nuvens.

(Hipólito, *Ref.*, I, 6, 7)

... Anaxímenes disse que as nuvens se produzem quando o ar se torna mais espesso; quando a sua compressão aumenta, a chuva é espremida, e o granizo forma-se quando a água se solidifica ao cair, e a neve, quando uma porção de vento é incluída com a umidade.

(Écio, III, 2)

Anaxímenes diz que a terra, ao ser sucessivamente molhada a dessecada, abre fendas, e é sacudida pelos cumes das montanhas que deste modo se fragmentam e caem dentro dela. Por isso, os tremores de terra ocorrem tanto nos períodos de seca como também nos de chuvas excessivas; pois durante os períodos de estiagem, como se disse, a terra seca se fende e, ao ser encharcada pelas águas, desfaz-se em pedaços.

(Aristóteles, *Meteor.*, B 7, 365 b 6)

Chamamos ao reflexo do sol nas nuvens arco-íris. Por isso é sinal de tempestade; pois a umidade, que cobre a nuvem, ou cria vento ou derrama a chuva.

(Fr. 19, Σ BT in *Iliadem* 17, 547 [sobre Anaxágoras])

2.2. Cosmologia

Alguns há, como Anaximandro entre os antigos, que afirmam que ela [a Terra] se mantém imóvel devido ao equilíbrio. Pois convém que aquilo que está colocado ao centro, e está a igual distância dos extremos, de modo algum se desloque mais para cima ou para baixo ou para os lados; e é-lhe impossível mover-se simultaneamente em direções opostas, pelo que se mantém fixa, por necessidade.

(Aristóteles, *De Caelo*, B 13, 295 b 10)

[Segundo Anaximandro] os corpos celestes nascem como círculos de fogo separados do fogo do mundo e cercados de ar. Há respiradouros, aberturas como as da flauta, nos quais aparecem os corpos celestes; consequentemente, os eclipses dão-se quando os respiradouros são obs-truídos. A Lua é vista ora a aumentar, ora a diminuir, consoante a obstrução ou abertura dos canais. O círculo do Sol é 27 vezes maior do que [a Terra, o da] Lua [18 vezes]; o Sol é o mais alto, e os círculos das estrelas fixas são os mais baixos.

(Hipólito, *Ref.*, I, 6, 4-5)

[Segundo Anaxímenes] A Terra, sendo plana, é transportada pelo ar, e semelhantemente o Sol, a Lua e os outros corpos celestes, todos eles ígneos, vão sobre o ar graças à sua configuração plana.

(Hipólito, *Ref.*, I, 7, 4)

Anaxímenes diz que os astros estão implantados, como pregos, no cristalino ... .

(Écio II, 14, 3-4)

[Segundo Anaxágoras] (6) O Sol, a Lua e todas as estrelas são pedras incandescentes que a rotação do éter faz girar consigo. Por baixo das estrelas estão certos corpos, invisíveis para nós, que giram com o Sol e a Lua. (7) Nós não sentimos o calor das estrelas porque elas estão muito longe da Terra; além disso, elas não são tão quentes como o Sol, porque ocupam uma região mais fria. A Lua está abaixo do Sol e mais perto de nós. (8) O Sol excede o Peloponeso em tamanho. A Lua não tem nenhuma

24   Curso de filosofia

luz própria, mas obtém-na do Sol. As estrelas, na sua revolução, passam por baixo da Terra. (9) Os eclipses da Lua são devidos ao fato de ela ser ocultada pela Terra, ou às vezes pelos corpos abaixo da Lua; os do Sol, à interposição da Lua, quando é Lua nova ... (10) .... Ele sustentava que a Lua era feita de terra e tinha planícies e ravinas.

(Hipólito, *Ref.*, I, 8, 6-10)

2.3. Cosmogonia

Ele [Anaximandro] diz que aquilo que produz, a partir do eterno, o calor e o frio se separou quando da geração deste mundo, e que a partir dele uma espécie de esfera de chamas se formou em volta do ar que circunda a Terra, como a casca em redor da árvore. Quando esta [a esfera] estalou e foi encerrada em determinados círculos, foi então que se formaram o Sol e a Lua e os astros.

(Pseudoplutarco, *Strom.*, 2)

... e todas as coisas [segundo Anaxímenes] são produzidas por uma espécie de condensação, e depois rarefação, dele [sc. do ar]. O movimento existe, de fato, desde todo o sempre; ele [Anaxímenes] diz que, quando o ar se comprime, logo se gera a Terra, a primeira de todas as coisas, completamente plana — por isso e consequentemente, ela é levada pelo ar; e o Sol e a Lua e os demais corpos celestes têm na Terra a origem do seu nascimento. Pelo menos, ele declara que o Sol é terra, mas que, devido à rapidez de seu movimento, obtém calor bastante.

(Hipólito, *Ref.*, I, 7, 5)

Leucipo sustenta que o todo é infinito ... parte dele é cheia e parte vazia .... Daqui surgem os mundos inúmeros, e são dissolvidos de novo nestes elementos. Os mundos nascem da seguinte maneira: muitos corpos de todas as espécies de formas movem-se "por abscissão do infinito" para dentro de um grande vazio; aí se juntam e produzem um redemoinho único, no qual, colidindo uns com os outros e revolvendo-se de todas as maneiras, começam a separar-se semelhante para o semelhante. Mas, quando a sua quantidade os impede de continuar a roda em equilíbrio, os que são finos saem em direção ao vazio circundante como que peneirados, enquanto os restantes "permanecem juntos" e, emaranhando-se, unem os seus movimentos e fazem uma primeira estrutura esférica. Essa estrutura está à parte como uma "membrana" que contém em si todas as espécies de corpos; e à medida que rodopiam, devido à resistência do meio, a membrana circundante torna-se fina, enquanto os átomos

Pré-socráticos: físicos e sofistas 25

contíguos continuam a correr juntos, devido ao contato com o redemoinho. Assim, a Terra se gerou, permanecendo juntos nesse ponto os átomos, que tinham sido levados para o meio. Uma vez mais, a membrana que os contém aumenta, devido à atração dos corpos do exterior; à medida que gira no redemoinho, absorve tudo aquilo em que roda. Alguns desses corpos que se emaranham e formam uma estrutura que a princípio é úmida e lamacenta, mas à medida que revolvem com o redemoinho do todo, eles secam e então incendeiam-se para formar a substância dos corpos celestes.

(Diógenes Laércio, IX, 31 (DK 67 A1)

3. A busca de "princípios"

Mesmo na reflexão sobre a *physis*, há um aspecto ainda hoje reconhecidamente "filosófico": a busca de princípios. A física moderna tem muito a dizer sobre a formação do universo, e é capaz de reconstituir a sua história por bilhões e bilhões de anos. Mas quando chega no começo, no comecinho mesmo de tudo, no "princípio", aí, sentimos, a coisa vira "filosófica".

Como os textos dos pré-socráticos em grande parte se perderam, ao abordar o seu estudo é impossível evitar a perspectiva de Aristóteles, que foi o primeiro autor a se referir a eles de maneira sistemática. Ora, para Aristóteles, ciência é conhecimento pelas causas; e a primeira ciência é, evidentemente, a busca das primeiras causas, isto é, dos princípios. Mas princípio (em grego, *arché*) não é somente princípio no tempo. Seja no campo da física, da ética, da lógica ou de qualquer outra coisa, princípio é o fundamento, aquilo de que todas as outras coisas são derivadas, ele próprio não sendo derivado nem deduzido de nada.

É na especulação que busca as causas, e sobretudo os princípios, que Aristóteles reconhece a marca do filósofo. E é com esse critério que ele aponta e fixa, para a história da filosofia, quem, antes dele, foi e quem não foi filósofo.

Acontece que, para Aristóteles, causa se diz em quatro sentidos: causa material (a matéria de que a coisa é feita); causa formal (a essência, isto é, aquilo que identifica a coisa como aquilo que ela, fundamentalmente, é); causa eficiente (aquilo que produz a coisa); causa final (aquilo em vista do que a coisa é feita). Explicar a coisa cientificamente, para Aristóteles, significa explicar pelas quatro causas. A grande crítica que ele faz aos pensadores que o precederam é que eles se ocuparam só de uma ou duas causas; no caso dos físicos pré-socráticos, foi basicamente a causa material, ou melhor, o princípio material (uma vez que se tratava da primeira causa) que eles buscaram.

Os milésios

Os primeiros filósofos são da cidade de Mileto, e floresceram no século VI a.C.: Tales, Anaximandro, Anaxímenes. O ponto de partida de sua especulação parece ter sido a verificação da permanente transformação das coisas umas nas outras, e sua intuição básica é de que todas as coisas são uma só coisa fundamental, ou um só princípio (*arché*). Aristóteles sugere que esse princípio ou *arché* deve ser entendido não apenas no sentido cronológico: não só aquilo a partir do que o mundo se formou no primeiro instante de sua formação, mas aquilo que a todo instante é a coisa fundamental e irredutível que constitui todas as coisas. Para Tales, a *arché* é a água; para Anaximandro, o *apeiron* (infinito, indeterminado); para Anaxímenes, o ar.

> Dos primeiros filósofos, a maioria considerou os princípios de natureza material como sendo os únicos princípios de tudo que existe. Aquilo de que são constituídas todas as coisas, o primeiro elemento de que nascem e o último em que se resolvem (persistindo a substância, mas mudando em suas determinações acidentais), a isso chamam eles o elemento e o princípio das coisas, julgando, por conseguinte, que nada é gerado ou destruído, já que essa espécie de entidade se conserva sempre, assim como não dizemos que Sócrates nasce quando se torna belo ou músico, ou que deixa de existir quando perde essas características, porque persiste o substrato em si, que é Sócrates. Da mesma forma, dizem eles que nenhuma outra coisa nasce ou deixa de existir, pois deve existir alguma entidade — uma ou mais de uma — da qual se originam todas as coisas, enquanto ela própria se conserva. Nem todos eles concordam, porém, quanto ao número e à natureza desses princípios. Tales, o fundador desse tipo de filosofia, diz que o princípio é a água (por esse motivo afirmou que a Terra repousa sobre a água), sendo talvez levado a formar essa opinião, por ter observado que o alimento de todas as coisas é úmido e que o próprio calor é gerado e alimentado pela umidade: ora, aquilo de que se originam todas as coisas é o princípio delas. Daí lhe veio essa opinião, e também a de que as sementes de todas as coisas são naturalmente úmidas e de ter origem na água a natureza das coisas úmidas.
>
> (Aristóteles, *Metafísica* IA 983 b6)

Entre os que admitem um só princípio móvel e infinito, *Anaximandro* de Mileto, filho de Praxíades, sucessor e pupilo de Tales, disse que o princípio e elemento das coisas que existem era o *apeiron* (indefinido, ou infinito), tendo sido ele o primeiro a usar esse nome do princípio. Diz ele que não é nem a água nem qualquer outro dos chamados elementos, mas uma outra natureza *apeiron*, de que provêm todos os céus e os mundos neles contidos. E a fonte da geração das coisas que existem é aquela em que se verifica também a destruição "segundo a necessidade; pois pagam castigo e retribuição uns aos outros, pela sua injustiça, de acordo como o decreto do Tempo", conforme ele se exprime nesses termos um tanto poéticos.

(Simplício, *Phys.*, 24, 13; DK 12 A9)

Anaxímenes de Mileto, filho de Eurístrato, que foi companheiro de Anaximandro, diz, tal como este, que a natureza subjacente é una e infinita, mas não indefinida, como afirmou Anaximandro, mas definida, porquanto a identifica com o ar; e que ela difere na sua natureza substancial pelo grau de rarefação e de densidade. Ao tornar-se mais sutil transforma-se em fogo, ao tornar-se mais densa transforma-se em vento, depois em nuvem, depois (quando ainda mais densa) em água, depois em terra, depois em pedras; e as restantes coisas provêm destas. Ele admite também o movimento perpétuo, e que é ainda através dele que se verifica a mudança.

(Simplício, *Phys.*, 24, 16)

Os pitagóricos

Para os pitagóricos, membros da escola fundada por *Pitágoras* de Samos (*fl.* 532-1 a.C.), o Limite e o Ilimitado são princípios, ao mesmo tempo, das coisas e dos números, uma vez que foram levados a afirmar que "as coisas são números". A afirmação parece estranha, mas há que lembrar que a noção de um inteligível puro só é nitidamente reconhecível em Platão. Antes dele, todas as coisas que "são" — e os números certamente "são" — são pensadas como sendo, de alguma forma corpóreas. Essa doutrina pitagórica parece estar ligada à importante descoberta — tal-vez do próprio Pitágoras — de que os intervalos musicais "concordan-tes" se podem exprimir em proporções numéricas simples entre os quatro primeiros números (oitava = 2:1; quinta = 3:2; quarta = 4:3). Ora, se a "harmonia" musical resulta da imposição do limite (proporções nu-méricas) na continuidade indefinida do som, talvez o Universo todo se explique pela imposição do limite no limitado; e se o que faz a harmonia é o número, é o número que constitui todas as coisas.

28   Curso de filosofia

Contemporâneos desses filósofos [Leucipo e Demócrito] e anteriores a eles, os pitagóricos, como se lhes chama, dedicaram-se à matemática; foram os primeiros a fazer progredir o seu estudo e, por terem sido educados nela, pensavam que os princípios dela eram os princípios de todas as coisas. Visto que, de entre esses princípios, os números são por natureza os primeiros, e nos números eles pareciam ver muitas semelhanças com as coisas que existem e são geradas — mais do que no fogo, na terra e na água (e consoante as modificações dos números, assim teríamos a justiça, ou a alma e a razão, ou a oportunidade — e, de modo semelhante, quase todas as outras coisas seriam numericamente exprimíveis); dado que, mais uma vez, eles viram ainda que os atributos e as proporções das escalas musicais eram exprimíveis por números; e uma vez que, portanto, todas as outras coisas pareciam, na sua natureza total, ser modeladas segundo números e que os números pareciam ser as primeiras coisas no conjunto da natureza, eles supunham que os elementos dos números eram os elementos de todas as coisas, e que o céu inteiro era uma escala musical e um número .... É pois evidente que esses pensadores também consideram que o número é o princípio, não só enquanto matéria das coisas, mas também como agente das suas modificações e dos seus estados permanentes, e sustentam que os elementos do número são o par e o ímpar, e que destes, o primeiro é ilimitado e o segundo limitado; e o um deriva desses dois (pois é ao mesmo tempo par e ímpar) e contam a partir do um; e o céu inteiro, como já foi dito, é constituído por números.

(Aristóteles, *Met.* A 5, 985b 23)

4. A imortalidade da alma e a metempsicose

O pitagorismo foi, talvez mais que escola filosófica, uma verdadeira seita religiosa cujo principal fundamento era a crença na imortalidade da alma e na metempsicose. Aliás, o estudo das matemáticas (que se confundia com a filosofia, pois "tudo é número") era feito por promover a harmonia da alma com o cosmo, realizando assim uma *catharsis* (purificação), único meio de libertar a alma do ciclo das reencarnações. As crenças dos pitagóricos, estranhas à religião homérica (oficial), levaram-nos a ver no corpo uma prisão da alma. Esse desprezo e essa desconfiança em relação ao corpo e ao sensível, com ênfase na alma, no espiritual e no inteligível, são de consequências enormes para a história do pensamento filosófico, sobretudo pela influência que exerceram sobre Platão.

No entanto, o que se segue tornou-se conhecido de todos: primeiro que ele sustenta que a alma é imortal; em seguida, que ela se transforma noutras espécies de seres vivos; e ainda que os acontecimentos recorrem em certos ciclos, e que nada é jamais inteiramente novo; e finalmente, que todas as coisas vivas deveriam ser consideradas afins. *Pitágoras* parece ter sido o primeiro a trazer essas crenças para a Grécia.

(Porfírio, *Vita Pythagorae*, 19 [DK 14, 8 a])

5. Sensível e inteligível. Pluralidade e unidade. Movimento e repouso

Sempre em busca dos princípios e da verdadeira natureza das coisas e do universo, alguns pensadores chegaram a certas intuições de grande importância filosófica.

Heráclito (*fl.* 504-501 a.c.)

Heráclito de Éfeso, cognominado o Obscuro, desenvolveu um pensamento rico e profundo, de difícil interpretação. Um dos aspectos mais destacados desse pensamento (talvez não tanto pelo próprio Heráclito, mas pelos seus seguidores contemporâneos de Platão) é relativo à impermanência das coisas. O mundo todo é visto como um fluxo incessante, onde só permanece estável e inalterável o *logos* (lei) que rege a inevitável transformação de todas as coisas.

> Heráclito diz algures que tudo está em mudança e nada permanece parado, e, comparando o que existe à corrente de um rio, diz que não se poderia penetrar duas vezes no mesmo rio.
>
> (Platão, *Crátilo* 402 a)

> E afirmam alguns não que algumas coisas que existem estão em movimento e outras não, mas que tudo está em constante movimento, se bem que este fato escape à nossa percepção.
>
> (Aristóteles, *Phys.* Θ 3, 253 b 9)

Parmênides (n. 515-510 a.C.)

Ao contrário de Heráclito, *Parmênides* de Eleia, verdadeiro fundador e figura máxima do eleatismo, vai afirmar a unidade e a imobilidade do ser. Provavelmente, dando-se conta de que a pesquisa sobre os princípios do universo equivalia a buscar "o que é" atrás das aparências ("o

30   Curso de filosofia

que parece") e das transformações ("o que se torna"), Parmênides vai prender-se à noção mesma do "ser", e descobrir as exigências lógicas dessa noção. No poema onde expõe seu pensamento, dois caminhos são colocados: "que é" e "que não é". O segundo revela-se impossível (nada corresponde a "não ser"). O caminho do ser, ao contrário, é necessário. A busca racional do "ser" vai revelar um ser uno, imutável, eterno (caso contrário, tem-se de apelar para a noção de não-ser, que é impossível). Talvez o modelo de ser para Parmênides seja o "ser verdade" de uma proposição matemática, que "é", e é "necessária", "eterna", "imutável". Mas, sendo também cosmológica sua pesquisa, Parmênides acrescenta algumas descrições "físicas" a esse ser: é esférico, limitado, homogêneo (sem interstícios de "não ser"). Evidentemente, esse ser (lógico e cosmológico) de Parmênides não é corroborado pelos sentidos. Mas isso para Parmênides não parece ter importância: os sentidos não são instrumentos adequados para o conhecimento verdadeiro. Em face da óbvia contradição entre o ser revelado pela razão e aquele revelado pelos sentidos, Parmênides tem a audácia de afirmar a realidade do ser racional, pois só ele é inteligível (pode ser entendido).

> Vamos e dir-te-ei — e tu escutas e levas as minhas palavras. Os únicos caminhos da investigação em que se pode pensar: um, o caminho que é e não pode não ser, é a via da Persuasão, pois acompanha a Verdade; o outro, que não é e é forçoso que não seja, esse digo-te, é um caminho totalmente impensável. Pois não poderás conhecer o que não é (isso é impossível), nem declará-lo.
>
> (Fr. 2, Proclo, in *Tim.*, 1, 345, 18 Diehl)

> De um só caminho nos resta falar: do que é; e neste caminho há indícios de sobra de que o que é é incriado e indestrutível, porque é completo, inabalável e sem fim. Não foi no passado nem será no futuro, uma vez que é agora, ao mesmo tempo, uno, contínuo; pois, que origem lhe poderá encontrar? Como e de onde surgiu? Nem eu te permitirei dizer ou pensar "a partir daquilo que não é", pois não é para ser dito nem pensado o que não é. E que necessidade o teria impelido a surgir, se viesse do nada, num momento posterior de preferência a um anterior? Portanto é forçoso ou que seja inteiramente, ou nada. Nem a força da verdadeira crença permitirá que, além do que é, possa algo surgir também do que não é; por isso, a Justiça não solta as algemas de deixar nascer ou perecer, antes as segura. Acerca disto a decisão reside neste fato: é ou não é. Decidido está pois, como é de necessidade, deixar um dos caminhos

Pré-socráticos: físicos e sofistas   31

como impensável e indizível — pois não é o caminho verdadeiro — e que o outro é real e verdadeiro. Como poderia o que é perecer depois disso? E como poderia ser gerado? Porque se foi gerado, não é, nem se o vai ser no futuro. Assim a geração se extingue e a destruição é impensável. Também não é divisível, pois que é homogêneo; nem é mais aqui e menos além, o que lhe impediria a coesão, mas tudo está cheio do que é. Por isso, é todo contínuo; pois o que é adere intimamente ao que é. Mas, imobilizado nos limites de cadeias potentes, é sem princípio ou fim, uma vez que a geração e a destruição foram afastadas, repelidas pela convicção verdadeira. É o mesmo, que permanece no mesmo e em si repousa, ficando assim firme no seu lugar. Pois a forte Necessidade o retém nos liames dos limites, que de cada lado o encerra, porque não é lícito ao que é ser ilimitado; pois de nada necessita — se assim não fosse, de tudo careceria. Mas uma vez que tem um limite extremo, está completo de todos os lados; à maneira da massa de uma esfera bem rotunda, em equilíbrio a partir do centro, em todas as direções; pois não pode ser algo mais aqui e algo menos ali. Porque nem há o que não é, o qual poderia impedi-lo de encontrar o seu igual, nem o que é pode ser mais aqui e menos ali do que aquilo que é, visto ser todo inviolável; pois sendo igual a si próprio em todos os lados, repousa uniformemente dentro dos seus limites. ...

(Fr. 8, Simplício. *Phys.*, 145, I)

6. Como defender uma tese mostrando o absurdo da tese contrária

As conclusões paradoxais (como a negação do movimento) a que foi levado Parmênides, ao afirmar a unidade do ser, foram, como é de esperar, objeto de escândalo e zombarias. Seu discípulo *Zenão* (n.c. 490/485 a.C.) defendia o mestre mostrando que admitir a pluralidade levava não só a conclusões ainda mais absurdas, mas também a concluir a impossibilidade do movimento. Desde que apareceram, os argumentos de Zenão foram, e continuam a ser, objeto de muitas tentativas de refutação. É duvidoso que alguma delas tenha sido bem-sucedida.

Argumentos contra a pluralidade

Dos 40 argumentos que, segundo Prócleo, Zenão compôs contra a pluralidade, chegaram dois até nós, transmitidos por Simplício (*Phys.*, 140, 29-141, 1). São eles, em paráfrase:

32 Curso de filosofia

1. Se a pluralidade existe, as coisas serão ao mesmo tempo limitadas e infinitas em número.

De fato, se há uma pluralidade de coisas, elas serão tantas quantas são, nem mais nem menos. Há pois um número limitado de coisas. Por outro lado, se há mais de uma coisa, entre a primeira e a segunda haverá necessariamente uma terceira coisa (caso contrário, a primeira e a segunda farão uma coisa só). E entre a primeira e a terceira haverá uma quarta; e assim ao infinito. Haverá pois um número infinito de coisas.

2. Se a pluralidade existe, as coisas, ao mesmo tempo, serão infinitas em tamanho e não terão tamanho algum.

De fato, se uma coisa qualquer é formada de partes (pluralidade), ou bem essas partes têm tamanho ou bem não têm. Mas, se a parte não tem tamanho algum (magnitude 0), a coisa formada por elas tampouco terá tamanho $(0 + 0 + 0 + 0 ..... = 0$, poderíamos dizer); e pois essa coisa nem existe.

Se a coisa existe, é preciso que tenha magnitude, e é portanto formada de partes que têm tamanho, e assim uma certa espessura. Mas entre uma parte e a seguinte, isto é, entre duas espessuras, há uma espessura (caso contrário, as duas primeiras espessuras não seriam duas partes mas uma só), e entre a primeira espessura e essa última uma outra etc., ao infinito. Por menor que seja a espessura, há um número infinito delas, e, assim sendo, a coisa será de tamanho infinito. (Sendo 1 a espessura mínima, podemos dizer: $1 + 1 + 1 + 1 ..... $ ao infinito = infinito.)

Argumentos contra o movimento

Nos dois primeiros argumentos (dicotomia e Aquiles), Zenão parece pressupor o espaço e o tempo como formados de partes infinitamente divisíveis; nos dois últimos (flecha e estádio), como formados de unidades indivisíveis. Parece que Zenão quer mostrar que a pluralidade, quer entedida de uma forma ou de outra (quer como pluralidade de partes infinitamente divisíveis, quer como pluralidade de unidades indivisíveis), é incompatível com o movimento.

Em paráfrase, são os seguintes os argumentos contra o movimento, apresentados por Aristóteles em *Física* VI, 239 b 9 ss.

1) *dicotomia*

Situação imaginada: um móvel que está no ponto A e deve atingir o ponto B.

O movimento é impossível, diz o argumento, porque, antes de atingir B, é preciso que o móvel atinja o meio caminho entre A e B (seja C); e, antes de atingir C, deve atingir o meio caminho entre A e C; e assim ao infinito.

2) *Aquiles (e a tartaruga)*

Situação imaginada: uma competição entre um corredor rápido e um lento (tradicionalmente, Aquiles e uma tartaruga). É dada uma vantagem inicial à tartaruga.

É impossível a Aquiles alcançar a tartaruga, diz o argumento, porque, quando ele atinge o ponto de onde ela partiu (seja A), ela já está em B (pois, embora lentamente, a tartaruga não pára de se mover); e quando Aquiles atinge B a tartaruga já está em C; e assim ao infinito.

3) *flecha*

Situação imaginada: uma flecha em voo. Considera-se a flecha em cada instante (indivisível) de tempo.

Uma flecha que voa está em repouso, diz o argumento, pois um objeto está em repouso quando ocupa um espaço igual às suas próprias dimensões. Ora, a flecha em voo ocupa, em qualquer instante, um espaço igual às suas dimensões. Logo, a flecha em voo está em repouso.

4) *estádio*

Situação imaginada: três séries constituídas de igual número de corpos do mesmo tamanho: uma estacionária (seja A1 A2 A3 A4); e duas (sejam B1 B2 B3 B4 e C1 C2 C3 C4) que se movem em direções opostas, numa pista de corridas (estádio). A um certo ponto, as três séries estarão enfileiradas. Podemos representar a situação pelo seguinte diagrama:

Situação inicial	*Situação final*
A1 A2 A3 A4	A1 A2 A3 A4
B4 B3 B2 B1	B4 B3 B2 B1
C1 C2 C3 C4	C1 C2 C3 C4

Considerando a situação descrita acima, o quarto argumento de Zenão conclui que a metade de um dado tempo é igual ao dobro desse tempo.

O argumento é mais fácil de entender (note-se que o próprio Aristóteles parece não ter entendido direito) se imaginarmos que os vários corpos (todos do mesmo tamanho) são unidades mínimas de comprimento. Ora, na hipótese que Zenão parece estar pressupondo nesse argumento (espaço e tempo formados de unidades mínimas, isto é, indivisíveis), uma unidade mínima de espaço só pode ser percorrida numa unidade mínima de tempo, uma vez que são ambas indivisíveis. Na situação acima, vê-se, B1 percorreu duas unidades mínimas de espaço (A3 A4), portanto, em duas unidades mínimas de tempo, *no mesmo tempo* em que C1 percorreu quatro unidades mínimas de espaço (B1 B2 B3 B4), logo, em quatro unidades mínimas de tempo. Portanto, um dado tempo (duas unidades mínimas) é igual ao dobro desse mesmo tempo (quatro unidades mínimas).

7. Como vir a ser sem vir do não-ser

Foi enorme o impacto das reflexões de Parmênides sobre o ser. A partir dele, qualquer filósofo que quisesse "salvar" a multiplicidade e o movimento (e com isso o mundo sensível) teve de levar em conta que o ser não pode provir do não-ser, nem se aniilar no não-ser, pois "o não-ser não é". A maneira de resolver o problema foi romper com o monismo milésio e postular a existência de mais de um princípio, isto é, mais de um ser, cada um dos quais com pelo menos uma das características do ser de Parmênides: a eternidade (os princípios não são nem gerados nem corruptíveis).

Empédocles (fl. 444-441 a.C.)

Empédocles de Agrigento fixou quatro princípios materiais, que ele chamou "raízes" e a física posterior chamou "elementos": terra, água, ar e fogo. Dois outros princípios, o amor e a discórdia, agem como verdadeiras "causas eficientes", no vocabulário de Aristóteles, um associando outro dissociando os elementos. "Nascer" e "vir a ser" não significam geração a partir do não-ser, mas associações dos elementos, isto é, de seres. "Morrer", "corromper-se" não são aniilação no não-ser, mas dissociação dos elementos, cada um dos quais eterno e incorruptível como o ser de Parmênides.

> Mas anda, atenta nas minhas palavras, pois aprender aumenta a sageza. Como disse anteriormente, quando declarei os limites das minhas pa-

Pré-socráticos: físicos e sofistas   35

lavras, vou contar uma dupla história: de uma vez, cresceu para ser um só a partir de muitos, doutra, dividiu-se outra vez para ser muitos a partir de um, o fogo e a água e a terra e a vasta altura do ar, e também a Discórdia temível separada destes, em toda parte igualmente equilibrada, e o Amor no meio deles, igual em comprimento e largura. Para ele olha com o espírito e não fiques com os olhos ofuscados; pois ele é reconhecido como inato nos membros mortais; por ele, são eles capazes de pensamentos bons e de praticar obras de concórdia, dando-lhe o nome de Alegria e Afrodite. Nenhum homem mortal o conhece, quando ele rodopia no meio dos outros; mas presta atenção à ordenação do meu discurso que não engana. Pois todos esses são iguais e de idade igual, mas cada um tem uma prerrogativa diferente e o seu próprio caráter, e prevalece cada um, por sua vez, à medida que o tempo gira. E além destes, nada mais se gera nem cessa de existir; porque se estivessem a ser continuamente destruídos, já não existiriam; e que poderia aumentar esse todo e de onde poderia vir? E como poderiam essas coisas perecer também, visto que nada está vazio delas? Não, há somente estas coisas, e correndo uma pelas outras, elas tornam-se umas vezes isto, outras aquilo, e permanecem, contudo, sempre como são.

(Fr. 17, v. 14, Simplício, *Phys.*, 158, 13)

Anaxágoras (n. 500-499 - m. 428-7 a.C.)

Anaxágoras de Clazômenas tenta superar a dificuldade levantada por Parmênides, postulando: 1) que são princípios todos os homeômeros (coisas infinitamente divisíveis em partes qualitativamente iguais ao todo e entre si); 2) que há uma porção de todas as coisas em todas as coisas — embora numa coisa haja mais porções daquilo que a identifica; exemplo: no ouro (que é homeômero) há porções de todas as coisas (todos os homeômeros), mas há mais ouro que qualquer outra coisa, e é por isso que o ouro é ouro. Assim sendo, nunca há geração de ser (exemplo: ser carne) a partir de não ser (exemplo: a partir de trigo, que é "não ser carne"). No caso da nutrição, que parece ser o modelo sobre o qual Anaxágoras refletiu o vir-a-ser, come-se trigo, porém não é o trigo que se torna carne, mas a carne que há no trigo que se adiciona à carne de quem se alimenta.

> ... *Anaxágoras* postulava uma infinidade de princípios, nomeadamente as homeomerias e os opostos conjuntamente... A teoria de Anaxágoras, de que os princípios são infinitos em número, foi provavelmente devida à sua aceitação da opinião comum dos físicos, de que nada nasce do não ser. Pois essa é a razão por que eles usam a frase "todas as coisas estavam juntas", e o nascer de tal ou tal espécie de coisas reduz-se a uma

36 Curso de filosofia

mudança de qualidade, ao passo que outros falam de combinação e separação. Além disso, o fato de os opostos provirem uns dos outros levou-os à mesma conclusão. Um, raciocinavam eles, já deve ter existido no outro; pois, visto que tudo o que nasce tem de surgir ou do que é ou do que não é, e lhe é impossível surgir do que não é (neste ponto todos os físicos concordam), eles pensavam que se seguia necessariamente a verdade da alternativa, a saber, que as coisas nascem a partir de coisas que são, isto é, de coisas já presentes, mas imperceptíveis para os nossos sentidos em virtude da pequenez de seu tamanho. Assim, eles afirmam que todas as coisas estão misturadas em tudo, porque viam que tudo procedia de tudo: mas as coisas, como eles dizem, parecem diferentes umas das outras e recebem nomes diferentes conforme a natureza da coisa que é numericamente predominante entre os inúmeros constituintes da mistura.

(Aristóteles, *Phys.*, A 4, 187 a 23)

Os atomistas

Para os atomistas, dentre os quais os mais importantes foram *Leucipo* (*fl.* 440-35) e *Demócrito* (n. 460-457), o não-ser, identificado com o Vazio, tem tanta existência quanto os seres, que nele se movem. Os seres são os átomos, infinitos em número e em forma, mas cada um dos quais com as propriedades do ser único de Parmênides: eternidade, indestrutibilidade, homogeneidade, indivisibilidade etc. Como no caso de Empédocles, a geração e a destruição das coisas são explicadas por associação e dissociação de seres (átomos), eles mesmos não gerados e indestrutíveis.

Pois alguns dos primeiros filósofos pensavam que aquilo que existe tem necessariamente de ser uno e imóvel, pois o vazio é não-ser; o movimento seria impossível sem um vazio à parte da matéria; nem podia haver uma pluralidade de coisas sem algo para as separar... Mas *Leucipo* pensava que tinha uma teoria que, estando de acordo com a percepção dos sentidos, não aboliria o nascer ou a morte ou o movimento ou a multiplicidade das coisas. Isso concedia ele às aparências, enquanto que àqueles que defendem o uno, ele concedia que o movimento é impossível sem o vazio, que o vazio é não-ser e que nenhuma parte do ser é não-ser. Pois ser, no verdadeiro sentido, é um *plenum* absoluto. Mas um tal *plenum* não é uno, mas há um número infinito deles, e são invisíveis devido à pequenez do seu tamanho. Eles movem-se no vazio (pois o vazio existe) e ao juntar-se produzem o nascimento, ao separar-se, a morte.

(Aristóteles, *De gen. et corr.*, A 8, 325 a 2)

Leucipo e seu associado Demócrito sustentam que os elementos são o cheio e o vazio; eles chamam-lhes ser e não-ser respectivamente. Ser é cheio e sólido, não-ser é vazio e não denso. Visto que o vazio existe em não menor grau que o corpo, segue-se que o não-ser não existe menos do que o ser. Os dois juntos são as causas materiais das coisas existentes. E tal como aqueles que fazem a substância una subjacente gerar outras coisas pelas suas modificações, e postulam a rarefação e condensação como origem dessas modificações, da mesma maneira também esses homens dizem que as diferenças dos átomos são as causas das outras coisas. Eles sustentam que essas diferenças são três — forma, disposição e posição; o ser, dizem eles, difere só em "ritmo, contato e revolução" dos quais o "ritmo" é a forma, o "contato" é a disposição e a "revolução" é a posição; pois A difere de N na forma, AN de NA na disposição e Z e N na posição.

(Aristóteles, *Met.* A 4 985 b 4)

8. Os sofistas entram em cena

Ao tempo em que florescia Demócrito, já tinham feito sua entrada no cenário intelectual de Atenas alguns dos maiores sofistas: *Górgias de Leôncio* (483-375), o primeiro dos grandes mestres de retórica; *Protágoras de Abdera* (c. 480-410), conhecido por seu relativismo em matéria de conhecimento; *Hipias de Elis*, célebre por sua polimatia.

A palavra sofista não teve, originalmente, o sentido pejorativo que lhe impôs Platão. Os sofistas foram, na verdade, reputados como grandes mestres, e a eles acorriam quantidades de jovens bem-nascidos, dispostos a pagar muito dinheiro para aprender o que eles apregoavam ensinar.

Fosse qual fosse o conteúdo de seu ensinamento, o que o jovem buscava junto ao sofista era, fundamentalmente, a *areté*, qualidade indispensável para se tornar um cidadão bem sucedido, quer na vida privada, quer na pública.

(Sócrates narra a um amigo um encontro dele e de seu jovem amigo Hipócrates com Protágoras)
Sócrates — Depois de todos nos termos sentado, começou Protágoras:
— Repete agora, Sócrates, aos presentes o que há pouco me disseste a respeito deste moço.
Respondi-lhe: — Começarei, Protágoras, como antes, expondo o

38 Curso de filosofia

objeto de nossa visita. Hipócrates, aqui presente, deseja muito tomar aulas contigo, e diz que de bom grado ficaria sabendo as vantagens que lhe adviriam de tua companhia. Cifra-se nisso nosso discurso.

Tomando a palavra, falou Protágoras: — Jovem, no caso de frequentares minhas aulas, desde o primeiro dia de conversação, retornarás para casa melhor do que eras, o mesmo acontecendo no dia seguinte e nos subsequentes, acentuando-se cada dia mais o teu progresso.

Ouvindo-o falar dessa maneira, retruquei-lhe: — Não disseste nada extraordinário, Protágoras, ao contrário: é muito natural, pois tu mesmo, apesar de tão idoso e de tão sábio, te tornarias melhor se alguém te ensinasse o que ignoras. Porém não é isso o que desejamos saber. Vou dar-te um exemplo: se Hipócrates mudasse repentinamente de ideia e revelasse o desejo de frequentar a companhia desse moço que se estabeleceu recentemente entre nós, Zeuxipo, de Heracleia, e indo procurá-lo, como faz agora contigo, ouvisse o que acabou de escutar de tua boca, que em cada dia passado em sua companhia ele se tornaria melhor e faria progressos, e por fim lhe perguntasse: em que dizes que me tornarei melhor e farei progresso? Sem dúvida Zeuxipo lhe responderia que era na arte da pintura. E no caso de procurar Ortágoras, o tebano, e dele ouvisse o mesmo que lhe disseste, e, depois lhe perguntasse em que ele ficaria cada dia melhor em sua companhia, Ortágoras lhe responderia que era na arte de tocar flauta. O mesmo deves responder a este jovem e a mim, que te falo em seu nome. Hipócrates aqui presente, desde o primeiro dia de sua convivência com Protágoras, voltará melhor para casa, e em cada dia que passar fará maior progresso... em quê, Protágoras, e a respeito de quê?

Depois de eu ter falado, me respondeu Protágoras: — Sabes formular questões, Sócrates, e eu sinto especial prazer em responder aos que bem perguntam. Na minha companhia, Hipócrates não terá de suportar as maçadas a que ficaria sujeito se viesse a frequentar outro sofista. Os demais sofistas abusam dos moços; quando estes já se julgam livres do estudo das artes, a seu mau grado os sofistas os reconduzem para elas, ensinando-lhes cálculo, astronomia, geometria e música — assim falando, lançou um olhar para Hípias —; vindo ele, porém, estudar comigo, não se ocupará senão com o que se propusera estudar quando resolveu procurar-me. Essa disciplina é a prudência [*euboulia*] nas suas relações familiares, o que o porá em condições de administrar do melhor modo sua própria casa e, nos negócios da cidade, o deixará mais do que apto para dirigi-los e discorrer sobre eles.

— Será que apanhei bem o sentido do que disseste? perguntei; quero crer que te referes à arte da política e que prometes fazer bons cidadãos.

— Nisso mesmo, Sócrates — respondeu — é que minha profissão consiste.

(Platão, *Protágoras*, 318a-319a)

9. A retórica. Técnica de persuasão vazia de conteúdo

No regime democrático que vigorava em Atenas, o exercício da função política dependia do bom uso da palavra. E os sofistas foram mestres na arte de bem falar, tanto em discursos longos quanto breves (perguntas e respostas).

Platão viu, nesse ensino sofístico, um perigo para a cidade. A principal razão de sua má vontade em relação à retórica sofística parece ter sido o fato de ser ela uma técnica puramente formal de persuasão. O bom orador é aquele que sabe persuadir qualquer um de qualquer coisa.

> (Górgias, professor de retórica, está sendo interrogado por Sócrates sobre a sua arte)
>
> *Górgias:* — ... a retórica, por assim dizer, abrange o conjunto das artes, que ela mantém sob sua autoridade. Vou apresentar-te uma prova eloquente disso mesmo. Por várias vezes fui com meu irmão ou com outros médicos à casa de doentes que se recusavam a ingerir remédios ou a se deixar amputar ou cauterizar; e, não conseguindo o médico persuadi-lo, eu o fazia com a ajuda exclusiva da arte da retórica. Digo mais: se, na cidade que quiseres, um médico e um orador se apresentarem a uma assembleia do povo ou a qualquer outra reunião para argumentar sobre qual dos dois deverá ser escolhido como médico, não contaria o médico com nenhuma probabilidade para ser eleito, vindo a sê-lo, se assim o desejasse, o que soubesse falar bem. E se a competição se desse com representantes de qualquer outra profissão, conseguiria fazer eleger-se o orador de preferência a qualquer outro, pois não há assunto sobre que ele nao possa discorrer com maior força de persuasão diante do público do que qualquer profissional. Tal é a natureza e a força da arte da retórica! ... É fora de dúvida que o orador é capaz de falar contra todos a respeito de qualquer assunto, conseguindo, por isso mesmo, convencer as multidões melhor do que qualquer pessoa, e, para dizer tudo, no assunto que bem lhe parecer. ...
>
> (Platão, *Górgias* 456b-457a)

10. O homem é a medida de todas as coisas

A retórica sofística — que se apresenta como uma técnica capaz de persuadir qualquer um de qualquer coisa — pressupõe uma tese de gravíssimas consequências para quem, como Platão, quer estabelecer a

40 Curso de filosofia

política como ciência: o relativismo do conhecimento. De fato, a existência de um conhecimento absoluto, verdadeiro, limita o jogo da retórica: àquele que realmente sabe, não é possível persuadir do contrário. O sofista vai, pois, negar que exista a verdade, ou pelo menos a possibilidade de acesso a ela. Para o sofista, só existem opiniões: boas e más, melhores e piores, úteis e prejudiciais, mas jamais falsas e verdadeiras. Na formulação clássica de Protágoras, "o homem é a medida de todas as coisas".

(Sócrates e Teeteto estão à procura de uma definição do conhecimento)
Sócrates: — ... Volta pois para o começo, Teeteto, e procura explicar o que é conhecimento. Não me digas que não podes; querendo Deus e dando-te coragem, poderás.

Teeteto: — Realmente, Sócrates, exortando-me como o fazes, fora vergonhoso não me esforçar para dizer com franqueza o que penso. Parece-me, pois, que quem sabe alguma coisa sente o que sabe. Assim, o que se me afigura neste momento é que conhecimento não é mais do que sensação.

Sócrates: — Bela e corajosa resposta, menino. É assim que devemos externar o pensamento. Porém, examinemos juntos se se trata de um fato viável ou de mera aparência. Conhecimento, disseste, é sensação?

Teeteto: — Sim.

Sócrates: — Talvez tua definição de conhecimento tenha algum valor; é a definição de Protágoras; por outras palavras ele dizia a mesma coisa. Afirmava que o homem é a medida de todas as coisas, das que são que elas são, das que não são que elas não são. Decerto já leste isso?

Teeteto: — Sim, mais de uma vez.

Sócrates: — Não quererá ele, então, dizer que as coisas são para mim conforme me aparecerem, como serão para ti segundo te aparecerem? Pois eu e tu somos homens.

Teeteto: — É isso precisamente o que ele diz.

(Platão, *Teeteto* 151d-152b)

11. É impossível aprender

Os sofistas foram mestres em articular argumentos capciosos. Alguns deles, entretanto, não são "sofísticos" (argumentos falsos); revelam, ao contrário, sérias dificuldades filosóficas. Um dos mais interessantes é o argumento sobre a impossibilidade de adquirir conhecimento, isto é, de aprender.

Sócrates: ... Neste momento, a propósito da virtude, eu não sei absolutamente o que ela é; tu talvez soubesses, antes de te aproximares de mim, agora porém parece não saberes mais. Entretanto, estou disposto a examinar e a procurar junto contigo o que ela possa ser.

Mênon: — Mas de que maneira procurarás, Sócrates, aquilo que não sabes absolutamente o que seja? Dentre tantas coisas que desconheces, qual te proporás procurar? E, se por um feliz acaso te deparares com ela, como saberás que é aquilo que desconhecias?

Sócrates: — Compreendo, Mênon, a que fazes alusão. Percebes tudo que há de capcioso na tese que me expões, a saber, que, por assim dizer, não é possível a um homem procurar nem o que ele sabe nem o que ele não sabe? Nem, por um lado aquilo que ele sabe, ele não procuraria, pois ele o sabe, e, nesse caso, ele não tem absolutamente necessidade de procurar; nem por outro lado, o que ele não sabe, pois ele não sabe nem mesmo o que procurar.

(Platão, *Mênon* 80d-81a)

12. O sofista sabe tudo

Um dos aspectos da sofística que mais se presta à crítica de Platão é a polimatia. Aliás, é uma consequência também ligada à técnica retórica. Para persuadir qualquer um de qualquer coisa, é preciso ser capaz de falar, e bem falar, sobre qualquer coisa. Num certo sentido, é preciso saber tudo. Mas saber tudo é impossível, argumenta Platão. Logo, o saber sofístico é uma aparência, a retórica é necessariamente uma arte de engodo e o sofista é um grande charlatão.

Estrangeiro: — ... Mas, na realidade, o que parece essencialmente próprio a esta arte de discussão não é uma aptidão sempre pronta a discutir seja o que for, a propósito de qualquer assunto?

Teeteto: — Pelo menos, ao que parece, quase nenhum assunto lhe escapa.

Estrangeiro: — Mas, pelos deuses, meu jovem amigo, tu acreditas ser isso possível? Talvez vós, jovens, o percebais com olhares mais penetrantes, e nós, com vistas menos sensíveis.

Teeteto: — Como assim? Em que pensas, precisamente? Ainda não percebi claramente a questão que propões.

Estrangeiro: — Se é possível que um homem saiba tudo.

Teeteto: — Se assim fosse, estrangeiro, nós seríamos felizes.

Estrangeiro: — Como poderia então o incompetente, ao contradizer

42   Curso de filosofia

alguém competente, jamais dizer qualquer coisa de verdadeiro?

Teeteto: — De modo algum.

Estrangeiro: — O que então poderia dar à sofística este poder prestigioso?

Teeteto: — Qual?

Estrangeiro: — Como chegam esses homens a incutir na juventude que somente eles, e a propósito de todos os assuntos, são mais sábios que todo o mundo? Pois, na realidade, se como contraditores não tivessem razão, ou não parecessem, a essa juventude, ter razão; se, mesmo assim, a sua habilidade em discutir não desse algum brilho à sua sabedoria, então seria o caso de dizer, como tu, que ninguém viria voluntariamente dar-lhes dinheiro para deles aprender estas duas artes [a arte de discutir assuntos particulares e a arte de discutir assuntos públicos].

Teeteto: — Certamente.

Estrangeiro: — Ora, na verdade, os que os procuram o fazem voluntariamente.

Teeteto: — E bem voluntariamente.

Estrangeiro: — É que, ao que creio, eles parecem ter uma sabedoria pessoal sobre todos os assuntos que contradizem.

Teeteto: — Irrecusavelmente.

Estrangeiro: — E assim fazem a propósito de tudo, segundo cremos?

Teeteto: — Sim.

Estrangeiro: — Dão então a seus discípulos a impressão de serem oniscientes.

Teeteto: — Como não!

Estrangeiro: — E sem o ser, na realidade; pois, como vimos, isso seria impossível.

Teeteto: — E como não haveria de ser impossível?

Estrangeiro: — Ao que vemos, pois, o que traz o sofista é uma falsa aparência de ciência universal, mas não a realidade.

...

Estrangeiro: — E então? Quando se afirma que tudo se sabe e que tudo se ensinará a outrem, por quase nada, e em pouco tempo, não é o caso de pensar que se trata de uma brincadeira?

...

Estrangeiro: — Assim, o homem que se julgasse capaz, por uma única arte, de tudo produzir, como sabemos, não fabricaria, afinal, senão imitações e homônimos das realidades. Hábil na sua técnica de pintar, ele poderá, exibindo de longe os seus desenhos, aos mais ingênuos meninos, dar-lhes a ilusão de que poderá igualmente criar a verdadeira realidade, e tudo o que quiser fazer.

Teeteto: — Sem dúvida.

Estrangeiro: — Não devemos admitir que também o discurso permite uma técnica por meio da qual se poderá levar aos ouvidos de jovens ainda separados por uma longa distância da verdade das coisas palavras mágicas, e apresentar, a propósito de todas as coisas, ficções verbais, dando-lhes assim a ilusão de ser verdadeiro tudo o que ouvem e de que, quem assim lhes fala, tudo conhece, melhor que ninguém?

(Platão, *Sofista*, 232c-234c)

13. A disputa verbal: a erística

Sócrates havia desenvolvido um método de pesquisa, que procedia por questões e respostas, chamado dialética. A dialética socrática consistia, em grande parte, em refutar as teses apresentadas pelo interlocutor. Mas a refutação socrática tinha uma intenção catártica, isto é, purificadora. Sócrates pretendia purificar o interlocutor das opiniões falsas que ele tinha a respeito daquilo que era objeto da pesquisa. Com isso, forçava um novo ponto de partida que permitisse, eventualmente, chegar ao conhecimento da verdade.

Ao tempo da velhice de Sócrates começaram a surgir sofistas que, talvez remedando a dialética socrática, se especializaram em uma técnica de agonística (disputa) verbal, também conhecida como erística. Ao contrário de Sócrates, esses sofistas não tinham o menor interesse em alcançar conhecimento algum. O que eles queriam era ridicularizar o adversário, confundi-lo, refutá-lo a qualquer preço, ganhando assim a disputa. Para isso, não tinham o menor escrúpulo em viciar os argumentos, criando dessa forma os argumentos conhecidos como argumentos sofísticos, argumentos erísticos ou simplesmente sofismas.

No diálogo *Eutidemo*, Platão caricatura cruelmente dois desses especialistas em luta verbal, os irmãos Eutidemo e Dionisodoro. Da impressionante enxurrada de sofismas que saem de suas bocas, alguns não deixam de ser filosoficamente interessantes, como aqueles que negam a possibilidade da falsidade e da contradição no discurso e na opinião.

(Sócrates narra para um amigo o encontro que ele e um grupo de amigos e apaixonados do jovem Clínias tiveram com os irmãos Eutidemo e

44 Curso de filosofia

Dionisodoro. Os amigos estão empenhados em que Clínias receba uma boa educação, que se torne "sábio".)

Sócrates [narrando]: "... — Mas quê?, disse ele [sc. Dionisodoro] — é vossa intenção, dizeis, que ele [sc. Clínias] se torne sábio?

— Perfeitamente.

— Mas neste momento, disse ele, Clínias é ou não é sábio?

— Pelo menos ele diz que ainda não o é; mas ele não é gabola.

— Vós porém, disse ele, quereis que ele se torne sábio, e que não seja ignorante."

Como nós nisso conviéssemos: "Então, aquele que ele não é quereis que seja, e aquele que é agora, que não seja mais."

Eu, ouvindo isso, tremi. Mas enquanto era presa desse tremor, ele, retomando a palavra: "Então, uma vez que quereis que aquele que é não seja absolutamente, quereis aparentemente que ele pereça! E, realmente, seriam de grande valor amigos e apaixonados que se empenhassem, acima de tudo, em que seus bem-amados fossem aniquilados!"

Ouvindo isso, Ctesipo, pensando em seus bem-amados, encolerizou-se: "Estrangeiro de Túrio, bradou ele, se não fosse por demais rude dizer, eu diria: "Maldição sobre tua cabeça" por ousares proferir contra mim e os outros aqui presentes uma falsidade cujo simples enunciado é a meus olhos um sacrilégio. Eu, desejar que seja aniquilado este que aqui está!"

— Como, Ctesipo?, respondeu Eutidemo, parece-te possível proferir uma falsidade?

— Por Zeus! sim, a menos que eu esteja doido!

— Em dizendo a coisa da qual eventualmente se fala, ou em não a dizendo?

— Dizendo-a, respondeu Ctesipo.

— Mas não é verdade que, se de fato se diz essa coisa, não se diz, entre as coisas que são, senão aquela mesma que se diz?

— Evidentemente, disse Ctesipo.

— Mas esta coisa que se diz é uma coisa única entre as coisas que são, à parte delas.

— Perfeitamente.

— Mas então, aquele que a diz, diz uma coisa que é?

— Sim.

— Mas aquele que diz uma coisa que é e coisas que são, diz a verdade. De modo que Dionisodoro, se de fato ele diz coisas que são, diz a verdade, e de modo algum uma falsidade a teu respeito.

...

(Platão, *Eutidemo*, 283 c 5-284 b)

14. O bom sofista

Das sete definições que Platão encontra para o sofista, no diálogo que tem esse nome, seis são pejorativas. Numa delas, entretanto — a sexta —, Platão abre espaço para um sofista nobre: aquele que educa pelo método da refutação catártica. Provavelmente, Platão encontrou essa definição porque Sócrates também era chamado sofista, e era preciso encontrar uma definição que lhe coubesse.

Se ser sofista fosse ser aquilo que o nome sofista (que deriva de *sophós*, sábio) sugere que ele tem que ser, isto é, um sábio educador, Sócrates seria o único sofista. Ele é, para Platão, o único verdadeiro educador, o único capaz de levar à *areté*.

Na verdade, a crítica de Platão aos sofistas só é compreensível à luz das muitas oposições que ele estabelece entre eles e Sócrates:

1) o sofista é um professor ambulante. Sócrates é alguém ligado aos destinos de sua cidade; tanto assim que, condenado injustamente à morte, recusa-se a fugir, acatando a decisão de seus concidadãos;

2) o sofista cobra para ensinar. Sócrates vive sua vida, e essa confunde-se com a atividade filosófica: filosofar não é profissão; é a atividade do homem livre;

3) o sofista "sabe tudo", e transmite um saber pronto, sem crítica (que Platão identifica com uma "mercadoria" que o sofista, mercador, exibe e vende). Sócrates diz nada saber, e, colocando-se no nível de seu interlocutor, dirige uma aventura dialética em busca da verdade, que está no interior de cada um;

4) o sofista faz retórica. Sócrates faz dialética. Na retórica, o ouvinte é levado por uma enxurrada de palavras que, se adequadamente compostas, persuadem sem transmitir conhecimento algum. Na dialética, que opera por perguntas e respostas, a pesquisa procede passo a passo, e não é possível ir adiante sem deixar esclarecido o que ficou para trás;

5) o sofista refuta por refutar, para ganhar a disputa verbal. Sócrates refuta para purificar a alma de sua ignorância.

(O Estrangeiro de Eleia recapitula, com Teeteto, as seis definições do sofista que já foram encontradas)
Estrangeiro: — Primeiramente descansemos, e durante esta pausa vejamos o que dissemos. Sob quantos aspectos se apresentou a nós o sofista? Creio que, em primeiro lugar, nós descobrimos ser ele um caçador interesseiro de jovens ricos.

46 Curso de filosofia

Teeteto: — Sim.

Estrangeiro: — Em segundo lugar, um negociante, por atacado, das ciências relativas à alma.

Teeteto: — Perfeitamente.

Estrangeiro: — Em seu terceiro aspecto, e com relação às mesmas ciências, não se revelou ele varejista?

Teeteto: — Sim, e o quarto personagem que ele nos revelou foi o de um produtor e vendedor dessas mesmas ciências.

Estrangeiro: — Tua memória é fiel. Quanto ao seu quinto papel, eu mesmo procurarei lembrá-lo. Na realidade, filiava-se ele à arte da luta, como um atleta do discurso, reservando, para si, a erística.

Teeteto: — Exatamente.

Estrangeiro: — O seu sexto aspecto deu margem a discussão. Entretanto, nós concordamos em reconhecê-lo, dizendo que é ele quem purifica as almas das opiniões que são um obstáculo às ciências.

Teeteto: — Perfeitamente.

(Platão, *Sofista* 231d-232a)

15. Conclusões

No período que vai de Tales a Sócrates, muitas das grandes questões filosóficas, se não todas, já haviam sido levantadas. Com a física jônica, emerge a razão, que se afirma como instrumento adequado para a aquisição do conhecimento. Mas cedo se descobre que a razão não somente explica as coisas. Ao contrário. Ela descobre dificuldades lá onde ninguém suspeitava que as houvesse.

Racionalmente, Parmênides demonstra a unidade do ser. Com isso, relega o mundo sensível à condição de aparência e torna impossível o próprio discurso científico. (De fato, o discurso pressupõe a pluralidade, para fazer predicações, isto é, conexão entre as coisas.)

Racionalmente, Zenão demonstra a impossibilidade da pluralidade e do movimento.

Racionalmente, os sofistas... Ah! Esses fizeram misérias. Eles foram capazes de mostrar, racionalmente, que o conhecimento científico não existe, que cada homem é medida de sua própria verdade; que aprender é impossível; que a falsidade não existe, nem a contradição. Mas, sobretudo, eles foram capazes de provar que há uma cisão irremediável entre *physis* e *nomos*, que o *nomos* não tem outro fundamento além do arbítrio e da convenção humana. Se, por

Pré-socráticos: físicos e sofistas   47

um lado, se abrem enormes perspectivas de liberdade para a ação política, por outro se fecha a possibilidade de se constituir a política como ciência.

Ora, é justamente isso que pretende Platão. Mas para isso é preciso que ele se ataque a todas essas dificuldades. É preciso que ele demonstre que a pluralidade e o movimento existem, sim, e que o mundo sensível, cenário da política, embora não seja a realidade real, tem uma certa realidade; que o conhecimento existe, sim, e que é possível alcançá-lo; que o discurso é possível, sim, e nele a falsidade e a contradição, e que valores absolutos existem, sim, que dirijam a ação humana e sejam o sólido fundamento do *nomos.*

Platão quer restabelecer, em outras bases, é claro — em bases racionais —, a união, que os sofistas cindiram, entre *physis* e *nomos.* Ele quer a lei humana, como a *physis*, baseada em algo permanente, absoluto, eterno, imutável. Ele quer princípios. Mas isso é uma outra história, que fica para o próximo capítulo.

PALAVRAS-CHAVE

Abreviaturas usadas

n. — nascido em.
m. — morto em.
c. — cerca de.
fl. — *floruit* (ver essa palavra).
DK — Diels-Kranz (ver Fragmento).
Fr. — Fragmento. Fr. 1, Fr. 2, etc. indicam a numeração dos fragmentos em *Diels-Kranz* (ver Fragmento).

Floruit

Palavra latina que significa "floresceu". Os historiadores antigos, que não tinham grandes preocupações com cronologia, indicavam a época de um filósofo pelo seu "florescimento", isto é, sua plena maturidade. Um tanto arbitrariamente, faziam coincidir essa maturidade com os 40 anos de filósofo, com sua obra mais importante ou com o acontecimento mais marcante de sua vida (marcante para a filosofia ou a história, é claro).

48 Curso de filosofia

Doxografia
Registro ou compilação das opiniões (*doxai*) dos filósofos. Aristóteles fazia doxografia quando expunha a opinião de um filósofo para em seguida criticá-la. Mas houve, depois, produções especificamente doxográficas. Teofrastro, discípulo e sucessor de Aristóteles, escreveu um livro chamado *Opiniões dos físicos*, que foi fonte e modelo de copiosa produção posterior. Esse tipo de literatura parece ter gozado de grande favor, indo ao encontro do anseio de alguns círculos de estudiosos de conhecer, em resumo, as opiniões dos filósofos, que eram apresentadas, quer por temas, quer por autores, quer por escolas. Uma obra desse tipo que nos chegou completa é a *Vida dos filósofos*, de Diógenes Laércio.

Fragmento
Trecho de uma obra. Os fragmentos de autores antigos são, em geral, citações de trechos de suas obras perdidas, feitas por autores posteriores, cujas obras subsistem. Os fragmentos dos autores pré-socráticos foram objeto de cuidadosa compilação e estudo por parte de H. Diels e W. Kranz em sua monumental obra *Die Fragmente der Vorsokratiker*.

Paradoxal (opinião ou tese)
É paradoxal uma opinião ou tese que vai contra a opinião geralmente aceita, contra o senso comum ou, em sua forma extrema, contra os fatos constatados. Assim, a tese de Parmênides sobre a unidade do ser é paradoxal, bem como a tese de Sócrates de que só se comete o mal por ignorância.

Polimatia (de *poly*, "muito", e *manthanein*, "aprender")
Multiplicidade de saberes, saber enciclopédico. Uma das características dos sofistas mais criticadas por Platão. O mais célebre representante da polimatia sofística é Hipias, que tinha o ideal da autossuficiência. Ele sabia fazer (e fazia) seu próprio cinto!

QUESTÕES (INTRODUÇÃO e CAPÍTULO I)

1. Comente algumas das características que Aristóteles aponta para o conhecimento científico (ou filosófico).
2. Por que não se formou entre os gregos a oposição que hoje existe entre ciência e filosofia?

Pré-socráticos: físicos e sofistas **49**

3. Que é *arché*? Qual é a *arché* para Tales? E para Anaximandro? E para Anaxímenes? Que você acha que determinou a escolha de cada um deles?

4. Por que os estudos matemáticos foram grandemente desenvolvidos entre os pitagóricos?

5. Qual a posição fundamental entre Heráclito e Parmênides, que vai desempenhar um papel importante na filosofia posterior?

6. Por que o ser de Parmênides é único? E por que está em repouso?

7. Com que finalidade Zenão articulou seus argumentos contra a multiplicidade e contra o movimento? Quais são esses argumentos?

8. Qual a principal dificuldade nas concepções monistas sobre o universo, que acabaram determinando sua posterior substituição por concepções pluralistas?

9. Quantos e quais eram os princípios para Empédocles?

10. Quantos e quais eram os princípios para Anaxágoras?

11. Diferentemente do que se passa na física moderna, na concepção dos atomistas gregos o átomo não pode ser dividido (a palavra átomo quer dizer indivisível). Por que a indivisibilidade do átomo é indispensável para eles?

12. Que faziam os sofistas?

13. Por que Platão via na retórica sofística uma ameaça à cidade?

14. Qual o aspecto da sofística que faz com que Platão considere o sofista como um ilusionista da palavra?

15. Aponte algumas diferenças entre Sócrates e os sofistas.

TEMAS PARA DEBATE

1. "Filosofia oriental" é filosofia?

2. Uma das características apontadas por Aristóteles para o saber científico (que nao se distingue de um saber filosófico) é de ser um "saber pelo saber". Isso continua sendo característica do que hoje chamamos ciência (em oposição ao que hoje chamamos filosofia)?

3. É coincidência que a matemática como ciência (não como prática) e a filosofia tenham ambas tido origem na Grécia? De que forma uma pode ter implicado a outra?

4. É sabido que a filosofia, como praticada na Grécia, não desembocou numa ciência tecnológica. Você acha que esse tipo de ciência podia

50 Curso de filosofia

ter nascido e se desenvolvido se não tivesse aparecido o fenômeno filosófico na Grécia?

5. Algumas questões sobre o universo (como a forma da Terra, o tamanho, o movimento e as posições relativas dos astros, a formação das nuvens, dos ventos etc.) nasceram "filosóficas" e se tornaram "científicas". Mas outras questões sobre o universo talvez ainda continuem "filosóficas", como a questões de sua própria origem. Por quê? Existe alguma diferença fundamental entre essas questões, diferença essa que teria permitido a cisão atual entre assuntos "filosóficos" e assuntos "científicos"?

6. Os argumentos de Zenão contra a multiplicidade e o movimento podem ser refutados? Como?

7. É bom que a ação humana, ética e política, não seja regulada por princípios absolutos?

Capítulo 2

PLATÃO E AS IDEIAS

*José Américo Motta Pessanha**

1. Platão e sua época

Platão nasceu em Atenas, em 428 ou 427 a.c., e morreu em 348 ou 347 a.c. Seu nascimento ocorreu no ano seguinte ao da morte de Péricles, grande líder político ateniense; sua morte, dez anos antes da batalha de Queroneia, que marcou o início da dominação da Grécia pela Macedônia. A vida de Platão transcorreu, portanto, numa época em que a liberdade política dera à Grécia — e particularmente a Atenas — excepcionais condições de desenvolvimento econômico e cultural. No chamado "século de Péricles", Atenas atingira o apogeu em todos os setores. Nessa cidade-Estado (*pólis*) firmara-se o regime democrático, embora perdurassem tensões e lutas entre facções políticas: democratas, oligarcas, aristocratas.

Na democracia ateniense, o governo era exercido diretamente pelos cidadãos reunidos na Assembleia. Mas eram considerados cidadãos somente os homens livres e nascidos na cidade. Sem direitos de cidadania e, assim, excluídos da Assembleia ficavam os estrangeiros, as mulheres e os escravos. Ou seja: naquela democracia (que significa "governo do povo"), o governo era exercido não pelo *demos* (povo), mas apenas por parcela da população, os cidadãos. E mais: sobretudo nos períodos de paz e quando nenhuma questão mais importante estava para ser resolvida, poucos compareciam à Assembleia, a maioria preferindo cuidar de negócios e assuntos particulares. Desse modo, havia com frequência uma escassa e flutuante composição da Assembleia. Além disso, outros fatores contribuíam para a instabilidade dos

---

*   Professor de filosofia da UFRJ.

52 Curso de filosofia

rumos políticos, como a tiragem de sorte para preenchimento de cargos públicos e o curto prazo estabelecido para o exercício de certas funções. Platão logo perceberá: ao contrário do que acontecia numa *pólis* militarizada como Esparta, ou em países como o Egito (onde tudo parecia definido e estabilizado), era difícil instaurar uma política contínua e duradoura na democracia ateniense.

E mais: em cada sessão da Assembleia, após a leitura da pauta dos assuntos a serem debatidos, era pronunciada a fórmula tradicional: "Quem pede a palavra?" De direito, qualquer cidadão podia fazê-lo. Porém, de fato, assumiam o comando das discussões aqueles que sabiam manejar bem as palavras: os hábeis na arte da argumentação e da persuasão. Por isso, a eloquência tornou-se instrumento fundamental do poder. E o grande orador que também fosse homem de ação podia transformar-se no verdadeiro governante, como fora o caso de Péricles. Por isso acorreram a Atenas professores de retórica, que se apresentavam como sábios — sofistas — e capacitados a preparar os jovens para uma brilhante vida pública.

De família tradicional e aristocrata, Platão descendia do grande legislador Sólon e era parente de Cármides e Crítias, dois dos "30 tiranos" que assumiram o poder, por algum tempo, em Atenas. Desse modo, conhecia bem os bastidores da cena política e era natural que dela pretendesse participar. Ele mesmo o confessa, numa carta que escreveu a amigos, já no final da vida:

> Outrora, em minha mocidade, tive a mesma ambição que muitos jovens. Prometi a mim mesmo que, desde o dia em que fosse senhor de minhas ações, entraria imediatamente na carreira política.
>
> (Carta VII — Platão aos parentes e amigos de Dion)

Jovem ainda, Platão interessou-se também pela filosofia. Primeiro, por intermédio de Crátilo, pensador que adotava, de forma certamente empobrecida, a tese de Heráclito de Éfeso sobre o movimento universal que transforma incessantemente todas as coisas. Mas o grande acontecimento da mocidade de Platão foi encontrar Sócrates, o conversador insaciável, o perguntador implacável, espécie de vagabundo loquaz. Sócrates afirmava saber apenas que nada sabia. E por isso perguntava, perguntava. Atribuía-se uma missão, que lhe teria sido confiada pelo deus que se manifestava através do oráculo de Delfos: a missão de se conhecer a si mesmo e de levar também os outros ao autoconhecimento, à conquista da própria alma. Para isso era necessário o diálogo bem conduzido. Começava por demolir as opiniões frágeis e enganosas, as noções equivocadas e sem base, as ideias aceitas e repetidas, mas desprovidas de consistência. Platão via Sócrates realizar esse trabalho de ajudar as pessoas a se libertarem de opiniões sem fundamento e a reconhecerem que pensavam que pensavam, quando na verdade não sabiam dizer claramente o que estariam pensando. Via também Sócrates auxiliar aqueles que se dispunham ao esforço de conhecer, após admitirem a própria ignorância: esforço para darem à luz opiniões mais sólidas e fundamentais. Platão é então levado a reformular seu projeto juvenil de participação política. Compreende que o desejo de atuar politicamente deve passar primeiro por um processo iluminador e purificador do tipo socrático. Antes de agir, é necessário ter consciência da finalidade da ação. Para agir com retidão e justeza, é preciso, antes, saber o que é a justiça; saber o que é essa medida padrão, essa justa medida capaz de medir as ações morais ou políticas, individuais ou coletivas, e revelar se elas são realmente justas. Platão reconhece que não basta realizar uma política qualquer, insegura e oportunista. É necessário estabelecer primeiro as bases para *a* política, a justa política. Fazer política pressupõe, assim, conhecimento e preparação. A política correta não pode ser feita sem uma ciência, uma ética, uma pedagogia.

Em 399 a.C., Sócrates é acusado perante a Assembleia de corromper a juventude, levando-a a descrer dos deuses tradicionais da cidade. Julgado, acaba condenado a morrer bebendo veneno. A condenação e a morte de Sócrates selam definitivamente o destino intelectual e político de Platão. Ele aprende outra lição, dolorosa lição: aquela cidade, sua cidade, apesar de democrática, estava longe de ser uma cidade ideal, já que nela um justo como Sócrates não pudera continuar vivendo e fora por ela assassinado. Fazer política torna-se, assim, para Platão, projetar e tentar construir essa cidade ideal, digna de Sócrates. E a filosofia passa a ser, justamente, a procura dos fundamentos teóricos desse projeto político.

Após a morte de Sócrates, Platão viaja. Vai ao Norte da África (Egito, Cirene), à Magna Grécia (Sul da Itália). Nessas viagens, liga-se a matemáticos e políticos pitagóricos, que viam na matemática o caminho de ordenação da alma e da sociedade. Em Siracusa, na Sicília, frequenta a corte do tirano Dionísio, o Velho e se vincula por profundo afeto a Dion, cunhado do tirano. Platão retornará outras vezes a Siracusa, não só para tentar interferir, a pedido de Dion, na política local,

54   Curso de filosofia

mas também preocupado com os cartagineses, que já ocupavam parte da Magna Grécia. Parece que ele sonhava estabelecer uma confederação de cidades gregas da região (como Siracusa e Tarento), para impedir o avanço de Cartago.

2. A academia

De volta da primeira viagem a Siracusa, Platão funda, em aproximadamente 387 a.C., a Academia. É a primeira instituição permanente de pesquisa e ensino superiores do Ocidente, primeiro modelo de universidade. O objetivo da Academia platônica não é apenas realizar investigações científicas e filosóficas; pretende ser também um centro de preparação para uma atuação política baseada na busca da verdade e da justiça. Além disso, a filosofia desenvolvida na Academia nada tem a ver com defesa e transmissão de conhecimentos supostamente prontos e definitivos. Ao contrário, é esforço conjunto de *procura* da verdade, *exercício* permanente para conhecer mais e melhor. Não é uma doutrina fixada e rígida, mas uma investigação sempre aberta, viva, inquieta, insatisfeita. Propriamente uma filosofia, um amor à sabedoria. E, como todo amor, como Platão escreverá, sempre carente e sempre astucioso. Mais do que aquilo que se pensa, é importante o empenho, o exercício para pensar — incessante *ginástica* do espírito. Mais do que uma filosofia que se fecha em torno de supostas verdades, um *filosofar* que se abre sempre para novas possibilidades. Essa concepção tornou-se um dos mais fortes modelos de filosofia, desenvolvido e retomado ao longo dos séculos, até os dias atuais.

A filosofia de Platão é a primeira grande síntese do pensamento antigo. Nela estão confrontados e integrados os pensamentos de todos os grandes filósofos anteriores. Em particular, Platão procura reformular e conciliar duas grandes tendências filosóficas: o imobilismo eleático (de Parmênides de Eleia) e a filosofia do mobilismo universal (de Heráclito de Éfeso). A matemática é, para Platão, a base do pensamento filosófico. Filosofar é procurar pensar para além da matemática, é fazer metamatemática. No pórtico da Academia estava escrito: "Aqui não entre quem não sabe geometria." E, de fato, é frequentemente com recursos inspirados na matemática que Platão procura ir além das posições assumidas por Sócrates, para poder dar combate mais efetivo ao relativismo dos sofistas, os quais afirmavam que não há verdade, mas apenas opiniões circunstanciais e relativas.

Até o final da vida, Platão dividiu-se entre as atividades de magistério e pesquisa na Academia, as tentativas de interferir na política (sobretudo em Siracusa) e a realização de suas obras — seus famosos *Diálogos*.

3. As obras de Platão

Platão escreveu diálogos filosóficos, verdadeiros dramas em prosa. Foi um dos maiores escritores de todos os tempos e ninguém conseguiu, como ele, unir as questões filosóficas a tamanha beleza literária. O personagem principal da grande maioria dos diálogos platônicos é Sócrates. Isso torna difícil separar o que é pensamento de Platão e o que é pensamento de Sócrates. Esta a questão: até onde, nos diálogos escritos por Platão, Sócrates expõe suas próprias ideias e até onde ele é apenas porta-voz do pensamento de Platão?

As obras de Platão são geralmente classificadas pelos historiadores em:

a) diálogos da juventude ou socráticos — defendem a memória de Sócrates e o apresentam geralmente discutindo temas morais, sem chegar porém a conclusões; são diálogos "combativos", que quase sempre se limitam a demolir opiniões inconsistentes e a fazer ardentes exortações. Exemplos: *Primeiro Alcebíades* (sobre a natureza do homem), *Apologia de Sócrates* (sobre o julgamento de Sócrates), *Eutífron* (sobre a piedade), *Górgias* (sobre a moral segundo os sofistas);

b) diálogos da maturidade — neles Platão vai afirmando cada vez mais a independência de seu pensamento em relação ao de Sócrates. Exemplos: *Mênon* (sobre a possibilidade do ensino da virtude), *Crátilo* (sobre a natureza da linguagem), *Banquete* (sobre o amor), *Fédon* (sobre a morte e sobre a natureza da alma), *República* (sobre a formação do filósofo e a cidade ideal), *Fedro* (sobre o amor e a alma), *Teeteto* (sobre o saber e o erro), *Parmênides* (sobre a teoria das ideias);

c) diálogos da velhice — apresentam a última formulação do pensamento platônico. Exemplos: *Sofista* (sobre a definição de sofista e a distinção entre verdade e erro), *Timeu* (sobre a origem e a constituição do universo), *Leis* (obra inacabada, sobre questões políticas).

Além dos *Diálogos*, Platão deixou cartas, das quais a número VII é a que tem maior importância filosófica. O ensinamento oral de Platão foi em parte transcrito por seu discípulo Aristóteles.

4. O diálogo socrático

Em Sócrates, o diálogo é dramático embate de consciências, confronto de opiniões *pessoais*. O objetivo da dialogação conduzida por Sócrates é inicialmente despertar no interlocutor a consciência de que ele não sabe o que pensava saber. Uma vez liberto dessa ilusão, o interlocutor que se revela disposto a ir além é incentivado por Sócrates a prosseguir no conhecimento de si mesmo, já agora num trabalho construtivo de dar à luz ideias próprias e mais fundamentadas. Ele pode assim, auxiliado pelo "parteiro" Sócrates, ir nascendo de si mesmo, ir se apossando progressivamente da própria alma. Esse caminho de autoconhecimento passa pelo domínio do significado das palavras que ele vinha usando entorpecidamente, sem consciência clara. Provavelmente porque a meta do diálogo socrático é levar as pessoas ao autoconhecimento, Sócrates aparece nas primeiras obras de Platão apenas derrubando opiniões inconsistentes, desmascarando falsos sábios ou fazendo exortações, sem se preocupar propriamente em resolver até o final questões abstratas.

Sócrates — É necessário retomar nosso exame do começo, para determinar a natureza da piedade; porque não renunciarei a isso, de boa vontade, antes de conhecê-la. Vamos, não menosprezes minha súplica, emprega toda a atenção de que és capaz e dize-me afinal a verdade. Porque, se alguém a sabe és tu, e é preciso não largar-te ... antes que tenhas falado. Se, com efeito, não tivesses claro conhecimento da piedade e da impiedade, seguramente não terias resolvido, em nome de um trabalhador mercenário, perseguir para matar teu velho pai e, por respeito aos deuses, não terias corrido o risco de assim cometer uma ação má, e terias levado em consideração a opinião dos homens. Não posso, portanto, duvidar de que acreditas saber claramente o que é piedoso e o que não é. Fala, pois, excelente Eutífron, e não me ocultes o que pensas.

Eutífron — Noutra ocasião, Sócrates. Agora estou com pressa, é hora de ir-me embora.

Sócrates — O que estás fazendo, camarada? Ir embora depois de ter demolido a alta esperança que eu afagava? Esperava, realmente, que depois de aprender contigo o que é piedoso e o que não é, eu me livraria da acusação de Melitos, mostrando-lhe que agora, graças às lições de Eutífron, sabedor das coisas divinas, não mais improviso nem inovo nesses assuntos por ignorância, e que doravante levarei uma vida mais ajuizada.

(*Eutífron:* 15c/16 — trecho final)

5. Dialética platônica e método dos geômetras

Para Platão, o diálogo não deve permanecer no nível psicológico do embate de consciências; precisa tornar-se embate entre teses. Deve ser um método que suba progressivamente do plano relativo e instável das opiniões até a construção de formas mais seguras de conhecimento, rumo à conquista da verdade. Só assim será possível ir além de Sócrates, despertando consciências, mas também resolvendo questões teóricas. E só assim será possível superar o relativismo dos sofistas. O método proposto por Platão é, num primeiro momento, uma dialética ascendente. Até Platão, a filosofia vinha procurando explicar as coisas numa volta *atrás:* buscando o primeiro princípio ou as primeiras raízes do universo, buscando uma origem no sentido de fundamento, mas também de começo. A dialética platônica caminha noutro sentido. Procura explicar a situação atual do universo e dos seres, não por meio de uma situação anterior, mas por meio de causas intemporais, que explicam *sempre* por que cada coisa é o que é. Platão, na verdade, está com isso adotando um método explicativo típico da matemática: o método dos geômetras. Que consiste basicamente no seguinte: tendo-se um problema, levanta-se uma hipótese para resolvê-lo; se ela parecer satisfatória, passa-se então a verificar se ela se sustenta a si mesma ou se supõe outra hipótese mais geral — e assim sucessivamente. Cria-se, desse modo, uma cadeia de hipóteses interdependentes, que buscam uma sustentação última — portanto, uma não hipótese — que se baste a si mesma e que sustente, no final, como que "do alto", todas as hipóteses que lhe estão subordinadas.

> *Sócrates* [dirigindo-se a Mênon] — Vamos, pois, se não me engano, tentar descobrir a qualidade de uma coisa da qual ignoramos a natureza. Que teu todo-poder me faça pelo menos uma ligeira concessão: concorda comigo em examinar "por hipótese" se a virtude pode ou não ser ensinada. Emprego estas palavras "por hipótese" no sentido dos geômetras. Quando se pergunta a eles, a respeito de uma superfície, por exemplo, se tal triângulo pode ser inscrito num tal círculo, um geômetra respon derá: "Não sei ainda se esta superfície se presta a isso; mas creio que, para determiná-lo, é preciso raciocinar por hipótese, da seguinte maneira: se determinadas condições se apresentam, o resultado será um, em outras condições será outro. Assim, é por hipótese que posso te dizer o que acontecerá com a inscrição do triângulo no círculo, se será possível ou não."
>
> Acontece a mesma coisa a propósito da virtude.
>
> (*Mênon:* 86e/87b)

Sócrates [dirigindo-se a Cebes] — Eis o caminho que segui. Coloco em cada caso um princípio, aquele que julgo o mais sólido, e tudo que parece de acordo com ele, quer se trate de causas ou de qualquer outra coisa, admito como verdadeiro, e como falso tudo que não concorda com ele.

(*Fédon:* 100a)

Sócrates [ainda a Cebes] — Se alguém atacar o próprio princípio, não te inquietarás e não lhe responderás antes de teres examinado as consequências que decorrem do princípio e antes de teres visto se elas estão ou não de acordo entre si. E se fores obrigado a justificar o próprio princípio, farás do mesmo modo, colocando outro princípio mais geral, aquele que te aparecerá como melhor, e assim sucessivamente, até que tenhas alcançado um que seja satisfatório.

(*Fédon:* 101d)

6. Crítica do conhecimento sensível

Platão reconhece: permanecer no nível das sensações é tornar impossível a construção de um conhecimento seguro e estável, é ficar fatalmente preso nas malhas do relativismo de sofistas como Protágoras de Abdera. De fato, as sensações fornecem apenas evidências momentâneas e individuais. Um conhecimento baseado somente nas sensações é um conhecimento daquilo que aparece a cada pessoa, no momento em que aparece como tal.

Sócrates — É a sensação que dizes ser a ciência?

Teeteto — Sim.

Sócrates — Na verdade, corres o perigo de teres dito algo nada banal sobre a ciência; ao contrário, é o mesmo que diz Protágoras. A fórmula dele é um pouco diferente, mas ele diz a mesma coisa. Afirma, com efeito, mais ou menos isto: "o homem é a medida de todas as coisas; para aquelas que são, medida de seu ser; para aquelas que não são, medida de seu não-ser". Provavelmente leste isso?

Teeteto — Li, e muitas vezes.

Sócrates — Ele não quer dizer algo do tipo: tais como me aparecem sucessivamente as coisas, tais elas são para mim; tais como te aparecem, tais são para ti? Ora, tu és homem e eu também.

Teeteto — Ele fala bem nesse sentido.

Sócrates — É provável, de fato, que um homem sábio não fale aereamente: sigamos portanto seu pensamento. Não há momentos em que o mesmo sopro de vento causa em um de nós arrepios, e no outro não; para um é suave, para o outro violento?

Teeteto — Muito certamente.

Sócrates — Nesse momento, que será em si mesmo o vento? Diremos que é frio ou que não é frio? Ou então concordaremos com Protágoras em que ele é frio para aquele que se arrepia; que para o outro ele não é?

Teeteto — É provável.

Sócrates — Aparece de um modo para um, de outro modo para o outro?

Teeteto — Sim.

Sócrates — Ora, esse "aparecer" significa ser sentido?

Teeteto — Efetivamente.

Sócrates — Logo, aparência e sensação são idênticas, para o calor e para outros estados semelhantes. Tais como cada um os sente, assim para cada um também parecem ser.

Teeteto — Provavelmente.

Sócrates — Não há, portanto, jamais sensação senão daquilo que é, e sempre sensação infalível, já que ela é ciência.

Teeteto — Aparentemente.

(*Teeteto*: 152a/c)

7. A doutrina das ideias

Como principal consequência da utilização do "método dos geômetras", Platão propõe que se afirme hipoteticamente a existência de "formas" ou "essências" ou "ideias", que seriam os modelos eternos das coisas sensíveis. Essas essências seriam incorpóreas e imutáveis, existindo em si mesmas. Embora Platão as chame também de "ideias", elas não existem na mente humana, como conceitos ou representações mentais: ao contrário, existem em si, nem nos objetos (de que são os modelos), nem nos sujeitos (que conhecem esses objetos). Cada coisa corpórea e mutável seria o que ela é (uma cadeira, por exemplo) porque participa da essência que lhe serve de modelo (a cadeira-em-si, a essência ou "ideia" de cadeira). Uma cadeira que vemos ou tocamos pode ser de madeira ou metal, desta ou daquela cor, deste ou daquele formato; ela muda, envelhece, é destruída com o tempo. Já a essência de cadeira permanece sempre a mesma, fora do tempo e do espaço. E

60   Curso de filosofia

é sempre única. Pois é o que qualquer cadeira, em qualquer época ou lugar, tem de ser para ser cadeira. É o modelo perene de todas as cadeiras. E é aquilo a que se refere a palavra "cadeira" em qualquer língua, em qualquer tempo. Não podemos apreender com os sentidos essa essência ou "ideia" incorpórea e intemporal, pois nossos sentidos só captam o material, o dotado de alguma concretude, o que está no espaço e no tempo. Mas podemos alcançá-la com o intelecto: ela é inteligível.

> *Sócrates* — Vou tentar te mostrar a natureza da causa que tenho estudado, retornando a essas noções que tanto tenho debatido. Partirei daí, admitindo que há um Belo em si e por si, um Bom, um Grande, e assim quanto ao resto. Se me concedes a existência dessas coisas, se concordas comigo, tenho esperança de que elas me levarão a colocar sob teus olhos a causa, assim descoberta, que faz com que a alma tenha imortalidade.
>
> *Cebes* — Mas é claro que te concedo, e terás apenas de concluir o mais rápido!
>
> *Sócrates* — Examina então o que se segue da existência dessas realidades, para veres se partilhas de minha opinião. Parece-me que, se existe algo de belo fora do Belo em si, essa coisa só é bela porque participa desse Belo em si, e digo que o mesmo ocorre quanto a todas as outras coisas. Estás de acordo comigo quanto a esse tipo de causa?
>
> (*Fédon*: 100 c/d)

8. A alma e a reminiscência

Como o homem — ser concreto, que existe no tempo e no espaço — pode conhecer as essências incorpóreas e intemporais? Essa possibilidade depende de outra hipótese: é preciso supor que ele possua algo também incorpóreo e indestrutível, algo de natureza semelhante à natureza das "ideias". É necessário supor que ele abriga em seu corpo uma alma — também pura forma imortal. Essa alma já teria contemplado as essências, antes de se prender a esse corpo ao qual está provisoriamente vinculada. Unida ao corpo, alojada nele como em uma prisão, ela esquece aquele conhecimento anterior. Mas os sentidos apreendem objetos que são cópias imperfeitas daquelas essências que a alma contemplara — e isso permite que ela vá se lembrando das "ideias". Assim, o conhecimento é, na verdade, reconhecimento, reminiscência, retorno.

Sócrates [a Mênon] — ... Já que a alma é imortal e já que viveu diversas vidas, e já que viu tudo o que se passa aqui e no Hades, não há nada que não tenha aprendido. Também não é absolutamente surpreendente que, sobre a virtude e sobre o resto, ela possa se lembrar do que soube anteriormente. Como tudo se conserva na natureza e como a alma tudo aprendeu, nada impede que ao se lembrar de uma coisa — o que os homens chamam de aprender — ela reencontre em si mesma todas as outras, contanto que seja corajosa e não se canse de buscar; porque buscar e aprender não é outra coisa senão relembrar.

(*Mênon:* 81 c/d)

9. A escalada do conhecimento

O conhecimento — ou o reconhecimento — das essências não é feito de forma direta e imediata. É necessário percorrer várias etapas. Na *República*, Platão descreve essa escalada que leva, afinal, às ideias ou essências, através de etapas sucessivas. A cada tipo de objeto corresponde uma forma ou etapa no processo de conhecimento. A escalada parte do mais obscuro e instável até a máxima clareza e a máxima segurança. Cada etapa remete à que lhe é imediatamente superior, e nela se sustenta e se aclara. A verdade não é dada de início. É prometida para o final, depois que *todo* o caminho ascendente for percorrido, depois de vencidas todas as etapas intermediárias. É *conquista*, a última. Nunca uma dádiva gratuita inicial. O trecho da *República* sobre "a linha dividida" (509d/511e) permite a seguinte representação gráfica dessa escalada:

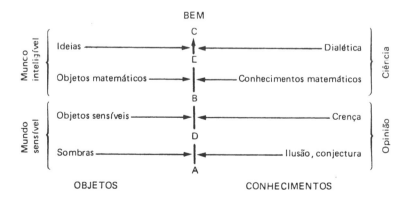

10. O conhecimento pelo amor

Para Platão, o trabalho de conhecer não é tarefa apenas intelectual. É também obra de amor. O filósofo — o amante da sabedoria — labora sob o patrocínio de Eros, o Amor. Como a matemática, também o amor estabelece ligações entre o sensível e o inteligível, realiza mediações, é um intermediário. No *Banquete*, Platão descreve a subida do sensível ao inteligível como uma escalada conduzida pelo amor:

> *Sócrates* [repetindo o que teria escutado de Diotima de Mantineia] — ... Quando então alguém, subindo a partir do que aqui é belo, através do correto amor aos rapazes, começa a contemplar aquele belo, quase que estaria a atingir o ponto final. Eis, com efeito, em que consiste o proceder corretamente nos caminhos do amor ou por outro se deixar conduzir: em começar do que aqui é belo e, em vista daquele belo, subir sempre, como que se servindo de degraus, de um só para dois e de dois para todos os corpos belos, e dos belos corpos para os belos ofícios, e dos ofícios para as belas ciências, até que das ciências acabe naquela ciência que de nada mais é senão daquele próprio belo, e conheça enfim o que em si é belo.
>
> (*Banquete:* 211c)

11. A ideia do bem

A adoção do "método dos geômetras" faz da filosofia inicialmente um *jogo* de hipóteses. Se até o final o conhecimento permanecer como esse jogo, ele permanecerá no âmbito do provável, do possível, do hipotético — não chegará à certeza. Desse modo, a escalada do conhecimento somente resultará na garantia da verdade se, *no final*, depois de percorridas todas as hipóteses, levar ao absoluto, ao necessário, ao não hipotético. Platão considera que, usando o conhecimento dialético, o filósofo pode atingir as essências eternas. E, seguindo as articulações que ligam determinadas essências a determinadas essências, vai conquistando essências cada vez mais gerais. Até que, *por fim*, contempla aquele absoluto, uma superessência. Na *República*, Platão o denomina de Bem. Ele seria a fonte de toda luz, fazendo com que os objetos possam ser conhecidos e que nós possamos conhecê-los. É como o Sol.

> *Sócrates* [a Glaucon] — ... É preciso comparar o mundo sensível à prisão e a luz do fogo que a clareia ao efeito do sol; quanto à subida para o

mundo superior e a contemplação de suas maravilhas, vê nisso a escalada do mundo sensível pela alma, e não te enganarás a respeito de meu pensamento, já que desejas conhecê-lo. Deus sabe se ele é verdadeiro; em todo caso, é minha opinião que nos derradeiros limites do mundo inteligível está a ideia de Bem, que se percebe com dificuldade, mas que não se pode perceber sem concluir que ela é a causa universal de tudo que existe de bem e de belo; que no mundo sensível é ela que cria a luz e o dispensador da luz; e que no mundo inteligível é ela que dispensa e ocasiona a verdade e a inteligência, e que é necessário vê-la para se conduzir com sabedoria tanto na vida particular quanto na vida pública.

(*República*: 517 b/c)

12. O retrato do filósofo

As obras de Platão traçam o perfil de Sócrates. Mas vão além: traçam, a partir de Sócrates, o retrato do filósofo. Platão apresenta vários retratos, várias faces do "amante da sabedoria". No *Fedro*, é um homem-cigarra que, sem se preocupar com a sobrevivência, canta à luz um belo canto — sua filosofia — em homenagem às Musas, até morrer. No *Teeteto*, é aquele que se distrai em relação às coisas próximas (como Tales que cai num poço), porque justamente está atentíssimo às questões que investiga. No *Fédon*, é Sócrates que, à beira da morte e sem temê-la, desenrola seu discurso como um canto de cisne e questiona até o fim o significado de viver e de morrer. Na *República*, é aquele que se liberta da caverna das ilusões e eleva os olhos progressivamente até o Sol que ilumina a realidade; e já que realizou a escalada do conhecimento até o final, é quem tem obrigação de assumir as tarefas políticas e o encargo de governar.

> [Sócrates] — Cabe portanto a nós, os fundadores do Estado, retomei eu, obrigar os homens de elite a se voltarem para a ciência que há pouco reconhecemos como a mais sublime de todas, para verem o bem e fazerem a subida de que falamos; porém, uma vez chegados a essa região superior e tendo contemplado suficientemente o bem, cuidemos de não lhes permitir o que hoje lhes é permitido.
> [Glaucon] — O quê?
> [Sócrates] — Permanecerem lá no alto, respondi, e não mais quererem descer para junto dos prisioneiros, nem participar de seus trabalhos e honrarias mais ou menos apreciáveis.

64 Curso de filosofia

[Glaucon] — Mas então, disse ele, atentaremos contra seus direitos e os forçaremos a levar uma vida mesquinha, quando poderiam gozar de uma condição feliz?

[Sócrates] — Esquece outra vez, meu amigo, retomei, que a lei não cuida de assegurar uma felicidade excepcional a uma classe de cidadãos, antes procura realizar a felicidade de toda a cidade, unindo os cidadãos quer pela persuasão, quer pela coação, e levando-os a participar dos serviços que cada classe é capaz de oferecer à comunidade; e que se ela se destina a formar no Estado tais cidadãos não é para deixar que dediquem sua atividade ao que lhes agrada, mas para fazer com que concorram para a fortificação do vínculo do Estado.

[Glaucon] — É verdade, disse; havia esquecido.

[Sócrates] — Agora, Glaucon, prossegui, observa que não seremos injustos em relação aos filósofos que se formarão entre nós, e que teremos boas razões a lhes dar, para obrigá-los a se encarregar da direção e da guarda dos outros.

(*República:* 519c/520a)

13. A presença de Platão

Muitos consideram Platão o maior nome da história da filosofia. E até já se escreveu, com humor, que os demais filósofos, ao longo dos séculos, limitaram-se a fazer anotações e comentários a seus escritos. Exagero à parte, é indiscutível que o pensamento platônico marca profundamente todos os setores da cultura ocidental: a filosofia, a ciência, a religião, a teoria política, a estética etc. Essa ampla e diversificada influência deve-se, sem dúvida, à riqueza de temas que Platão aborda em suas obras. Mas deve-se também — e talvez principalmente — à sua concepção de filosofia como pensar aberto a todas as possibilidades, que examina e confronta todas as hipóteses. Daí as diferentes e por vezes opostas linhas de pensamento que procuram inspiração e apoio no platonismo.

Isso acontece desde a Antiguidade. Por exemplo: no período final da filosofia grega, encontramos a chamada Nova Academia que, pretendendo dar continuidade ao pensamento platônico, defende o probabilismo, ou seja, afirma que jamais ultrapassamos o nível do provável, nunca atingimos a certeza absoluta. Os integrantes da Nova Academia chegam a essa conclusão porque enfatizam a concepção platônica de filosofia enquanto jogo de hipóteses e eliminam o absoluto,

Platão e as ideias 65

considerando que o conhecimento humano jamais alcança o não hipotético (como a ideia do Bem, da *República*). Mas é justamente esse não hipotético, esse absoluto, sob a designação de Um, que outros herdeiros do platonismo (como Plotino), também no período final da filosofia grega, colocam como centro de sua filosofia, na condição de fonte emanadora de toda a realidade. E isso que ocorre na Antiguidade vem se repetindo, através dos séculos, em diversos campos: ressurgem aspectos parciais do pensamento platônico, como faces diferenciadas do platonismo a fundamentar concepções que às vezes se contrapõem.

O pensamento de Platão teve papel decisivo na construção da teologia, da mística e da filosofia cristãs. De fato, nos primeiros séculos da Idade Média, as tentativas de harmonização da razão filosófica com a fé religiosa foram geralmente feitas com base no platonismo. E mesmo depois que, a partir do século XIII, a conciliação entre fé e razão passou a se fundamentar na filosofia de Aristóteles (com Santo Alberto Magno e Santo Tomás de Aquino), o platonismo continuou a ser o alicerce de importantes correntes teológicas e filosóficas medievais, como as do pensamento inglês.

A concepção platônica de que o conhecimento do mundo físico exige a utilização de recursos matemáticos inspira a criação da física-matemática, a partir do Renascimento. Por outro lado, as filosofias modernas de índole racionalista retomam e reformulam teses platônicas. É compreensível: como o maior filósofo-geômetra da Grécia, Platão influencia toda a longa linhagem de pensadores que se apoiam na matemática e que veem na razão matemática o modelo da razão, até a atualidade. Mas como a dialética platônica utiliza, em sua construção, os mais variados recursos de linguagem — não só da linguagem matemática, mas também da linguagem literária —, Platão pode também ressurgir, ainda hoje, como aliado daqueles que apontam limites no modelo matemático e propõem uma concepção mais vasta e diferenciada de razão.

No terreno das ideias políticas, a influência de Platão é imensa e perdura. Ele abre caminho para todas as utopias políticas, para todas as propostas de sociedade ideal, desde Thomas Morus (1480-1535) e Campanella (1568-1639) até Marx (1818-1883). E, como também no campo político ele realiza um jogo aberto a todas as possibilidades teóricas, é possível buscar em sua obra argumentos favoráveis a diferentes posições: do fascismo ao comunismo. Depende sempre da ênfase que se dê a determinados aspectos ou etapas de seu pensamento riquís-

66   Curso de filosofia

simo, que ousa investigar as questões sob todas as perspectivas possíveis.

É indiscutível: Platão é uma presença constante em todos os momentos da filosofia ocidental. É que na busca da verdade ele pretende examinar todas as hipóteses, dar voz a todas as opiniões, trilhar todos os caminhos que se abrem às aventuras do espírito. E quer fazer do filosofar, antes de mais nada, um amor à sabedoria, um processo de vida interior incessante, uma permanente ginástica espiritual. Isso o torna companheiro obrigatório — como aliado ou contendor — de todos aqueles que, em qualquer época, aceitam o desafio de pensar corajosamente, o risco de *jogar* com as ideias. E que acham que a verdade somente pode existir como prêmio *final*, depois de todas as hipóteses, de todas as dúvidas, de todas as análises, de todos os esforços: como a luz depois de vencidas todas as ilusões da sombra.

PALAVRAS-CHAVE

Hipótese
A palavra significa o que é posto embaixo, como sustentação, alicerce, fundamento; é a base de qualquer construção. Em sentido bastante amplo, é uma suposição ou conjectura destinada a ser posteriormente verificada, para ser confirmada ou não. Em matemática, tem o sentido de enunciado do qual se parte para a demonstração de um teorema. Por isso é que, em Platão, as hipóteses são os princípios fundamentadores, em particular os princípios da geometria.

Relativismo
No campo do conhecimento, concepção que nega qualquer verdade absoluta; não haveria verdade (necessária e universal), mas verdades provisórias e circunstanciais. No campo ético, o relativismo é a afirmação de que não há valores morais absolutos, permanentes, válidos para todos em todos os tempos e lugares; os valores seriam sempre relativos a situações determinadas e variáveis (situações geográficas, históricas, culturais etc.). O relativismo, tanto no campo do conhecimento quanto no ético, pode ser defendido em diversos níveis: a) no nível individual (a verdade e o bem variam de indivíduo para indivíduo, podendo mudar também a cada momento ou em cada circunstância); b) no nível sociológico (a verdade e o bem são estabelecidos diversamente

Platão e as ideias 67

pelos diferentes grupos sociais ou pelas diferentes sociedades e culturas); no nível humanista (a verdade e o bem não são em si, mas relativos ao homem, à natureza humana, à "medida humana"). Essas três formas de entender o relativismo já foram aplicadas à interpretação do pensamento de Protágoras de Abdera e à explicação do significado de sua frase: "O homem é a medida de todas as coisas."

Aristocracia
Etimologicamente significa governo dos "melhores", dos "bons" (*aristoi*). Esses "bons" são, na verdade, os "bem-nascidos", os nascidos de famílias ilustres e que, na Grécia antiga, se consideravam descendentes de deuses. A condição de aristocrata era, portanto, uma condição herdada, garantida pela ascendência genealógica, pelo "sangue nobre".

Oligarquia
Etimologicamente significa governo de poucos (*oligoi*). Na Grécia antiga, esses poucos no poder eram ou "bem-nascidos" (aristocratas) ou aqueles também que, por outros motivos (principalmente riqueza), assumiam o poder como grupo ou minoria dominante.

QUESTÕES

1. Que pretendia Sócrates com o diálogo?
2. Em que a dialética platônica é diferente do diálogo socrático?
3. Em que consiste o "método dos geômetras" que Platão adota?
4. Que Platão entendia por "ideia"?
5. Quais as etapas do conhecimento segundo Platão?
6. Que significava a reminiscência para Platão?
7. Que representa, na filosofia de Platão, a ideia do Bem?
8. Que relação existe, para Platão, entre filosofia e política?

TEMAS PARA DEBATE

1. Também em nossos dias, a atuação política deve levar em conta a ciência? A política deve ter base científica? Qual?
2. E deve haver também uma preparação para que a pessoa participe da vida política? Qual?

3. Platão tinha razão em criticar a democracia de seu tempo? Por quê? E hoje: quais as falhas da democracia que temos?

4. Sócrates tem razão em achar que as pessoas devem conhecer-se a si mesmas e analisar o significado das palavras que elas e as outras pessoas empregam?

5. Esse trabalho socrático pode ser perigoso, sobretudo para a juventude?

6. Que acha da filosofia como *exercício*, como *ginástica do espírito*, como *jogo* aberto, como *procura* da verdade? Partimos da verdade ou caminhamos para ela?

7. É o homem "a medida de todas as coisas", inclusive da verdade e do bem, como quer Protágoras?

8. Concorda com Platão em que o amor é uma forma de conhecimento, que o amor também pode conduzir progressivamente à verdade?

9. Como você imagina que deveria ser uma cidade ideal, uma sociedade justa?

Capítulo 3

O REALISMO ARISTOTÉLICO

*Maria do Carmo Bettencourt de Faria**

1. Definição

O realismo aristotélico representa, na Grécia antiga, ao lado das filosofias de Sócrates e Platão, uma reação ao discurso dos sofistas e uma tentativa de superação da oposição dos pensamentos de Parmênides e Heráclito. O primeiro negava a realidade do movimento e da mudança, enquanto o segundo via o Ser sobretudo como vir-a-ser, afirmando que toda permanência e estabilidade resultam de precário equilíbrio entre forças opostas. Defendendo a possibilidade de uma ciência sobre o real concreto, Aristóteles afirma que é possível conhecer o que é o real concreto e mutável por meio de definições e conceitos que permanecem inalterados. Basta que para isso seja estabelecido previamente o que importa ser conhecido acerca do ser, distinguindo-o daquilo que pode ser deixado de lado por ser meramente ocasional, fatual ou acidental. Considera o Universo como um todo ordenado segundo leis constantes e imutáveis. Essa ordem imutável e eterna rege não só os fenômenos da natureza como também os de ordem política, moral ou estética. Antecedendo, como fundamento, as diversas ciências que se interessam por determinados aspectos do ser, existe uma ciência "primeira", a Sabedoria (depois designada como Metafísica), que estuda o Ser e procura enunciar essa ordem subjacente que torna inteligíveis todos os fenômenos.

---

*   Professora de filosofia da UFRJ.

70 Curso de filosofia

2. Aristóteles e sua época

Aristóteles nasceu em Estagira, em 384, filho de Nicômaco, médico do rei da Macedônia. Aos 18 anos vai para Atenas e se torna discípulo de Platão. Em 343 é chamado à Macedônia para ser preceptor de Alexandre, o Grande. Em 335 volta a Atenas e funda o Liceu. Depois da morte de Alexandre, o partido antimacedônico obriga-o a se retirar de Atenas para a Calcídia, onde morre em 322. Aristóteles é contemporâneo do período de decadência da democracia ateniense e da invasão macedônica que unifica a Grécia sob seu domínio. Atenas, já despida de seu brilho e de sua força, via seu destino entregue aos demagogos que, aproveitando a indiferença do povo em relação à coisa pública, manobravam os negócios do Estado de acordo com seus interesses mais imediatos. O pensamento aristotélico representa, em muitos aspectos, uma reação a esse estado de coisas.

Dono de um saber enciclopédico, Aristóteles escreveu sobre quase todos os assuntos, examinando as teorias das diversas escolas filosóficas que o precederam na Grécia. Infelizmente, a quase totalidade de suas obras destinadas à difusão de suas ideias fora dos limites do Liceu foi perdida. Restam aquelas destinadas ao uso restrito dos cursos do Liceu: anotações de cursos, indicações de questões etc. Apesar disso, sua obra conhecida é bastante volumosa: versa sobre as questões de filosofia primeira ou metafísica, sobre lógica (chamada *organon*), sobre ciências naturais, moral e política; sobre as artes da retórica e da poética.

3. Crítica a Platão

Embora permaneça fiel a seu mestre em muitos e importantes aspectos de sua filosofia, Aristóteles, desde sua mocidade, rejeita a Teoria das Ideias, alegando que ela não explica o movimento dos entes materiais, ordenado e harmonioso, e cria mais dificuldades do que resolve.

> A mais importante questão que devemos colocar seria a de perguntar enfim que socorro as ideias trazem para os entes sensíveis, quer se trate de entes eternos (astros) ou dos entes que sofrem geração e corrupção. Com efeito, elas não são para esses seres a causa de nenhum movimento e de nenhuma mudança. Também não trazem nenhum concurso para a ciência dos outros seres ... nem para explicar a sua existência, pois não

são nem ao menos imanentes às coisas que delas participam; se fossem imanentes, talvez pudessem assemelhar-se a causas dos seres, como o branco é a causa da brancura no ser branco, entrando em sua composição .... Por outro lado, os outros objetos não podem tampouco provir *das* ideias, em qualquer dos sentidos em que se entende ordinariamente essa expressão *de*. — Quanto a dizer que as ideias são os paradigmas e que as outras coisas participam delas, isso não passa do uso de palavras destituídas de sentido, e de metáforas poéticas. Onde então se trabalha com os olhos fixos nas ideias? Pode acontecer, com efeito, que algum ser exista e se torne semelhante a um outro, sem que por isso tenha sido modelado a partir desse outro. ... Além disso, teríamos diversos paradigmas do mesmo ser e, por conseguinte, diversas ideias desse ser; por exemplo, para o homem teríamos o animal, o bípede, e ao mesmo tempo também o homem em si. Além do mais, as ideias não serão paradigmas apenas dos seres sensíveis, mas também das próprias ideias, e, por exemplo, o gênero, enquanto gênero, será o paradigma das espécies contidas nele: a mesma coisa será portanto paradigma e imagem. E depois pareceria impossível que a substância fosse separada daquilo de que ela é substância. Como então as ideias, que são a substância das coisas, seriam separadas das coisas?

(Metafísica)

De um modo geral, enquanto o objeto da sabedoria é a procura da causa dos fenômenos, é precisamente isso que é deixado de lado (pois não se diz nada a respeito da causa de onde vem o princípio da mudança) e, ao pensar explicar a substância dos entes sensíveis, se postulava a existência de outras espécies de substância. Mas, quando se trata de explicar como essas últimas são a substância das primeiras, são utilizadas palavras vazias: pois *participar*, como dissemos acima, nada significa.

(Metafísica)

4. A origem da filosofia

Para Aristóteles, a filosofia implica o abandono do senso comum e o despertar da consciência crítica que tem uma função libertadora para o homem. O abandono do senso comum se dá em virtude do espanto (*pathos*), e este é a origem do filosofar.

Foi, com efeito, o espanto que levou, como hoje, os primeiros pensadores à especulação filosófica. No início seu espanto dizia respeito às dificul-

72 Curso de filosofia

dades que se apresentavam em primeiro lugar ao espírito; depois, avançando pouco a pouco, estenderam sua exploração aos fenômenos mais importantes, tais como os fenômenos da Lua, os do Sol e das estrelas, e enfim à gênese do Universo. Ora, perceber uma dificuldade e espantar-se é reconhecer a própria ignorância (e por isso mesmo o amor dos mitos e, de alguma maneira, amor pela Sabedoria, pois o mito é uma reunião do maravilhoso). Portanto, se foi para escapar da ignorância que os primeiros filósofos se dedicaram à filosofia, é evidente que eles perseguiam o saber em vista apenas do conhecimento, e não para um fim utilitário. E o que se passou na realidade fornece a prova disto: quase todas as necessidades da vida e as coisas que interessam ao seu bem-estar e à sua manutenção já tinham sido satisfeitas quando começou a busca por uma disciplina deste gênero. Concluo que não temos em vista, em nossa pesquisa, nenhum interesse estrangeiro. Mas, da mesma forma que chamamos livre aquele que é para si mesmo o seu próprio fim, e não existe para outro, assim esta ciência é também a única entre as demais que seja uma disciplina liberal, uma vez que só ela é para si mesma o seu próprio fim.

(Metafísica)

5. O princípio de identidade

Como ciência (*episteme*), isto é, como conhecimento necessário e universal, a filosofia distingue-se da opinião (*doxa*), que varia de acordo com as situações, os sujeitos e as mutações da realidade. A garantia de um saber verdadeiro está na possibilidade de sua demonstração a partir de um outro conhecimento já demonstrado como verdadeiro. Esse processo seria levado ao infinito, impossibilitando a ciência, se o homem não pudesse perceber como imediatamente evidentes algumas verdades que, por isso mesmo, dispensam demonstração e são consideradas axiomas. A filosofia encontra no *princípio da não contradição* sua verdade axiomática fundamental.

Que, assim, pertença ao filósofo, quer dizer, àquele que estuda a natureza de toda substância, examinar também os princípios do raciocínio silogístico, isto é evidente. O homem que tenha o conhecimento mais perfeito, em qualquer gênero que seja, deve ser aquele que está mais apto a enunciar os princípios mais firmes do objeto em questão. Por conseguinte, aquele que conhece os seres enquanto seres deve ser capaz de estabelecer os princípios mais firmes de todos os seres. Ora, este é o filósofo; e o princípio mais firme de todos será aquele a respeito do qual seja impossível enganar-se: é necessário com efeito que um tal princípio seja ao mesmo tempo o mais bem conhecido de todos os princípios (pois o erro diz respeito sempre àquilo que não se conhece bem), e incondicionado, pois um princípio que é necessário conhecer para compreender todo ser, qualquer que seja, não depende de outro princípio, e aquilo que é preciso conhecer necessariamente para conhecer todo e qualquer ser, é preciso já possuí-lo necessariamente antes de todo outro conhecimento. Evidentemente, então, um tal princípio é o mais firme de todos. Mas qual é este princípio? Iremos enunciá-lo agora. É o seguinte: *é impossível que o mesmo atributo pertença e não pertença ao mesmo tempo ao mesmo sujeito, e na mesma relação.* ... Eis portanto o mais firme de todos os princípios, pois ele corresponde à definição dada acima. Não é possível, com efeito, conceber alguma vez que a mesma coisa seja e não seja, como alguns acreditam que Heráclito disse: pois nem tudo o que se diz se está obrigado a pensar. ... É por essa razão que toda demonstração se remete a esta como a uma última verdade, pois ela é, por natureza, um ponto de partida, mesmo para os demais axiomas.

(*Metafísica*)

6. As causas do ser

A Filosofia, enquanto ciência do Ser, deve ser capaz de enunciar as causas do mesmo, uma vez que só conhecemos verdadeiramente alguma coisa quando conhecemos seu porquê. Aristóteles enuncia, não uma, mas quatro causas ou razões em vista das quais se pode dizer que um ser é. São elas: a) a causa material: a matéria de que alguma coisa é feita e que, por si mesma, não possui nenhuma determinação, sendo pura disponibilidade; b) a forma ou quididade: isto que o ser é, ou ainda o conjunto de determinações que permitem identificá-lo ou defini-lo; c) o motor: o princípio do movimento ou causa eficiente, aquele que dá origem ao processo de constituição do ser; d) o fim a que se destina, e que coincide sempre com a própria perfeição do ser.

É manifesto que a ciência que buscamos adquirir é a das causas primeiras (pois que dizemos que conhecemos cada coisa somente quando acreditamos conhecer sua causa primeira). Ora, as causas se dizem em quatro sentidos. Num sentido, por causa entendemos a substância formal ou quididade (com efeito, a razão de ser de uma coisa se reduz em última análise à noção desta coisa, e a razão de ser primeira é causa e princípio); num outro sentido, ainda, a causa é a matéria ou substrato; num terceiro

74   Curso de filosofia

sentido, o princípio de onde parte o movimento; em um quarto, enfim, que é oposto ao terceiro, é a causa final ou bem (pois o bem é o fim de toda geração e de todo movimento).

(*Metafísica*)

Aparentemente, este é portanto o número das acepções nas quais se pode tomar a palavra causa. Mas, em decorrência desta pluralidade de sentidos, acontece que a mesma coisa tenha várias causas, e isto não acidentalmente: assim, para a estátua, a arte estatuária e o bronze ...; há somente uma diferença: uma destas coisas é causa enquanto matéria, a outra como aquilo de onde parte o movimento. Acontece mesmo de se encontrarem coisas que são mutuamente causa uma da outra; assim, os exercícios penosos são causa de um bom estado do corpo, ao passo que este é causa de tais exercícios; somente, isto não se dá no mesmo sentido: uma destas coisas é causa como fim, outra como princípio do movimento. Enfim, a mesma coisa é causa dos contrários; e, com efeito, o que por sua presença é causa de tal efeito faz com que encaremos a sua ausência como causa do efeito contrário: assim, a ausência do piloto é causa do naufrágio, na medida em que sua presença seria a causa da salvação do barco.

Quaisquer que sejam, além disso, as diversas nuanças que cada classe comporta, todas as causas que acabamos de indicar pertencem manifestamente a quatro classes. As letras em relação à sílaba, os materiais em relação aos objetos fabricados, o fogo e os demais elementos em relação aos corpos compostos, as partes em relação ao todo, as premissas em relação à conclusão são causas enquanto aquilo de que as coisas são feitas. Das coisas que acabamos de contrapor, umas são causas a título de subjacente, tal como as partes; as outras são causas enquanto quididade: o todo, o composto, a forma. Por seu lado, a semente, o médico, o autor de uma decisão e, de maneira geral, o eficiente, tudo isto é causas enquanto aquilo de onde vem o início da mudança, do repouso ou do movimento. Do outro lado ainda, uma coisa é causa a título de fim e bem das outras coisas, pois aquilo que se tem em vista deve ser mais excelente que os demais, e seu fim; e aqui é indiferente que se diga que a causa é o próprio bem ou um bem aparente.

(*Física*)

7. O ser como substância

Por diversas vezes em sua *Metafísica*, Aristóteles afirma que o Ser pode ser dito em diferentes sentidos: é, portanto, um conceito análogo. O primeiro desses sentidos, o mais fundamental, o que corresponde mais de perto àquilo que o Ser é em si mesmo, é a substância (*ousia*). A substância pode, por sua vez, ser simples (Deus) ou composta (os demais seres). A ciência do Ser é, portanto, a ciência do Ser imóvel e perfeito, substância absolutamente simples — Deus — e, ao mesmo tempo, ciência dos entes compostos, os entes da natureza, que estão em permanente movimento. Enquanto ciência do Ser, a Filosofia é uma ciência da substância. A substância é o indivíduo uno em si mesmo e separado dos demais.

O Ser se toma em múltiplos sentidos, segundo as distinções que fizemos anteriormente, no Livro das Múltiplas Acepções [livro V da *Metafísica*]: num sentido, significa isto que a coisa é, a substância, e, em outro sentido, significa uma qualidade, uma quantidade ou um dos outros predicados deste tipo. Mas, entre todas estas acepções do Ser, é claro que o Ser em sentido primeiro é o "isto que é a coisa", noção que não exprime nada além da própria substância. Com efeito, quando dizemos de que qualidade é tal coisa determinada, dizemos que é boa ou má, mas não que tem três côvados, ou que é um homem: quando, ao contrário, exprimimos isto que ela é, não dizemos que é branca ou quente, nem que tem três côvados, mas que é um homem ou um deus. As outras coisas só são chamadas seres porque são ou quantidades do Ser propriamente dito, ou qualidades, ou outra afecção deste ser, ou alguma outra determinação deste gênero. Também se poderia perguntar se o *passear*, o *sentir-se bem*, o *estar sentado* são ou não são seres; e da mesma forma em qualquer outro caso análogo: pois nenhum destes estados tem por si mesmo naturalmente uma existência própria, nem pode ser separado da substância, mas se há aí algum ser, será antes isto que passeia que é um ser, isto que está sentado, isto que se sente bem. E estas últimas coisas nos parecem muito mais seres, porque há sob cada uma delas um sujeito real e determinado: este sujeito é a Substância, é o indivíduo, que é certamente o que se manifesta em tal categoria, pois o bem ou o sentado nunca é dito sem ele. É, portanto, evidente que é por meio desta categoria que cada uma das outras categorias existe. Por conseguinte, o Ser em sentido fundamental, não tal modo do Ser, mas o Ser falando em sentido absoluto, não poderia ser senão a Substância. ... Em verdade, o objeto eterno de todas as pesquisas, presentes e passadas, o problema sempre em suspenso: o que é isto, o Ser?, consiste no mesmo que perguntar: o que é isto, a substância? ... É por isso que, para nós também, o objeto principal, primeiro, e por assim dizer único, de nosso estudo deve ser a natureza do Ser tomado neste sentido.

(*Metafísica*)

8. O acidente

Como foi visto acima, a substância não esgota o sentido do termo Ser. Também os chamados acidentes (literalmente, o que acontece com) são. Estes, na maioria das vezes, decorrem da matéria de que os entes são compostos. Não são determinados pela natureza destes, nem decorrem de uma razão ou causa determinada. Por isso, não será possível uma ciência do acidente.

Há ainda um segundo sentido atribuído por Aristóteles ao termo acidente: aquilo que, embora pertença necessariamente a um ser, não permite identificá-lo como sendo este e não outro.

> Acidente se diz daquilo que pertence a um ser e pode ser afirmado dele com verdade, mas não é nele nem necessário nem constante.
>
> *(Metafísica)*

> ... é visível desde agora que não há ciência do acidente. Toda ciência se propõe com efeito [conhecer] o que é sempre ou o mais das vezes. Como, sem isso, se instruir a si mesmo, ou ensinar aos outros? é preciso que a coisa seja determinada como acontecendo sempre, ou o mais das vezes.
>
> *(Metafísica)*

> Como falamos das diferentes acepções do Ser, devemos assinalar em primeiro lugar que o Ser por acidente não é nunca objeto de especulação. Isto é demonstrado pelo fato de que nenhuma ciência, seja ela prática, produtora ou teórica, se preocupa com ele. O construtor de uma casa, com efeito, não produz os diversos acidentes dos quais a construção da casa sempre é acompanhada, pois são em número infinito: nada impede, com efeito, que a casa, uma vez construída, pareça agradável a uns e a outros incômoda, a outros ainda, útil, ou que ela pareça diferente de todos os outros seres: nada disto decorre da arte de construir.
>
> *(Metafísica)*

9. O movimento

O problema do movimento é sem dúvida um dos principais desafios com que se defronta o pensamento aristotélico. De fato, se o movimento é sempre a passagem de um contrário a outro, como conciliá-lo como o principal axioma da *Metafísica*, que afirma que dois contrários não podem coexistir no mesmo sujeito? Com esse problema já se tinham defrontado os eleatas, os jônios e o próprio Platão. Nenhuma das soluções apresentadas parece satisfatória a Aristóteles, pois todas, para resolver o problema, eliminam um de seus termos: Heráclito, com os jônios, tende a negar a permanência de uma identidade nos seres. Esse é também o partido adotado pelos sofistas. Parmênides e Platão negam realidade ao movimento, reduzindo-o a aparência ilusória. Para resolver a questão, Aristóteles distingue em primeiro lugar dois tipos de movimento: aquele que atinge apenas os acidentes (lugar, quantidade e qualidade) e aquele que atinge a própria substância dos seres, a gênese. O primeiro (*kinesis*) não altera a identidade do Ser, que continua sendo o mesmo que era. O segundo, ao contrário, dá origem a um novo ser. Ainda visando uma solução que permita conciliar o movimento com a identidade, Aristóteles cria as noções de potência e ato, que, de certa forma, traduzem para o plano do movimento os conceitos, já enunciados, de matéria e forma. Na geração acontece de fato uma transformação da matéria: uma mudança de forma; uma atualização de uma forma para a qual a matéria estava previamente disponível, em potência. A forma, enquanto realizada, é chamada ato; a matéria, enquanto disponibilidade para receber tais determinações formais, é chamada potência.

> ... Logo, existem tantas espécies de movimento quantas espécies de Ser.
> Tendo em conta a distinção, relativamente a cada gênero, daquilo que existe em ato e daquilo que existe em potência, o movimento é o ato daquilo que existe em potência enquanto tal; por exemplo, do alterável enquanto tal, o ato é a alteração; daquilo que é suscetível de crescimento e diminuição [o ato] é o próprio crescimento ou diminuição; do gerável e corruptível, é geração e corrupção; daquilo que é móvel quanto ao lugar, é movimento local.
>
> (*Física*)

O ato é, portanto, o fato de uma coisa existir em realidade, e não do modo como dizemos que existe em potência, quando dizemos, por exemplo, que Hermes [estátua] está em potência na madeira, ou a semirreta na reta inteira porque poderia ser tirada dela; ou quando chamamos sábio em potência aquele que não especula, mesmo que tenha a capacidade de especular, pois bem: esta outra maneira de existir é a

78 Curso de filosofia

existência em ato. A noção de ato que propomos pode ser elucidada pela indução, com a ajuda de exemplos particulares, sem que se deva tentar definir tudo, mas contentando-se com a analogia: o ato será então como o ser que constrói em relação ao que possui a faculdade de construir, o que está acordado em relação ao que dorme, o que vê em relação a quem tem os olhos fechados mas possui a vista, o que está elaborado em relação ao que não está elaborado. Damos o nome de ato ao primeiro membro destas relações, o outro membro, é a potência. ... Com efeito, o ato é tomado ora como o movimento relativamente à potência, ora como a substância relativamente a alguma matéria.

(Metafísica)

Além do mais, a matéria não é em potência senão porque pode se encaminhar para a [realização] de sua forma: e quando ela está em ato, então ela está em sua forma. É ainda assim que acontece em todos os outros casos, mesmo para as coisas cujo fim é um movimento (atividade). Também a natureza é como os mestres que só consideram que atingiram seu fim quando tiverem mostrado seu aluno em ação.

(Metafísica)

10. Deus e sua natureza

A atualização da forma é o fim de todo movimento. Aristóteles considera que, se aquilo que é visado no movimento é a progressiva "atualização" da forma, deve-se necessariamente admitir que o ato, como fim, antecede a potência e é mais perfeito que ela. De fato, diz ele, é preciso que a obra já tenha sido anteriormente concebida pelo artista para que ele se ponha em movimento para realizá-la. Nas gerações naturais, também é necessário admitir a existência prévia da forma já realizada (em ato) em outro ser semelhante: só o homem gera o homem. Caminhando assim, chegaremos necessariamente a um primeiro Ato, que antecede e sustenta todos os outros, realização perfeita de uma Forma perfeita que atuará como motor deste Universo harmonioso e ordenado. Esse primeiro Ato é Deus, que, embora não tenha criado o mundo (o conceito de criação do Universo só surge com a filosofia cristã), sustenta a ordem universal por atrair todas as coisas à realização da própria perfeição.

Qual a natureza desse Ato primeiro? Aristóteles nos diz que isso só pode ser conhecido de forma negativa: não conseguiremos dizer o que Deus é em si mesmo — faltam-nos até mesmo palavras apropriadas; mas podemos dizer o que ele não pode ser. De Deus deve ser excluído tudo aquilo que implique imperfeição, limitação ou divisão. Um Ser perfeito também não comporta nada de acidental ou de potencial. Assim, Aristóteles afirma que essa substância subsiste no perfeito gozo de si mesma, na felicidade absoluta de uma autocontemplação eterna. Esse Ser absolutamente perfeito só pode ser Pensamento que se pensa a si mesmo, eterna imobilidade da consciência que repousa na plena posse de si mesma, ideal inalcansável, mas sempre buscado pelos demais seres submetidos à limitação da matéria e à divisão interior.

Pois que é possível que seja como acabamos de dizer, e que se não se adota nossa explicação será necessário admitir que o mundo brota da noite, da confusão universal e do Não-Ser, estas dificuldades podem ser consideradas como resolvidas. Existe então alguma coisa, sempre movida em um movimento sem repouso, movimento este que é o movimento circular. E isto é evidente não somente por demonstração racional, mas de fato. Por conseguinte, o primeiro Céu deve ser eterno. Há por conseguinte também alguma coisa que o move; e pois que aquilo que é ao mesmo tempo movido e motor não é senão um termo intermediário, deve-se supor um extremo que seja motor sem ser movido, ser eterno, substância e ato puro.

Ora, é deste modo que movem o desejável e o inteligível: movem sem serem movidos. Estas duas noções tomadas em seu mais alto grau não idênticas. Com efeito, o objeto do apetecer é o bem aparente e o objeto primeiro da vontade racional é o Bem real.

... Que a causa final possa residir entre os seres imóveis, é o que nos mostra a análise de suas significações. A causa final, com efeito, é o ser para o qual ela é o fim, e é também o próprio objetivo; neste último sentido, não no primeiro, o fim pode existir como ser imóvel. E a causa final move como o objeto do amor, e todas as outras coisas movem porque são movidas. Dito isto, se uma coisa é movida, é porque é susceptível de ser outra em relação ao que é. Mas, pois que há um ser que move permanecendo ele mesmo imóvel, este ser não pode de nenhum modo ser diferente disto que ele é. ... O primeiro motor é, portanto, um ser necessário e, enquanto necessário, seu ser é o Bem, e é deste modo que ele é princípio ... . A um tal Princípio estão suspensos o Céu e a Natureza.

(Metafísica)

A natureza da Inteligência divina coloca alguns problemas. A inteligência parece bem ser a mais divina das coisas que aparecem como divinas:

80   Curso de filosofia

mas, para apresentar este caráter, qual deve ser o seu modo de existência? Existem aí algumas dificuldades — ou bem ela não pensa em nada: mas onde está então a sua dignidade? estará num estado semelhante ao do sono. Ou bem ela pensa, mas, se o seu pensamento está na dependência de um outro princípio, então ela não poderia ser a Substância suprema (pois aquilo que é sua substância não seria o ato de pensar, mas simples potência), uma vez que a sua dignidade consiste no pensamento. Por outro lado, que sua essência seja a inteligência ou o ato de pensar, em que ela pensa? Ou pensa a si mesma, ou em alguma outra coisa; se pensa alguma outra coisa, ou bem esta coisa é sempre a mesma, ou bem é ora uma, ora outra coisa. Dito isto, importa ou não que o objeto de seu pensamento seja o Bem ou outra coisa qualquer? Ou melhor, não seria absurdo supor que certas coisas pudessem ser objeto de seu pensamento? É evidente, portanto, que a Inteligência divina pensa o que há de mais divino e mais digno, e que não muda de objeto, pois seria sempre uma mudança para pior, e tal coisa seria já um movimento.

Em primeiro lugar, então, se a Inteligência divina não é ato de pensar, mas simples potência, é lógico supor que a continuidade do pensar é para ela uma carga penosa. Em seguida, fica claro que haveria algo mais nobre que a Inteligência, a saber, o objeto do seu pensamento. Com efeito, o ato de pensar pertencerá também àquele que pensa o pior; assim sendo, o ato de pensar não poderia ser o que há de melhor, se em alguma ocasião se deve evitar de pensar (e de fato isto acontece, pois há coisas que é melhor não ver do que ver).

A Inteligência suprema, portanto, se pensa a si mesma, pois é o que há de mais excelente, e seu pensamento é pensamento de pensamento. ... Então, pois, se não há diferença entre o que é pensado e o pensamento no caso dos objetos imateriais, o Pensamento divino e seu objeto serão idênticos e o pensamento será um com o objeto de pensamento. ... Acontece com o Pensamento divino o que acontece em alguns momentos fugazes da inteligência humana (com o intelecto do ser composto): este intelecto não possui o seu próprio bem em tal momento ou em tal outro, mas é um todo indivisível que apreende este soberano Bem que para ele é algo exterior: é deste modo que o pensamento se pensa, mas se pensa a si mesmo desde toda a eternidade.

(*Metafísica*)

11. Ordem e eternidade dos movimentos naturais

Como já foi dito anteriormente, a ciência aristotélica supõe um Universo ordenado segundo leis imutáveis que garantem a eternidade de seus movimentos, assim como sua regularidade. O Universo compõe-se de 47 esferas concêntricas, sendo que a Terra ocupa o centro imóvel do sistema. O movimento das diferentes esferas explica não só o movimento observado nos astros do céu como o suceder das estações e o ciclo de gerações dos diferentes seres do mundo sublunar. O Universo é um Universo necessário, isto é: não pode não ser assim como é, e à ciência cabe explicar essa necessidade.

Se portanto a geração de alguma coisa é absolutamente necessária, ela é necessariamente circular e volta ao seu ponto de partida. Com efeito, necessariamente, ou bem há um limite para a geração, ou bem não há, e, se não há, a geração é ou retilínea ou circular. Nesta última alternativa, se se quer que a geração seja eterna, não é possível que seja retilínea, uma vez que não pode haver um ponto inicial (quer os termos sejam tomados em linha descendente, como acontecimentos futuros, ou ascendente, como passados). No entanto, a geração deve ter um princípio, se se quer que ela seja necessária e, portanto, eterna, e, se é limitada, não pode ser eterna. Em consequência, a geração é necessariamente circular. Por conseguinte, haverá necessariamente conversão: por exemplo, se tal coisa é necessariamente seu antecedente, também é, necessariamente, e, inversamente, se o antecendente é necessário, o consequente também se produz necessariamente. E este encadeamento recíproco será eternamente contínuo, pois não tem importância se raciocinamos a partir de dois ou de muitos termos.

É, portanto, no movimento e na geração circulares que se encontra a necessidade absoluta. Dito de outra forma, se a geração de certas coisas é circular, cada uma delas é gerada e foi gerada de forma necessária, e, se há necessidade, sua geração é circular.

Esses resultados concordam de forma lógica com a eternidade do movimento circular, quer dizer, do movimento do Céu (fato que é, além disso, tornado evidente de outro modo), pois que estes movimentos, que pertencem a esta revolução eterna e dela dependem, são produzidos necessariamente e existirão necessariamente. Se, com efeito, o corpo movido circularmente move sempre outra coisa, é necessário que o movimento das coisas por ele movidas seja também circular. Assim é que, a partir da existência da translação superior, o Sol é movido circularmente, de um modo determinado, e pois que o Sol cumpre assim a sua revolução, as estações, por essa razão, têm uma geração circular, e retornam sobre si mesmas; como elas têm uma geração circular, acontece o mesmo, a seu tempo, com as coisas que delas dependem.

(Da geração e corrupção)

12. O homem como animal político

Para Aristóteles, a constituição do Estado decorre da própria natureza do homem, incapaz de sobreviver isolado dos outros. Em sua *Política*, além de passar em exame as constituições de diversas cidades-Estados gregas, tenta interpretar-lhes o sentido, dentro de uma ordem "natural", isto é, uma ordem que emana da própria natureza do homem. Assim como a natureza do universo se rege por leis eternas e imutáveis, também o Estado, embora dependente das ações e decisões humanas, deve ser regido segundo uma constituição que traduza, tanto quanto possível, a própria natureza do Estado. Daí decorre a função política da filosofia, ciência capaz de enunciar os fundamentos dessa ordem, fornecendo aos governantes os subsídios teóricos necessários para que governem com justiça.

> A associação composta por vários povoados forma uma cidade perfeita, possuindo todos os meios de se bastar a si própria, para além de ter atingido, por assim dizer, o fim de toda sociedade. Unicamente nascida da necessidade de viver, ela existe para viver em bem-estar e abundância. É por isso que podemos dizer que toda cidade é um fato da natureza, visto que foi a natureza que formou as primeiras associações; porque a cidade, ou sociedade civil, é o fim dessas associações. Ora, a natureza dos seres está em seu fim; porque o estado em que cada ser vem a encontrar-se, desde o momento de seu nascimento e até o seu perfeito desenvolvimento, é aquilo a que chamamos a natureza deste ser, como por exemplo, do homem, do cavalo, da família. Por outro lado, o fim para o qual foi criado é, para aquele ser, o que possui de mais vantajoso; com efeito, a condição de se bastar a si mesmo é o fim de todo ser, e aquilo que de melhor existe para ele. É, pois, evidente que, nesta base, a cidade é um fato da natureza, sendo o homem um animal político por natureza. Aquele que, pela sua natureza e não por efeito de determinadas circunstâncias, assim não for, ou é uma criatura degredada, ou uma criatura superior ao homem. ... Tal como já o dissemos, a natureza não faz nada em vão. Ora, o homem é o único entre todos os animais a ser dotado de razão. Por outro lado, as inflexões da voz são sinais de sentimentos agradáveis ou desagradáveis, e é por isso que também as encontramos em outros animais; porque a sua natureza torna-os, pelo menos, capazes de sentir o prazer e a dor e de o manifestarem uns aos outros; mas a linguagem tem por fim dar a conhecer o que é útil ou nocivo e, consequentemente, também aquilo que é justo ou injusto. Com efeito, aquilo que distingue o homem dos outros animais é o fato de ele

possuir o sentimento do bem e do mal, do justo e do injusto. Ora, a comunicação destes sentimentos constitui a família e a cidade. ... É evidente, pois, que a cidade é por natureza anterior ao indivíduo, porque, se o indivíduo separado não se basta a si mesmo, será semelhante às demais partes com relação ao todo, e aquele que não pode viver em sociedade, ou não necessita nada por sua própria suficiência, não é membro da cidade, mas sim uma besta ou um deus. É natural em todos a tendência a uma tal comunidade, porém o primeiro que a estabeleceu foi causa dos maiores bens; pois, assim como o homem perfeito é o melhor dos animais, afastado da lei e da justiça, é o pior de todos: a pior injustiça é a que possui armas, e o homem está naturalmente dotado de armas para servir à prudência e à virtude, mas pode usá-las para as coisas mais opostas. Por isso, sem virtude, é o mais ímpio, lascivo e glutão. A justiça, em troca, é coisa da cidade, já que a justiça é a ordem da comunidade civil, e consiste no discernimento do que é justo.

(Política)

13. A virtude como justa medida

Seguindo a concepção de que todas as coisas se regem segundo uma ordem subjacente, que brota da própria natureza e visa o seu pleno desenvolvimento, a virtude aparece como a justa medida, ou seja, a medida determinada por essa ordem natural e pelos fins que a sobre-determinam.

> Costuma-se dizer que nada há que acrescentar nem tirar nas coisas benfeitas, considerando-se que o excesso ou a falta destrói a perfeição e a justa medida a conserva. ... E a virtude que é mais perfeita e melhor que toda arte, do mesmo modo que a natureza, tenderá para o meio. ... Chamo meio da coisa o igualmente distante dos extremos, que é um e idêntico para todos; meio a respeito de nós, o que não é excesso nem falta. E este não é único nem idêntico para todos.

(Ética a Nicômaco)

14. Impacto do realismo aristotélico

É difícil, senão impossível, exagerar na importância do impacto do pensamento aristotélico para a formação da civilização cristã ocidental. De certa forma esquecido na Grécia de seus contemporâneos, banido de Atenas depois da morte de Alexandre, o Grande, Aristóteles ressurge

84   Curso de filosofia

em toda a sua importância na Europa medieval do século XII. Os europeus travam contato com Aristóteles através dos árabes invasores. Surge, em primeiro lugar, como terrível ameaça à concepção cristã do mundo, uma vez que, embora admita a existência de um Deus do qual depende a ordem universal, nega a criação e a possibilidade da religião, uma vez que é impossível ao homem qualquer contato com a divindade. Através do trabalho de "reinterpretação" empreendido por Santo Tomás de Aquino, o pensamento aristotélico acaba por fornecer à dogmática cristã a estrutura racional de que ela necessitava para se impor ao ambiente crescentemente laico que se desenvolve no interior das universidades.

Do ponto de vista estritamente filosófico, é difícil encontrar qualquer pensamento posterior que, de uma forma ou de outra, não se remeta ao pensamento aristotélico, quer adotando-o como pressuposto e fundamento, quer discutindo-o. Pode-se dizer que até Hegel, no século XIX, a filosofia se desenvolve dentro dos parâmetros e do modelo de pensamento traçado por Aristóteles em sua *Metafísica*.

A filosofia atual também não desconhece a importância fundamental desse pensador, embora pretenda ser como que uma superação desse mesmo modelo. Vemos assim ressurgir na atualidade o interesse pelo estudo do aristotelismo como forma de acompanhar as discussões da própria filosofia que pretende a sua superação.

Fora do ponto de vista filosófico, a ciência, durante séculos, foi também tributária do pensamento aristotélico, que lhe forneceu o modelo (exemplo: o sistema de classificação das espécies animais e vegetais etc.) O nascimento da ciência moderna acontece exatamente pelo rompimento com a ciência aristotélica efetuado por Galileu, nas discussões sobre o geocentrismo e o heliocentrismo. A lógica de Aristóteles constitui também um poderoso sistema a serviço da construção metafísica, e é o ponto de partida obrigatório em qualquer estudo de lógica.

Por sua gigantesca influência no domínio da ciência, da teologia, da estética como da política, a filosofia de Aristóteles o coloca como, senão o maior, um entre os maiores pensadores da humanidade, de quem a cultura ocidental é uma grande tributária.

Estudar Aristóteles é assim um debruçar-se sobre as próprias raízes culturais e filosóficas de nosso modo de pensar e do mundo ocidental e cristão.

O realismo aristotélico 85

PALAVRAS-CHAVE

Substância

Termo que recebeu diferentes significados, não só nos diversos períodos da história da filosofia, mas nos próprios textos aristotélicos. Traduz o termo grego *ousia*, que significava o bem que pertence a alguém, a propriedade de alguém. No vocabulário aristotélico, significa em primeiro lugar, o indivíduo concreto, o ente ou coisa — aquilo que é "um e separado". Em segundo lugar, por redução progressiva, a substância passa a ser identificada à forma (*eidos* ou *morfé*) que permite enunciar "isto que a coisa é". A substância também significa o gênero ou espécie a que pertence um indivíduo concreto. Nesse caso, Aristóteles a chama de substância segunda.

Categoria

Na linguagem popular, é um termo que deriva de *katá agorein* — sobre a ágora —, a declaração que se faz acerca de alguém no debate público. Em sentido filosófico, tudo aquilo que pode ser declarado ou atribuído a um sujeito. Aristóteles, em diversas passagens, enuncia uma lista de "categorias" sem ter tido aparentemente a intenção de esgotar o assunto. Aparecem mais frequentemente como categorias o "onde", o "quando", a qualidade, a quantidade, a ação e a paixão, a relação e o modo.

Sabedoria

Palavra utilizada por Aristóteles para se referir à ciência que depois receberia o nome de "metafísica". Indica a ciência suprema e anterior a todas as demais por ter como objeto o fundamento último de todas as coisas.

Essência

Palavra que traduz a expressão aristotélica que indica "isto que a coisa é". Aquilo que constitui um ser como sendo tal ser e não outro. Aquilo que, portanto, identifica um ser e deve ser o objeto visado pela definição. A essência é determinada pela forma.

Forma

Traduz os termos gregos *morfé* e *eidos*, este último indicando mais precisamente a face — aquilo que num ser se manifesta como lhe

86   Curso de filosofia

pertencendo essencialmente. O elemento determinante que permite à matéria-prima ser "isto" ou aquilo. Junto com a matéria, constitui um dos princípios necessários à inteligibilidade do ser concreto, que é sempre um composto de forma e matéria. A forma do homem é a sua alma.

Matéria
Traduz o termo grego *hylé*, que na linguagem popular indicava a floresta ou bosque de onde o construtor naval retirava a madeira de seu barco. Daí o sentido de "material apropriado para" — o elemento que permite à forma concretizar-se num composto. Pode ser entendida como matéria "prima", que não tem em si nenhuma determinação e aparece como material apropriado para não importa que forma, e matéria segunda — matéria que já recebeu um determinado número de características que a predispõem a receber determinações mais específicas (exemplo: o mármore com relação à estátua).

Analogia
Em mais de uma passagem, Aristóteles nos adverte que a palavra ser pode ser tomada em vários sentidos, sem que possa ser considerada como um termo puramente equívoco, pois os diversos sentidos em que pode ser tomada sempre guardam referência a um sentido fundamental e comum, o sentido em que ser significa substância.

Necessário
Significa em Aristóteles aquilo que não pode não ser como é. Opõe-se a *contingente* — aquilo que é assim, mas poderia ser de outro modo.

Ato Puro
Expressão que traduz o termo grego *enérgeia*. Usado para indicar o Ser perfeito, pura atividade de pensamento, Deus. Do ato puro deve necessariamente estar ausente tudo aquilo que indica imperfeição ou carência. Por isso, não se pode conceber em Deus nem o acidente, nem a matéria, nem a potência.

Natureza
Em grego *physis*, significa em Aristóteles o princípio imanente de um agir constante. Pode ser identificado com a essência ou a forma, segundo diversos textos.

Silogismo
Forma mais perfeita de raciocínio que, partindo de uma proposição já demonstrada como verdadeira (premissa), conclui pela veracidade de uma outra proposição — a conclusão.

QUESTÕES

1. No mundo de hoje, dominado por uma cultura massificada e pela difusão cada vez maior dos meios de comunicação de massa, ainda haveria lugar para esse "espanto" (*pathos*) de que nos fala Aristóteles e que é considerado por ele como origem do filosofar?
2. Tente estabelecer as relações entre a questão do espanto (*pathos*) e a conhecida colocação da professora Marilena Chauí sobre a sociedade atual, que se preocupa em "dar a conhecer para evitar pensar".
3. Seria possível ou pertinente hoje manter a distinção entre a opinião (*doxa*) e a ciência (*episteme*)? Em que termos ela se colocaria?
4. Quais as alterações mais visíveis, para você, no sentido do termo substância desde o modo como é definido por Aristóteles até o modo como é compreendido hoje pelo senso comum?
5. Você alguma vez já refletiu sobre a importância e/ou necessidade de separar, numa questão, os aspectos meramente acidentais daquilo que lhe pertence substancialmente? No plano do conhecimento? No plano da vida prática? As ciências atuais continuam com essa distinção entre atributos acidentais e atributos essenciais? Em que sentido?
6. Aristóteles pressupõe a existência de uma ordem "ontológica" fundada sobre a divindade e que rege todos os seres. Essa ordem permanece imutável e eterna apesar de todas as mudanças e movimentos que aparentemente alteram o real. Que consequências você vê derivarem desse modo de pensar? Podemos considerar que essa perspectiva "metafísica" continua válida no mundo atual? Por quê?

Capítulo 4

A FILOSOFIA CRISTÃ

*José Silveira da Costa**

1. Definição e divisão

Denomina-se filosofia cristã, em sentido histórico, a filosofia que, influenciada pelo cristianismo, predominou no Ocidente, principalmente na Europa, no período que vai do século I ao século XIV de nossa era.

Compreende duas épocas: a primeira, que vai até o século V, conhecida como *filosofia patrística*; a segunda, que vai do século X ao século XIV, e que corresponde à chamada *filosofia escolástica* ou *medieval*.

O problema central da filosofia cristã é o da conciliação das exigências da razão humana com a revelação divina. O modo de abordar e solucionar esse problema caracteriza suas duas etapas e, mais particularmente, a constituição, evolução e dissolução da escolástica medieval.

2. A filosofia patrística (séculos I a V d.C.)

2.1. São Justino (± 165 d.C.)

É um representante típico da atitude predominante entre os primeiros cristãos de cultura grega em relação à filosofia. Partindo do conceito de *logos*, estabelece uma ponte entre a filosofia pagã e o cristianismo. O *logos* é a Sabedoria Divina que se revelou plenamente em Cristo,

---

* Professor de filosofia da UFRJ.

A filosofia cristã   **89**

o *logos* ou Verbo Encarnado. Entretanto, já existia uma semente desse *logos* difundida em toda a humanidade antes de Cristo, pois cada ser humano, através da razão, participava do mesmo. Assim, não só os profetas do Antigo Testamento, mas também os filósofos pagãos tiveram em si a presença desse *logos*, embora de forma parcial e incompleta, porque a perfeita e acabada só se daria através da revelação cristã na pessoa de Cristo. Dessa forma, o cristianismo é visto por São Justino como a continuação e o complemento natural da filosofia grega.

> Nós recebemos a revelação de que Cristo é o primogênito de Deus e, anteriormente, já afirmamos que Ele é o Logos do qual todo o gênero humano participa. Assim, os que viveram conforme o Logos são cristãos, mesmo que tenham sido considerados pagãos, como aconteceu entre os gregos como Sócrates, Heráclito e muito outros.
>
> (*Apologia*, I, 46, 2-3)

> Tudo o que os filósofos e legisladores elaboraram e afirmaram corretamente deveu-se à participação que tiveram no Logos por meio da investigação e intuição. Como, porém, não conheceram o Logos integral, que é o Cristo, caíram frequentemente em contradição uns com os outros. E os que, antes de Cristo, tentaram investigar e demonstrar as coisas por meio da razão humana foram levados aos tribunais como ímpios e amigos de novidades. Assim, Sócrates, que foi um dos que mais se empenharam nisso, foi acusado dos mesmos crimes que nós, cristãos, pois diziam que introduzia novos demônios e não reconhecia os que a cidade tinha por deuses.
>
> (*Apologia*, II, 2-8)

2.2. Tertuliano (n. 155 d.C.)

Diferente e oposta à de São Justino é a atitude de Tertuliano em relação à filosofia. Para Tertuliano, de cultura latina, existe uma oposição radical entre a razão que atua nos filósofos e a fé que caracteriza o cristão. Não pode haver concordância alguma entre a razão humana e a revelação divina. Esta é fonte da verdade. Aquela, do erro. Esta salva e purifica. Aquela perde e corrompe.

Apesar de reconhecer que, em alguns casos, a filosofia grega vislumbrou vestígios da verdade, o que ocorreu sobretudo com os estoicos, Tertuliano faz questão de acentuar que isso se deveu a uma apro-

90   Curso de filosofia

priação indevida, por parte deles, do Antigo Testamento, que, como fonte da revelação, pertence por direito aos cristãos.

Em geral, os pensadores antigos, para Tertuliano, não fizeram outra coisa senão adulterar a verdade, sendo responsáveis por todas as heresias. Foram, a seu ver, verdadeiros patriarcas dos hereges.

> Com efeito, que existe de comum entre Atenas e Jerusalém? Que acordo pode haver entre a Academia e a Igreja? Que pode haver de comum entre hereges e cristãos? Nossa instrução vem do pórtico de Salomão e este nos ensinou que devemos buscar o Senhor com simplicidade de coração. Longe de vós qualquer tentativa de produzir um cristianismo mitigado com estoicismo, platonismo e dialética. Depois que possuímos a Cristo não nos interessa discutir sobre nenhuma curiosidade, nem nos interessa qualquer investigação depois que desfrutamos do Evangelho. Basta-nos a nossa fé, pois não pretendemos ir atrás de outras crenças.
>
> (*Sobre a prescrição dos Hereges*, 7)

2.3. Santo Agostinho (354-430)

2.3.1. Santo Agostinho é o pensador que, através da sua vasta produção literária, marcou mais profundamente a especulação cristã.

Sua profunda cultura humanista, pois foi professor de retórica antes de sua conversão ao cristianismo, tornou-o sensível aos grandes temas que preocuparam o ser humano em todos os tempos: o bem e o mal, a liberdade, o destino humano, a história e a sociedade.

Várias de suas obras figuram no rol das mais importantes da literatura universal, como os *Solilóquios*, as *Confissões* e *A cidade de Deus*. Esta última, em particular, influenciou decisivamente os rumos políticos e as práticas sociais da *cristandade medieval*.

No campo da filosofia cristã, supera definitivamente as vacilações, dúvidas e desconfianças em relação à possibilidade de dar acolhida, no cristianismo, à filosofia antiga, inclinando-se decididamente pela posição de São Justino.

Manifesta sua preferência pelo platonismo, considerando-o a mais pura e luminosa filosofia da antiguidade, embora o seu conhecimento direto de Platão se reduzisse ao *Timeu* e ao *Fédon*, predominando as fontes secundárias, sobretudo Plotino.

Sua trajetória intelectual, antes de chegar ao cristianismo, passa pelo *maniqueísmo* e termina no platonismo largamente influenciado pelo *ceticismo da Nova Academia*. Daí o seu empenho, após a conversão, em superar o ceticismo daquela escola como incompatível com a verdadeira doutrina de Platão, atribuindo a Antíoco a responsabilidade de ter profanado o platonismo ao introduzir nele elementos estoicos.

> Antíoco, depois de frequentar a escola do acadêmico Fílon, e do estoico Mnesarco, entrou como auxiliar e membro na Antiga Academia, então vazia de defensores e segura pela inexistência de inimigos, introduzindo nela não sei que funesta doutrina tomada das cinzas do estoicismo, profanando assim os ensinamentos de Platão. Porém Fílon, retomando as mesmas armas, resistiu até sua morte, tendo o nosso Túlio destruído o que restou, não admitindo que fosse manchado ou arruinado o que tanto amou em vida. Por isso, não muito depois dessa época, serenada toda obstinação e pertinácia, e removidas as nuvens do erro, a verdadeira doutrina de Platão, que é a mais pura e luminosa da filosofia, voltou a brilhar, sobretudo em Plotino, filósofo platônico tão semelhante ao mestre que se pensou que ambos tivessem convivido, embora, pela distância do tempo que os separa, seja preferível dizer que aquele reviveu neste.
>
> (*Contra acadêmicos*, III, 18)

2.3.2. Santo Agostinho deixou formulado — indicando o caminho para a sua solução — o problema das relações entre a Razão e a Fé, que será o problema fundamental da escolástica medieval. Ao mesmo tempo demonstra claramente sua vocação filosófica na medida em que, ao lado da fé na revelação, deseja ardentemente penetrar e compreender com a razão o conteúdo da mesma. Entretanto, defronta-se com um primeiro obstáculo no caminho da verdade: a *dúvida cética*, largamente explorada pelos acadêmicos. Como a superação dessa dúvida é condição fundamental para o estabelecimento de bases sólidas para o conhecimento racional, Santo Agostinho, antecipando o *cogito cartesiano*, apelará para as evidências primeiras do sujeito que existe, vive, pensa e duvida.

> Mas para dar a conhecer rapidamente o meu projeto, qualquer que seja a sabedoria humana, vejo que ainda não a alcancei. Contudo, como ainda estou com 33 anos de idade, julgo um dever não desesperar de poder alcançá-la um dia, pois, tendo desprezado os bens que os mortais mais apreciam, decidi consagrar-me à sua investigação. E como os argumentos dos acadêmicos constituíam um sério obstáculo para o meu objetivo, fortaleci-me contra eles com esta discussão, pois ninguém duvida que uma dupla força nos impele à busca do conhecimento: a

92 Curso de filosofia

autoridade e a razão. Para mim é certo que nunca devo afastar-me da autoridade de Cristo, pois não encontro outra mais firme. Quanto às questões que devem ser investigadas criticamente pela razão — pois me encontro em tal situação que, a respeito de tudo o que seja verdadeiro, desejo impacientemente não apenas aceitar pela fé, mas também compreender pela razão —, espero encontrar entre os platônicos o que não esteja em contradição com a nossa fé.

(*Contra acadêmicos*, III, 20)

Contudo, quem duvida que vive, recorda, entende, quer, pensa, conhece e julga? Porque, se duvida, vive; se duvida, lembra-se da dúvida; se duvida, entende que duvida; se duvida, é porque busca a certeza; se duvida, pensa; se duvida, sabe que não sabe; se duvida, é porque julga que não deve concordar temerariamente. E ainda que duvide de todas as outras coisas, não pode duvidar destas, pois, se não existissem, seria impossível qualquer dúvida.

(*De Trinitate*, X, 10)

De forma alguma temo os argumentos dos acadêmicos quando perguntam: mas, e se te enganas? — Se me engano, existo, pois quem não existe não pode sequer se enganar. Se, pois, existo porque me engano, como me enganarei a respeito de minha existência quando tenho a certeza de existir pelo fato de que me engano?

(*A cidade de Deus*, XI, 26)

2.3.3. Em relação ao platonismo, o posicionamento de Santo Agostinho não é meramente passivo, pois o reinterpreta para conciliá-lo com os dogmas do cristiniasmo, convencido de que a verdade entrevista por Platão é a mesma que se manifesta plenamente na revelação cristã. Assim, apresenta uma nova versão da *teoria das ideias*, modificando-a em sentido cristão, para explicar a criação do mundo.

Deus cria as coisas a partir de modelos imutáveis e eternos, que são as ideias divinas. Essas ideias ou razões não existem em um mundo à parte, como afirmava Platão, mas na própria mente ou sabedoria divina, conforme o testemunho da Bíblia.

Que a mesma sabedoria divina, por quem foram criadas todas as coisas, conhecia aquelas primeiras, divinas, imutáveis e eternas razões de todas as coisas antes de serem criadas, a Sagrada Escritura dá este testemunho: "No princípio era o Verbo e o Verbo estava junto de Deus e o Verbo era Deus. Todas as coisas foram feitas pelo Verbo e sem Ele nada foi feito." Quem seria tão néscio a ponto de afirmar que Deus criou as coisas sem conhecê-las? E se as conheceu, onde as conheceu senão em si mesmo, junto a quem estava o Verbo pelo qual tudo foi feito?

(*Sobre o Gênese*, V, 29)

2.3.4. Um dos temas mais importantes do pensamento de Santo Agostinho é a sua reflexão sobre a história universal. Esse tema é desenvolvido em *A cidade de Deus*, obra que exerceu o influxo mais profundo sobre a Idade Média.

Segundo esse texto, que Santo Agostinho escreveu por ocasião da queda de Roma em poder dos bárbaros, no ano 410, a história da humanidade coincide com o desenvolvimento das duas cidades oriundas de dois princípios distintos e opostos: a cidade terrena, criada pelo egoísmo, e a cidade celeste, criada pelo amor a Deus. Essa duas cidades ou reinos coexistem e se misturam nas vicissitudes da história humana e encarnam a luta entre o Bem e o Mal, entre Deus e o Demônio. Essa luta terminará com o Juízo Final, que realizará a separação desses dois reinos, assegurando o triunfo definitivo de Deus sobre o Demônio, do Bem sobre o Mal.

> Dois amores criaram duas cidades; o amor de si, levado até o desprezo de Deus, criou a cidade terrena; o amor a Deus, porém, levado até o desprezo de si, criou a cidade celeste. Aquela se gloria em si mesma; esta, no Senhor. Aquela busca a glória dos homens; esta tem como maior glória o testemunho de Deus em sua consciência. Aquela, na sua glória, levanta orgulhosamente sua cabeça; esta diz a Deus: sois a minha glória e quem levanta minha cabeça (Ps. 3,4). A primeira está dominada pela ambição do domínio nos príncipes e nações que subjuga; nesta os superiores e súditos servem-se mutuamente na caridade, os primeiros mandando e os segundos obedecendo.
>
> (*A cidade de Deus*, XIV, 28)

> A família terrena, que não vive da fé, busca a paz terrena nos bens e vantagens desta vida temporal. Aquela, ao contrário, cuja vida está regulada pela fé, está à espera dos bens eternos prometidos para o futuro.
>
> (*A cidade de Deus*, XIX, 17)

> Uma vez que a sentença de Jesus Cristo Nosso Senhor, juiz dos vivos e mortos, tenha enviado a seus merecidos destinos ambas as cidades, a de Deus e a do Demônio, queremos tratar mais detalhadamente a questão do futuro suplício do Demônio e seus seguidores e da futura felicidade dos santos.
>
> (*A cidade de Deus*, XXXI, 1)

94 Curso de filosofia

3. A filosofia escolástica medieval (séculos XI a XIV)

3.1. Santo Anselmo (1033-1109)

3.1.1. Santo Anselmo é considerado o verdadeiro fundador da escolástica medieval. Retoma, com renovado vigor, o projeto agostiniano de compreender com a razão as verdades da revelação. Seu lema é "A fé na busca da compreensão" ("*Fides quaerens intellectum*"), e exprime adequadamente o seu enfoque. Com efeito, para Santo Anselmo é necessário primeiro crer e só depois procurar entender. A fé não só não prejudica, mas é a condição necessária para a compreensão racional das verdades reveladas.

> Não tento, ó Senhor, penetrar a tua profundidade: de maneira alguma a minha inteligência se amolda a ela, mas desejo ao menos compreender a tua verdade que o meu coração crê e ama. Com efeito, não busco compreender para crer, mas creio para compreender. Efetivamente creio, porque, se não cresse, não conseguiria compreender.
>
> (*Proslógio*, cap.i)

3.1.2. Santo Anselmo parte do pressuposto de que não pode haver oposição entre a Fé e a Razão, manifestando grande confiança na capacidade da razão de poder demonstrar a verdade dos dogmas revelados. Apesar de sua fé profunda na revelação, pode ser considerado um verdadeiro racionalista. É o que se verifica na sua famosa prova da existência de Deus, mais conhecida como Argumento Ontológico. Nesse argumento, pretende demonstrar que a existência de Deus, afirmada pela revelação, é uma verdade também evidente para a razão. Tão evidente que é impossível sequer pensar que Deus não existe sem cair em contradição. O modo de articular o Argumento Ontológico mostra, em Santo Anselmo, um verdadeiro representante da dialética medieval.

> Mas "o ser do qual não é possível pensar nada" não pode existir somente na inteligência. Se, pois, existisse apenas na inteligência, poder-se-ia pensar que há outro ser existente também na realidade; e que seria maior. Se, portanto, "o ser do qual não é possível pensar nada maior" existisse somente na inteligência, este mesmo ser, do qual não se pode pensar nada maior, tornar-se-ia o ser do qual é possível, ao contrário, pensar

algo maior: o que, certamente, é absurdo. Logo, "o ser do qual não se pode pensar nada maior" existe, sem dúvida, na inteligência e na realidade.

(*Proslógio*, cap.II)

3.2. Pedro Abelardo (1079-1142)

3.2.1. Abelardo é considerado, juntamente com Santo Anselmo, um dos fundadores da escolástica medieval. Levou ainda mais longe o esforço de Santo Anselmo no sentido de explicar racionalmente as verdades da fé, chegando mesmo a ultrapassar os limites aceitos pela ortodoxia ao submeter os dogmas às exigências críticas da dialética, que ele sabia manejar com grande habilidade.

Na sua obra *Sic et non* (Sim e Não), coloca em confronto as posições contraditórias das autoridades reconhecidas pela Igreja (apologistas, escritores eclesiásticos, Padres da Igreja e teólogos) a respeito de cada questão, deixando claro que, com base nessas autoridades, seria possível provar tanto uma tese como a tese contrária. Ficava, pois, só a razão como última instância a que se recorrer nas questões controvertidas.

Embora mantendo o primado da fé e da revelação, deixa o campo aberto à especulação e à pesquisa racional. Tanto assim que São Bernardo, seu principal opositor, o acusava de reivindicar tudo para a razão humana, sem deixar nada para a fé.

O filósofo me responde: É o meu mesmo trabalho que está em debate. Com efeito, não consiste o fim último da filosofia em buscar racionalmente a verdade, em superar as opiniões dos homens substituindo-as, em tudo, pelo reino da razão?

(*Diálogo entre um filósofo, um judeu e um cristão,*
apud *Oeuvres choisies d'Abélard,* textos apresentados
e traduzidos por M. Gandillac. Paris, Aubier, 1945, p.213)

Se a fé, de fato, exclui toda discussão racional, se ela não tem méritos senão à custa disto, de tal sorte que o objeto da fé escapa a todo juízo crítico e que é necessário aceitar imediatamente tudo o que é ensinado pelos pregadores, apesar dos erros difundidos por tal pregação, neste caso de nada serve ser crente: onde não é a razão que dá o assentimento,

96 Curso de filosofia

tampouco pode ela refutar qualquer coisa. Se um idólatra nos vier dizer de uma pedra, de um pedaço de madeira ou de qualquer outra criatura: "Eis o verdadeiro Deus, criador do céu e da terra"; se ele nos pregar qualquer outra evidente abominação, quem poderá refutá-lo se se exclui toda discussão no domínio da fé?

(Ibid., p.258)

3.3. Santo Tomás de Aquino (1221-1274)

3.3.1. Enquanto Platão foi o filósofo que mais diretamente influiu no pensamento de Santo Agostinho, a presença marcante da filosofia de Aristóteles é o que caracteriza o pensamento de Santo Tomás.

O mesmo trabalho realizado por Santo Agostinho ao cristianizar a filosofia platônica foi feito por Santo Tomás em relação à filosofia aristotélica. Essa integração entre o aristotelismo e o cristianismo encontra-se compendiada na sua obra mais importante e conhecida, que é a *Suma teológica*.

A filosofia tomista encontrou inicialmente forte oposição por parte da Igreja e das universidades medievais devido ao seu caráter de novidade frente à tradição agostiniana, marcada pelo platonismo, e à maior dificuldade em conciliar muitas das conclusões da filosofia aristotélica com os dogmas revelados. Mas isso não impediu que, com o tempo, a filosofia tomista viesse a ser adotada como a filosofia oficial da Igreja Católica, e a *Suma teológica* considerada a expressão mais alta e acabada da possível conciliação entre a Fé e a Razão.

Santo Tomás representa o apogeu da escolástica medieval na medida em que conseguiu estabelecer o perfeito equilíbrio nas relações entre a Fé e a Razão, a teologia e a filosofia, distinguindo-as mas não as separando necessariamente. Ambas, com efeito, podem tratar do mesmo objeto: Deus, por exemplo. Contudo, a filosofia utiliza as luzes da razão natural, ao passo que a teologia se vale das luzes da razão divina manifestada na revelação.

Há distinção, mas não oposição entre as verdades da razão e as da revelação, pois a razão humana é uma expressão imperfeita da razão divina, estando-lhe subordinada. Por isso o conteúdo das verdades reveladas pode estar acima da capacidade da razão natural, mas nunca pode ser contrário a ela.

A filosofia cristã   97

Dessa forma, Santo Tomás supera as posições ambíguas de seus predecessores, os quais, ao abordarem a questão das relações entre a Fé e a Razão, a teologia e a filosofia, muitas vezes pareciam confundi-las.

A tudo isso respondo que foi necessário, para a salvação do homem, uma doutrina fundada na revelação divina, além das disciplinas filosóficas que são investigadas pela razão humana. Primeiro, porque o homem está ordenado a Deus como a um fim que ultrapassa a compreensão da razão, conforme afirma Isaías, 44,4: "Fora de ti, ó Deus, o olho não viu o que preparaste para os que te amam." Ora, o homem deve conhecer o fim ao qual deve ordenar as suas intenções e ações. Por isso se tornou necessário, para a salvação dos homens, que lhes fossem dadas a conhecer, por revelação divina, determinadas verdades que ultrapassam a razão humana.

Mesmo em relação àquelas verdades a respeito de Deus que podem ser investigadas pela razão, foi necessário que o homem fosse instruído pela revelação divina, pois essas verdades, ao serem investigadas pela razão, chegariam a poucas pessoas e mesmo assim só depois de muito tempo e com muitos erros. Entretanto, do conhecimento dessas verdades depende a salvação do homem, a qual está em Deus. Para que, pois, a salvação dos homens seja alcançada de maneira mais conveniente e segura foi necessário que fossem instruídos, a respeito das coisas divinas, pela divina revelação. Donde a necessidade de uma ciência sagrada, obtida pela revelação, além das disciplinas filosóficas que são investigadas pela razão. Por isso, nada impede que as mesmas coisas de que tratam as disciplinas filosóficas, na medida em que são cognoscíveis pela luz da razão natural, sejam tratadas por outra ciência, na medida em que são conhecidas pela luz da revelação divina. Por isso a teologia, enquanto ciência sagrada, difere da teologia que é parte da filosofia.

(*Suma teológica*, I, Q. I, art.1)

3.4. John Duns Scot (1270-1308)

3.4.1. Duns Scot representa uma das muitas reações à filosofia de Santo Tomás, que, para ele, implicava demasiadas concessões à razão humana. Sua preocupação em resgatar a teologia de todo compromisso com qualquer forma de racionalismo levou-o a distanciá-la da filosofia, acentuando o caráter gratuito da fé em oposição à racionalidade do conhecimento natural.

Essa tendência a separar a filosofia da teologia, a Razão da Fé, anuncia a próxima dissolução da escolástica medieval, que se caracte-

98   Curso de filosofia

rizara precisamente pelo esforço desenvolvido no sentido de salvaguardar a íntima relação e harmonia entre esses dois reinos do saber.

> Se é possível demonstrar que Deus é onipotente, deve ser possível também demonstrar que pode gerar o Filho, porque se demonstrou, pela razão natural, que Deus é onipotente. A consequência é falsa, pois que pode gerar o Filho é objeto apenas de fé e, por conseguinte, não demonstrável pela razão. Se é possível demonstrar que Deus é onipotente, também é possível demonstrar que pode criar tudo o que pode ser criado. Ora, esta consequência é falsa. O anjo pode ser criado, o que, contudo, não pode ser demonstrado pela razão natural. O Filósofo, seguindo a razão natural, não concebeu as inteligências como criadas por Deus, mas como seres necessários, portanto não criados por outros.
>
> (*Quaestiones Quodlibetales*, c.7)

3.5. Guilherme Ockham (1229-1350)

3.5.1. O processo de dissolução da escolástica medieval, iniciado com Duns Scot, encontrou no pensamento de Guilherme Ockham o seu desenvolvimento final com a tese da separação não só entre a Fé e a Razão, a filosofia e a teologia, mas também entre o poder do papa e o do imperador, ou seja, entre a Igreja e o Estado. Esse posicionamento político de Guilherme Ockham torna-se o coroamento natural da desagregação teórica dos fundamentos que sustentavam o mundo medieval.

As verdades da revelação, objeto da teologia, têm a fé como único fundamento, sendo inútil o recurso à razão para reforçá-las ou esclarecê-las.

Com isso Guilherme Ockham aponta o caminho que será seguido pela filosofia moderna na busca da total autonomia da razão e da pesquisa científica em relação aos dogmas e à religião.

> Respondo ao argumento dizendo que, assim como aquela conclusão, em que se predica que Deus é uno e trino em qualquer conceito, não pode ser provada em diversas ciências, mas apenas na teologia, pressupondo-se a fé, também aquela conclusão na qual o conceito Deus, ou "Deus" descrito como aquele que é melhor que todos os outros (seja o que for que se predica dele), não pode ser provada em diversas ciências, mas unicamente na teologia. Por isso conclusões como estas: "Deus é bom",

"Deus é sábio" etc., tomando-se Deus dessa maneira, não podem ser provadas, em ciências diferentes. A razão é que, entendendo-se Deus assim, não é naturalmente evidente que Deus é, como ficou inferido pelo raciocínio acima e como se demonstrou no I *Quodlibeta*; por conseguinte, não é naturalmente evidente que Deus, tomado nessa acepção, é bom.

(*Quodlibeta* I — apud Os Pensadores, vol.VIII, p.384)

PALAVRAS-CHAVE

Filosofia patrística
Conjunto de ideias filosóficas dos Padres da Igreja e da Antiguidade cristã. Embora não possua unidade sistemática, assume grande importância enquanto precede e prepara a escolástica medieval.

Filosofia escolástica
Ciência filosófico-teológica cultivada nas escolas da Idade Média. É uma filosofia cristã a serviço da teologia.

Logos
Termo grego que significa razão, pensamento, inteligência, palavra. Na filosofia pré-socrática e entre os estoicos, designa a Razão Universal. No neoplatonismo, o Logos aparece como um ser intermediário entre Deus e o Mundo. São João Evangelista, no prólogo de seu Evangelho, utiliza a expressão e o conceito grego para designar Cristo como Filho de Deus, Palavra ou Verbo através do qual Deus-Pai cria o mundo.

Cristandade
Regime político que predominou na Idade Média, caracterizado pela subordinação do poder civil ao poder espiritual da Igreja e do papa.

Maniqucísmo
Doutrina de Manés (morto na Pérsia em 276 d.C.). Combinação do dualismo persa de Zoroastro com elementos gnósticos e cristãos. O mundo é explicado por dois princípios autônomos e em conflito entre si: um bom, o da luz, e outro mau, o das trevas.

Ceticismo da Nova Academia
O ceticismo é a atitude que nega a possibilidade de se alcançar um conhecimento certo e verdadeiro. Constituiu a tendência predominan-

100   Curso de filosofia

te na Academia platônica no período compreendido entre 360 a.c. e o século II d.C.

Estoicos
Adeptos do estoicismo, doutrina filosófica de Zenão de Cício (335-263 a.c.), segundo a qual o ideal do sábio consiste em viver de acordo com a natureza, dominando os afetos e suportando os sofrimentos até alcançar a mais completa indiferença e impassibilidade diante dos acontecimentos.

Dúvida cética
É a dúvida real e positiva. Difere da dúvida metódica (cartesiana), que é fictícia.

"Cogito" cartesiano
Fórmula (*"Cogito, ergo sum"*: "Penso, logo existo") empregada por Descartes para expressar a evidência da primeira certeza que deve servir de fundamento para todo o edifício do saber.

Teoria das ideias
Doutrina de Platão segundo a qual os conceitos universais (ideias) existem em um mundo à parte (mundo inteligível), separado tanto da realidade sensível como da própria inteligência.

QUESTÕES

1. Qual a diferença entre ciência, filosofia e religião?
2. Qual o problema principal resultante do encontro do cristianismo com a filosofia antiga?
3. Santo Agostinho pode ser considerado filósofo? Por quê?
4. Como Santo Agostinho supera a dúvida cética?
5. A existência de Deus é uma verdade de razão ou de fé? (Santo Anselmo)

Capítulo 5

O RACIONALISMO CARTESIANO

Hilton Japiassú*

1. Definição

No século XVII, o *racionalismo* pode ser definido como a doutrina que, por oposição ao *ceticismo*, atribui à *Razão* humana a capacidade exclusiva de conhecer e de estabelecer a Verdade; por oposição ao *empirismo*, considera a Razão como independente da experiência sensível (*a priori*), posto ser ela inata, imutável e igual em todos os homens; contrariamente ao *misticismo*, rejeita toda e qualquer intervenção dos sentimentos e das emoções, pois, no domínio do conhecimento, a única autoridade é a da Razão.

2. Descartes e sua época

René Descartes (1596-1650) nasceu na França, de família nobre. Aos oito anos, órfão de mãe, é enviado para o Colégio Real da la Flèche, em Paris, onde se revela um aluno brilhante. Termina o secundário em 1612, contente com seus mestres, mas descontente consigo mesmo, pois não havia descoberto a Verdade que tanto procurava nos livros. Decide procurá-la no mundo. Viaja muito. Em 1618, alista-se nas tropas holandesas de Maurício de Nassau. Nesse momento, sob a influência de Beckmann, entra em contato com a nova física copernicana. Em seguida, alista-se nas tropas do imperador da Baviera e luta na Guerra dos Trinta Anos. Para receber a herança da mãe, retorna a Paris, onde frequenta os meios intelectuais. Aconselhado pelo cardeal

---

*   Professor de filosofia da UFRJ.

102   Curso de filosofia

Bérulle, dedica-se ao estudo da filosofia, com o objetivo de conciliar a nova ciência com as verdades do cristianismo. Para evitar problemas com a Inquisição, vai para a Holanda em 1629. Dedica-se ao estudo da matemática e da física. A partir de 1637, retoma seus estudos de filosofia. Escreve muitos livros e inúmeras cartas. São famosas as cartas filosóficas à princesa Elisabeth (Alemanha) e à rainha Cristina da Suécia. Convidado pela rainha Cristina, vai passar uns tempos em Estocolmo. Não suportando o rigor do inverno, aí morre de pneumonia um ano depois (1650).

Descartes deixou uma vasta obra. Seus livros mais acessíveis são *O discurso sobre o método* e *As meditações metafísicas*. Todos os seus livros foram proibidos — colocados no *Index* — pela Igreja em 1662, apesar de não representarem tanto perigo e tanta subversão quanto os de Galileu. Suas frases mais conhecidas e discutidas são:

— "Toda a filosofia é como uma árvore cujas raízes são a metafísica..."
— "O bom-senso é o que existe de mais bem dividido no mundo."
— "Jamais devemos receber alguma coisa como verdadeira a não ser que a conheçamos evidentemente como tal."
— "A proposição *Penso, logo existo* é a primeira e a mais certa que se apresenta àquele que conduz seus pensamentos com ordem."

A França do início do século XVII vive uma época de instabilidade e de perturbações políticas e sociais. É o início do reinado agitado de Luís XIV, período de grandes e profundas incertezas intelectuais. A nova física de Galileu põe radicalmente em questão a concepção aristotélica do cosmo e desafia a autoridade da Igreja. A Reforma havia provocado uma profunda divisão entre católicos e protestantes. Muitos são os partidários do ceticismo de Montaigne. Poucos são os defensores da religião. Seus representantes oficiais limitam-se a condenar os partidários da nova ciência. A condenação de Galileu pelo Santo Ofício, em 1633, amedronta cientistas e filósofos. Descartes, ao mesmo tempo homem de ciência e crente sincero, tenta mostrar que não há incompatibilidade entre as verdades da ciência e as verdades da fé cristã. Para tanto, edifica as bases novas de sua filosofia.

3. Os princípios e o programa

Descartes critica tudo aquilo que aprendeu na escola. Porque não repousava em *fundamentos* ou *princípios* sólidos. Pelo contrário, limitava-se a propor conhecimentos apenas *verossímeis*, quer dizer, só aparentemente verdadeiros: não forneciam nenhuma *certeza*. Portanto, para se fundar na certeza, o conhecimento deve começar pela busca de *princípios* absolutamente seguros.

Gostaria, em primeiro lugar, de explicar o que é a *filosofia*, começando pelas coisas mais simples, tais como: que esta palavra "filosofia" significa o estudo da *sabedoria*; e que, por sabedoria, não entendemos apenas a prudência nos negócios, mas um perfeito conhecimento de todas as coisas que o homem pode saber, tanto para a conservação de sua vida, quanto para a conservação de sua saúde e para a invenção de todas as artes; e para que este conhecimento seja tal, é necessário que ele seja deduzido das primeiras causas, de sorte que, para estudar e adquiri-lo — o que significa propriamente filosofar —, devemos começar pela busca das primeiras causas, isto é, dos *princípios*. Mas é preciso que esses princípios tenham duas condições: uma, que sejam tão claros e distintos que o espírito humano não possa duvidar de sua verdade quando se aplica, com atenção, a considerá-los; a outra, que seja deles que dependa o conhecimento das outras coisas, de sorte que eles possam ser conhecidos sem elas, mas não reciprocamente elas sem eles; depois disso, devemos tentar deduzir desses princípios o conhecimento das coisas que deles dependem.

(*Princípios da filosofia*, Prefácio)

Gostaria de explicar, aqui, a ordem que, parece-me, devemos seguir para que nos instruamos. Primeiramente, o homem, que ainda só possui conhecimento vulgar e imperfeito, deve, antes de tudo, encarregar-se de formar uma moral que seja suficiente para ordenar as ações da vida, porque isso deve ser adiado e porque devemos procurar viver bem. Em seguida, também deve estudar lógica, não a da Escola ..., mas aquela que ensina a bem conduzir a razão na descoberta das verdades que se ignoram ... . É bom que ele se exercite, por muito tempo, na prática de regras pertinentes a questões fáceis e simples como as da matemática. Depois, quando já tiver adquirido o hábito de encontrar a verdade nessas questões, deve começar a aplicar-se à verdadeira filosofia, cuja primeira parte é a metafísica, que contém os princípios do conhecimento, entre os quais está a explicação dos principais atributos de Deus, da imaterialidade de nossas almas e de todas as noções claras e simples que estão em nós. A segunda é a física, na qual, após ter encontrado os verdadeiros princípios das coisas materiais, examinamos em geral como o universo é composto ... . Desse modo, a filosofia é como uma árvore cujas raízes são a metafísica, o tronco é a física, os ramos que daí saem são todas as outras ciências.

(*Princípios da filosofia*, Prefácio)

104 Curso de filosofia

4. A razão

Para Aristóteles, o homem é *animal político* (*zoôn politikón*). E a *razão* é a faculdade que todo homem possui de julgar. Para Descartes, ele é, essencialmente, um *animal racional*. No início de seu *Discurso sobre o método*, ele afirma a igualdade, de direito, do *bom senso* ou *razão*: todos nós possuímos a razão, ou seja, essa capacidade de bem julgar e de discernir o verdadeiro do falso. Nem todos os homens, porém, utilizam corretamente sua razão. Donde a necessidade de um *método*, quer dizer, de um caminho certo, seguro.

> O bom senso é o que existe de mais bem distribuído no mundo. Porque cada um se julga tão bem-dotado dele que mesmo aqueles que são mais difíceis de se contentar com qualquer outra coisa não costumam desejar possuí-lo mais do que já têm. E não é verossímil que todos se enganem a esse respeito. Pelo contrário, isso testemunha que o *poder de bem julgar* e de *distinguir o verdadeiro do falso*, que é propriamente o que se denomina *bom senso* ou *razão*, é naturalmente igual em todos os homens; e que, por isso, a diversidade de nossas opiniões não provém do fato de uns serem mais racionais do que os outros, mas somente do fato de conduzirmos nossos pensamentos por vias diversas e de não considerarmos as mesmas coisas.
>
> (*Discurso sobre o método*, §1)

5. O método

O objetivo e a utilidade do método consistem, para o homem, em "conduzir *bem* sua razão" e em "procurar a verdade nas ciências". Se queremos procurar a verdade, não podemos andar ao acaso, sem rumo. Devemos seguir um caminho reto, seguro, certo; seguir uma *ordem*, quer dizer, um *método*. O bom método é aquele que nos permite conhecer o maior número possível de coisas. E isso com o menor número de regras. O primeiro procedimento da pesquisa é a *análise*: devemos "dividir cada uma das dificuldades", quer dizer, reduzir um problema complexo a suas *noções simples*. E isso para que elas possam ser conhecidas *diretamente* por *intuição*.

> Por *método* eu entendo regras certas e fáceis, graças às quais todos aqueles que as observarem corretamente jamais suporão verdadeiro aquilo que

é falso, e chegarão, sem fadiga e esforços inúteis, aumentando progressivamente sua ciência, ao conhecimento verdadeiro de tudo o que podem atingir.

....

Todo o método consiste na *ordem* e na disposição das coisas para as quais devemos voltar o olhar do espírito, para descobrir alguma verdade. Ora, nós a seguiremos exatamente se reduzirmos, gradualmente, as proposições complicadas e obscuras às mais *simples*; e se, partindo da *intuição* das mais simples, tentarmos nos elevar, pelos mesmos degraus, ao conhecimento de todas as outras.

(*Regras para a direção do espírito*, 4 e 5)

Descartes pretende estabelecer um *método universal*, inspirado no rigor da *matemática* e no *encadeamento racional*. Para ele, o método é sempre *matemático*, na medida em que procura o *ideal matemático*, quer dizer, converter-se numa *mathesis universalis*: conhecimento completo e inteiramente dominado pela razão. Elabora quatro *regras* fundamentais:

a) regra da *evidência*: "Jamais admitir coisa alguma como verdadeira se não a reconheço evidentemente como tal"; a não ser que se imponha a mim como *evidente*, de modo claro e distinto, não me permitindo a possibilidade de *dúvida*. Em outras palavras, precisamos evitar toda precipitação e todos os preconceitos. Só devo aceitar o que for evidente, quer dizer, aquilo do qual não posso duvidar;

b) regra da *análise*: "Dividir cada uma das dificuldades em tantas parcelas quantas forem possíveis";

c) regra da *síntese*: "Concluir por *ordem* meus pensamentos, começando pelos objetos mais simples e mais fáceis de serem conhecidos para, aos poucos, como que por degraus, chegar aos mais complexos";

d) regra do *desmembramento*: "Para cada caso, fazer enumerações o mais exatas possíveis ... a ponto de estar certo de nada ter omitido" (cf. *Discurso sobre o método*, II Parte).

Para Descartes, a *intuição* é um conhecimento direto e imediato. É ela que nos permite aceitar uma coisa como verdadeira. É a visão da *evidência*. Uma ideia evidente é uma ideia clara e distinta. Uma ideia é *clara* quando se impõe a nós em sua verdade imediata, sem que possa-

106 Curso de filosofia

mos dela duvidar. Uma ideia é *distinta* quando não podemos confundi-la com nenhuma outra. Contudo, além da *intuição*, precisamos ainda do *raciocínio discursivo*, precisamos da *dedução*, ou seja, de uma *demonstração* capaz de chegar a uma conclusão certa a partir de um conjunto de proposições que se encadeiam necessariamente umas às outras obedecendo a uma *ordem*: cada proposição deve estar ligada àquela que a precede e àquela que a ela se segue.

> Por *intuição*, eu entendo, não o testemunho mutável dos sentidos ou o juízo enganador de uma imaginação que compõe mal seu objeto, mas a concepção de um espírito puro e atento, concepção tão fácil e tão distinta que nenhuma dúvida possa permanecer sobre aquilo que compreendemos. Em outras palavras, a concepção firme de um espírito puro e atento, que nasce apenas da luz da razão e que, sendo mais simples, é mais segura que a própria dedução.
> Além da intuição, há um outro modo de conhecimento que se faz por dedução. Operação pela qual entendemos tudo e que se conclui necessariamente de outras coisas conhecidas com certeza ... embora não sejam, nelas mesmas, evidentes; são deduzidas de princípios verdadeiros e conhecidos, por um movimento contínuo e ininterrupto do pensamento que tem uma intuição clara de cada coisa.
>
> (*Regras para a direção do espírito*, 3)

6. As verdades primeiras

Descartes afirma que devemos rejeitar como falso tudo aquilo do qual não podemos *duvidar*. Só devemos aceitar as coisas indubitáveis. Mas não devemos duvidar por duvidar, como céticos, que não acreditam na possibilidade de o conhecimento humano atingir a verdade. O objetivo da dúvida cartesiana é encontrar uma *primeira verdade* impondo-se com absoluta certeza. Trata-se de uma dúvida *metódica*, voluntária, provisória e sistemática. Não atingiremos a verdade se, antes, não pusermos todas as coisas em dúvida. São falsas todas as coisas das quais não podemos duvidar. Por isso, Descartes rejeita os dados dos sentidos: por vezes eles nos enganam; rejeita também os raciocínios: por vezes nos induzem a erros. Assim, após duvidar de tudo, descobre a *primeira certeza*: o *"Cogito, ergo sum"* — "Penso, logo existo."

> Logo em seguida, adverti que, enquanto eu queria pensar que tudo era falso, cumpria necessariamente que eu, que pensava, fosse alguma coisa.

O racionalismo cartesiano   107

E, notando que esta verdade, *eu penso, logo existo,* era tão firme e tão certa que todas as demais extravagantes suposições dos céticos não seriam capazes de abalá-la, julguei que podia aceitá-la, sem escrúpulo, como o primeiro princípio da Filosofia que procurava.

(*Discurso sobre o método,* IV Parte)

Depois de esclarecer que *ele existe,* Descartes se pergunta: *quem sou eu?* Identifica o *eu* à *alma,* e a alma ao *pensamento.* Estabelece o primado do *espírito,* fazendo dele algo inteiramente distinto do *corpo.* É a tese do *dualismo:* a alma é uma substância completamente distinta do corpo.

Depois, examinando com atenção o que eu era, e vendo que podia supor que não tinha corpo algum e que não havia qualquer mundo, ou qualquer lugar onde eu existisse, mas que nem por isso podia supor que não existia; e que, ao contrário, pelo fato mesmo de eu pensar em duvidar da verdade das outras coisas ..., compreendi que eu era uma *substância* cuja essência ou natureza consiste apenas no pensar, e que, para ser, não necessita de nenhum lugar, nem depende de qualquer coisa material. De sorte que esse eu, isto é, a *alma,* pela qual sou o que sou, é inteiramente distinto do corpo e, mesmo, que é mais simples de conhecer do que ele; e ainda que ele nada fosse, ela não deixaria de ser tudo o que é.

(*Discurso sobre o método,* V Parte)

Mas o que sou eu? *Uma substância que pensa.* O que é uma substância que pensa? É uma coisa que duvida, que concebe, que afirma, que nega, que quer, que não quer, que imagina e que sente.

(*Meditações,* 2)

A segunda verdade descoberta por Descartes é a *existência de Deus.* A primeira verdade dizia: *eu penso.* Mas eu não sou só. O exame de minhas ideias leva-me a afirmar a existência de Deus. É Deus quem garante as verdades matemáticas, permitindo-nos, por suas aplicações práticas, agir sobre o mundo: fica assegurada, também, a existência do mundo, campo da atividade do homem. Descartes prova a existência de Deus com um argumento *ontológico* (do grego *to on, ontos:* ser): por definição, o ser perfeito é aquele que possui todas as perfeições; ora, a existência é uma perfeição; logo, o ser perfeito existe.

Estando habituado, em todas as outras coisas, a fazer a distinção entre existência e essência, persuado-me facilmente de que a existência pode

108 Curso de filosofia

ser separada da essência de Deus e que, assim, se possa conceber Deus como não existindo atualmente. Todavia, quando penso nisso com mais atenção, verifico claramente que a existência não pode ser separada da essência de Deus, assim como da essência de um triângulo retilíneo não pode ser separada a grandeza de seus três ângulos iguais a dois retos ou, da ideia de uma montanha, a ideia de um vale; de maneira que não há menos repugnância em conceber um Deus (isto é, um ser soberanamente perfeito) ao qual falta a existência (isto é, ao qual falta alguma perfeição) do que em conceber uma montanha que não tenha um vale.

(*Meditações metafísicas*, 5)

Quanto ao *mundo material*, sobre o qual versa nosso conhecimento, é despojado de toda realidade própria. A *natureza* não possui profundidade nem finalidade. Ela é *criada a cada instante por Deus*. Enquanto tal, é oferecida ao conhecimento e à atividade técnica do homem. Não existe barreira entre a física, a astronomia, a matéria e a vida: tudo pode ser explicado pelas leis do movimento expressas na linguagem matemática. O animal é um *autômata*. O corpo se explica pelo mecanicismo. Se Deus existe, não pode me enganar, porque é perfeito. Portanto, minhas *percepções* não constituem ficções: elas vêm dos objetos do mundo exterior. Contudo, estou ligado a um corpo. Por isso, o conhecimento que tenho do mundo exterior é confuso, posto que vem dos sentidos: vejo sua cor, sua forma, seu volume, qualidades que não constituem sua *essência*. Ora, as coisas materiais ocupam sempre um *espaço*. Portanto, sua essência é a *extensão*.

A natureza da matéria, ou do corpo tomado em geral, não consiste em ser uma coisa dura, pesada ou colorida, que atinge nossos sentidos de uma ou outra forma, mas somente em ser uma *substância extensa* em comprimento, largura e profundidade ...; donde se conclui que sua natureza consiste apenas no fato de ela ser uma substância que possui uma *extensão*.

(*Princípios da filosofia*, 2 e 4)

A conclusão de Descartes é que possuímos três tipos de *ideias:* a) as ideias que nós mesmos formamos a partir do mundo exterior; b) as ideias factícias, isto é, feitas e inventadas pela imaginação; c) as *ideias inatas* que nos são dadas por Deus. Essas ideias claras e distintas constituem os elementos necessários ao conhecimento das leis da natureza, também criadas por Deus. Elas formam o fundamento da ciência. Podemos conhecê-las voltando-nos sobre nós mesmos, quer dizer, por *reflexão*. O chamado *"idealismo metódico"* de Descartes nada mais é que a doutrina racionalista, contrária ao empirismo, que parte da certeza da existência do pensamento a fim de afirmar a existência de qualquer outra realidade e de estabelecer sua garantia pela veracidade divina.

> Afirmo ousadamente que não podemos estar enganados nos nossos juízos muito claros e exatos, os quais, se fossem falsos, não poderiam ser corrigidos por outros mais claros, nem com a ajuda de nenhuma outra faculdade natural. Porque sendo Deus o soberano Ser, é necessário que seja também o soberano bem e a soberana verdade e, por isso, repugna-nos que qualquer coisa que venha dele tenda para a falsidade. Contudo, dado que não pode haver nada em nós de real que não nos tenha sido criado por Ele ..., e dado que temos em nós uma faculdade real para conhecer o verdadeiro e distingui-lo do falso ..., se essa faculdade não tendesse para o verdadeiro, pelo menos quando nos servimos dela como deve ser ..., não seria sem razão que Deus, que no-la deu, fosse tido por um enganador.
>
> *(Resposta à segunda objeção)*

7. A moral

A sabedoria, objetivo da filosofia, é um estado e uma conduta nos quais "a inteligência mostra à *vontade* o partido que ela deve tomar". Todavia, como o *homem concreto* não se identifica com a *alma*, com essa substância pensante revelada pela atividade racional; como tampouco se identifica com o *corpo*, conhecido pela física, trata-se de resolver o conflito entre a urgência da *ação* e as exigências do *método*. Descartes resolve esse conflito propondo uma "moral provisória". Não elabora regras de conduta universais. Não pretende ser um reformador. Aliás, nessa matéria, é bastante conservador. Está mais preocupado com o aperfeiçoamento individual capaz de levar os indivíduos a fazerem uma justa apreciação dos bens. Nessa hierarquia dos bens, o lugar supremo deve ser conferido à *liberdade*, não ao saber. "Não basta julgar bem para agir bem", diz ele, porque a *moral* não deriva apenas do conhecimento.

> Sendo a *vontade*, por sua natureza, muito extensa, é para nós uma vantagem muito grande poder agir por seu intermédio, isto é, *livremente*;

110 Curso de filosofia

de sorte que somos de tal maneira *donos de nossas ações* que somos dignos de elogio quando nos conduzirmos bem .... Devemos atribuir-nos mais alguma coisa [além do elogio] por escolhermos o que é verdadeiro, quando o distinguimos do falso, por uma determinação de nossa vontade, do que tivéssemos sido terminados a isso.

(*Princípios da filosofia*, 37)

O homem, encontrando já a natureza da bondade e da verdade estabelecidas e determinadas por Deus, e sendo a sua vontade tal que não se pode naturalmente levar senão para o que é bom, é manifesto que ele abraça tanto mais voluntariamente e, por conseguinte, tanto mais livremente o bom e o verdadeiro, quanto mais evidentemente o conhece .... A indiferença não é da essência da liberdade humana, visto que não somos livres apenas quando a ignorância do bem e do verdadeiro nos torna indiferentes, mas principalmente quando o claro e o distinto conhecimento de uma coisa nos leva e nos empenha na sua procura.

(*Resposta à sexta objeção*)

Para que eu seja livre, não é necessário que eu seja indiferente na escolha de um dos dois contrários; mas, antes, quanto mais eu tender para um, seja porque eu conheça evidentemente que o bem e o verdadeiro aí se encontram, seja porque Deus disponha assim o interior de meu pensamento, tanto mais livremente o escolherei e o abraçarei. É certo que a graça divina e o conhecimento natural, bem longe de diminuírem minha vontade, antes a aumentam e a fortalecem.

(*Meditações metafísicas*, 4)

8. O racionalismo e o mecanicismo

É a *transcendência* de Deus que vai permitir a Descartes elaborar uma concepção puramente *racional* e *mecanicista* da Natureza:

a) O cartesianismo é um *racionalismo*. Constitui um sistema. O primeiro objetivo da obra de Descartes é "chegar ao conhecimento de todas as coisas". Seu primeiro esforço consiste em definir um *método geral* "para conduzir bem sua razão e procurar a verdade nas ciências". Todas as partes de sua obra encontram-se interligadas. Tomemos a imagem da "árvore da sabedoria". No interior do sistema cartesiano, a diversidade dos ramos não exclui a *unidade* de um mesmo tipo de conhecimento: o *conhecimento racional*, apoiado num método único. Sobre esse ponto (unidade e diversidade do saber humano), os enci-

O racionalismo cartesiano   111

clopedistas são os herdeiros legítimos do cartesianismo. Contudo, ao recusarem a legitimidade da metafísica, em nome do materialismo, cortaram as raízes da árvore: esta perdeu sua seiva, a *Razão*. Ora, os princípios da ciência são fornecidos pela Razão, independentemente da experiência sensível. Todos os fenômenos da Natureza são regidos pelas leis da extensão e do movimento conhecidas pela Razão.

b) Mas esses fenômenos devem ser interpretados segundo o modelo fornecido pelos dispositivos *mecânicos*. Assim, o mecanicismo é a doutrina que reduz a matéria, o corpo e a vida à extensão; e que explica tudo o que não é alma ou pensamento apenas pelas noções de extensão e de movimento dessa extensão. A Natureza não possui dinamismo próprio. Seu dinamismo pertence ao Criador. Despojada de toda finalidade, ela é reduzida a um mecanismo inteiramente transparente à linguagem matemática. Ela nada tem de divino, pois é um objeto criado. Enquanto tal, encontra-se inteiramente entregue à exploração da Razão humana, que nos torna "mestres e possuidores da Natureza".

9. Os impactos do cartesianismo

9.1. Um dos grandes impactos do cartesianismo consiste na *rejeição de toda* e *qualquer autoridade*, no processo de conhecimento, distinta da Razão. Ele proclama a independência da filosofia, que, doravante, deve submeter-se apenas à autoridade da Razão. O importante é que devemos julgar por nós mesmos. Só devemos aceitar aquilo que podemos compreender claramente e demonstrar racionalmente. Devem ser excluídos os dogmas religiosos, os preconceitos sociais, as censuras políticas e os dados fornecidos pelos sentidos. Só a Razão conhece. E somente ela pode julgar-se a si mesma. Essa exigência fundamental, que Descartes fixou para a ordem do saber, foi estendida, no século XVIII, para os domínios da moral, da política e da religião.

9.2. A partir de Descartes (e de Galileu), as *matemáticas* passaram a constituir o *modelo* e a *linguagem* de todo conhecimento científico: substituem a *qualidade* sentida pela *quantidade* medida. O conhecimento permite que nos tornemos "mestres e possuidores da natureza". Compete ao homem *modelar* e *dominar* o mundo: "Saber é Poder", já dizia Francis Bacon. Nada há na natureza que não seja quantitativo. A matemática é aplicável à totalidade do real. Eis o postulado do

112   Curso de filosofia

racionalismo, reduzindo a quase nada o papel da experiência sensível e subordinando o objeto à Razão. Sendo assim, é proclamada a independência da *Subjetividade*, cujo primeiro ato de conhecimento é a *Reflexão*, a consciência de si mesmo reflexiva: a consciência toma consciência de si mesma como *Sujeito* e como *Objeto* de conhecimento.

9.3. A filosofia de Descartes é eminentemente *crítica*. O problema crítico diz respeito ao valor e ao alcance de nossas faculdades de conhecimento. Para resolvê-lo, Descartes propõe um novo *método*. O problema do conhecimento é o *primeiro* que deve considerar a filosofia que pretende conduzir, com ordem, seus pensamentos. E o método para solucionar o problema crítico é a *dúvida*.

9.4. O *Cogito* é a fonte de todo o *idealismo* posterior: o pensamento é a única realidade que é imediatamente dada ao espírito; qualquer outra realidade deve ser deduzida dele. Trata-se de uma filosofia *dualista*: define o corpo e a alma como duas substâncias completas, heterogêneas e, mesmo, opostas por essência. As ideias são separadas das coisas: elas são modos do pensamento, ao passo que as coisas são modos da extensão.

9.5. Historicamente, o cartesianismo dá origem a duas correntes filosóficas: o *racionalismo* e o *empirismo*. Os representantes da primeira corrente são Spinoza (1632-1677), Malebranche (1640-1715) e Leibniz (1646-1716). A corrente *empirista* apresenta-se como adversária de Descartes: defende a doutrina segundo a qual todo o conhecimento humano deriva, direta ou indiretamente, da experiência sensível (interna ou externa), inclusive os princípios racionais do conhecimento, não atribuindo ao espírito nenhuma atividade própria. Os principais representantes dessa corrente são Locke (1632-1704), Berkeley (1685-1753) e Hume (1711-1776).

9.6. O racionalismo utiliza o *método dedutivo*. O empirismo, ao contrário, utiliza o *método indutivo*. Descartes vai dos princípios às consequências. Portanto, usa o método dedutivo *a priori*, fundado na intuição, isto é, no conhecimento direto pela razão. Newton, ao contrário, pretende tirar totalmente da experiência sensível as leis da natureza para remontar até os princípios gerais que as regem: segue o método indutivo *a posteriori*. O cartesianismo tira sua metodologia das matemáticas: nas ciências da natureza, os princípios conhecidos por intuição desempenham o papel de axiomas, e as leis são análogas aos teoremas que deles podemos deduzir. O newtonianismo, ao contrário, considera que a experiência é o ponto de partida de nosso conhecimento, não sendo necessário fazer hipóteses prévias. Esse é o sentido de sua famosa expressão: *"Hypotheses non fingo"* ("Não faço hipóteses").

9.7. São imensos o alcance e a ambição da filosofia cartesiana. Ela se apresenta, em primeiro lugar, como uma *filosofia da consciência e da liberdade*, tendo por guia a *luz natural* presente em cada um de nós. Essa luz natural é *infalível* quando é pura. Seu motor é a generosidade intelectual, quer dizer, o sentimento que cada um de nós possui de nosso livre-arbítrio.

Em segundo lugar, trata-se de uma *filosofia voltada para o futuro*. Confia profundamente na criação contínua da Razão, muito mais do que na autoridade dos antigos. Nesse sentido, ela é uma *filosofia do progresso*, não da conservação. Enquanto tal, destina-se a todos os homens, é *universal*, pois o que distingue os homens é a *posse da Razão*, instrumento universal que lhes permite entenderem-se.

Finalmente, trata-se de uma *filosofia decididamente prática*, na medida em que nos leva a compreender que a inteligência das coisas, a partir de seus *verdadeiros princípios*, fornece-nos os *meios de dominá-las*. Doravante, temos o poder de prever o futuro e de dominar a natureza por nossas ações. Nossa condição no mundo transformou-se: não somos mais escravos da natureza. Pelo contrário, somos seus "mestres e possuidores". Ademais, trata-se de uma *filosofia mecanicista*, sustentando que o Universo é límpido aos olhos da Razão e que tudo, exceto Deus e o espírito humano, pode ser explicado em termos de tamanho, de figura e de velocidade das partículas de matéria divisível. O mundo não humano, despojado de toda criatividade e de toda vontade imanente, de toda sensibilidade e de toda consciência, de toda simpatia e antipatia, de todo calor ou frieza, de toda beleza ou feiura, de toda cor, sabor e odor, em suma, um mundo feito unicamente de *matéria em movimento*, eis o *mundo totalmente mecânico*, sem mistério, sem vida e sem nenhuma fecundidade proposto por Descartes. É esse mecanismo que, embora *teísta*, vai dar origem ao *ateísmo materialista*. Este já surge um ano após a morte de Descartes, em 1651, com o

114   Curso de filosofia

aparecimento do *Leviatã* de Hobbes. O teísmo mecanicista de Descartes é logo transformado em ateísmo. Hobbes postula, com efeito, que tudo o que existe no universo, inclusive os espíritos e o próprio Deus, é de natureza corporal. De modo inverso, postula que tudo o que não é corporal não possui nenhuma espécie de existência. Para ele, tanto a filosofia natural quanto a estabilidade social podem prescindir dos seres extramateriais.

PALAVRAS-CHAVE

Dedução
Ato pelo qual nós compreendemos a passagem de uma verdade evidente por intuição às suas consequências. A dedução organiza a transferência da evidência ao longo de uma cadeia lógica. A evidência assim transferida torna-se a certeza.

Dualismo
Teoria segundo a qual a realidade é formada de duas substâncias ou elementos irredutíveis e independentes: a *alma* é uma substância inteiramente distinta do *corpo*. Do ponto de vista *metafísico*, o dualismo consiste em definir o corpo e a alma como duas substâncias completas, heterogêneas e, mesmo, opostas quanto à sua essência. Do ponto de vista *crítico*, o grande problema consiste em operar a junção entre as *ideias*, que são modos do pensamento, e as *coisas*, que são modos da extensão. O problema da união da alma e do corpo e o problema da relação do pensamento com o ser constituem os desafios da metafísica posterior.

Dúvida metódica
Denominação dada ao método filosófico de Descartes. Distinta da dúvida cética, que suspende todo e qualquer juízo, não acreditando na possibilidade de atingirmos a certeza, a *dúvida metódica* tem por objetivo fundar a certeza de modo inquebrantável, rejeitando sistematicamente tudo aquilo que não é certo de uma certeza absoluta, quer dizer, que não se impõe a nós de modo absolutamente *evidente*. Assim, "duvido, logo existo" é a mesma coisa que "penso, logo existo". A partir dessa dúvida universal, Descartes deriva o conhecimento de Deus, o conhecimento que temos de nós mesmos e o conhecimento de tudo o que existe.

Evidência
Caráter daquilo que se apresenta tão claramente e tão distintamente ao nosso espírito, que dele não temos condições de duvidar, posto que se impõe a nós de modo manifestamente verdadeiro a ponto de acarretar a adesão incondicional de nossa inteligência e de não ser necessário demonstrá-lo ou prová-lo.

Intuição
Modo de conhecimento racional graças ao qual o espírito humano pode atingir direta e imediatamente seu objeto. "Por intuição, entendo, não o testemunho mutante dos sentidos ou o juízo enganador de uma imaginação que compõe mal seu objeto, mas a concepção de um espírito puro e atento."

Método
Conjunto de procedimentos racionais utilizados para o estabelecimento e a demonstração da verdade: "Por método, entendo regras certas e fáceis graças às quais aqueles que as observam atentamente jamais suporão verdadeiro aquilo que é falso e chegarão, sem cansaço e esforços inúteis, ao conhecimento verdadeiro daquilo que eles podem alcançar."

Razão
Faculdade ou poder de bem julgar e de discernir o verdadeiro do falso. Para Descartes, a razão, também chamada de *bom senso*, é inata e naturalmente igual em todos os homens.

QUESTÕES

1. Por que Descartes é considerado o pai do racionalismo moderno?
2. Em que sentido ele proclamou a autonomia do Sujeito?
3. De que modo a filosofia nos torna "mestres e possuidores da Natureza"?
4. Em nome de que a Razão se rebela contra toda autoridade, em matéria de conhecimento?
5. Em que sentido a matemática é considerada o modelo e a linguagem de todo conhecimento científico?

TEMAS PARA DEBATE

1. Racionalismo e mecanicismo.
2. O ponto de partida da filosofia e sua finalidade.
3. O idealismo cartesiano.

Capítulo 6

O EMPIRISMO INGLÊS

Danilo Marcondes*

1. Definição

O *empirismo* é, juntamente com o *racionalismo*, uma das grandes correntes formadoras da filosofia moderna (séculos XVI-XIX). Enquanto que o racionalismo de Descartes explicava o conhecimento humano a partir da existência no indivíduo de ideias inatas que se originavam em última análise de Deus, os empiristas pretenderam dar uma explicação do conhecimento a partir da *experiência*, eliminando assim a noção de ideia inata, considerada obscura e problemática. Para os empiristas, todo o nosso conhecimento provém de nossa *percepção do mundo externo*, ou do exame da atividade de nossa própria mente.

2. A filosofia empirista e seu contexto

Os principais filósofos empiristas clássicos foram Francis Bacon (1561-1626), Thomas Hobbes (1588-1679), John Locke (1632-1704), George Berkeley (1685-1753) e David Hume (1711-1776). O empirismo desenvolveu-se, inicialmente, sobretudo na Inglaterra, podendo ser considerado como pensamento representativo da burguesia inglesa que, a partir do século XVII, passou a deter não só o poder econômico, mas também o político, através da monarquia parlamentar, fato que marca o nascimento do *liberalismo*. Essa nova ordem política surge da aliança entre a burguesia e a nobreza contra a monarquia absoluta. O interesse pelo mundo da experiência concreta e uma filosofia política baseada

---

*   Professor de filosofia da PUC/RJ e da UFF.

118 Curso de filosofia

na teoria do contrato social e na submissão à lei da maioria são características dessa visão.

É significativo que a maioria dos filósofos empiristas tenha ocupado posição de destaque na sociedade inglesa da época. Bacon, visconde de St. Albans, foi chanceler do Reino. Hobbes e Locke foram conselheiros de políticos e nobres influentes; George Berkeley foi bispo da Igreja Anglicana, e David Hume, após tentar em vão a carreira acadêmica, exerceu funções na diplomacia e se tornou historiador.

O desenvolvimento da ciência na Inglaterra, com William Gilbert (1540-1603, física do magnetismo), William Harvey (1578-1657, circulação do sangue), Robert Boyle (1627-1691, física e química) e principalmente Isaac Newton (1642-1727, leis da mecânica), está intimamente ligado às concepções empiristas de método científico.

3. Temas centrais

3.1. O conhecimento e a origem das ideias

Desde Bacon, o empirismo caracteriza-se pela defesa de uma ciência baseada em um *método experimental,* Valorizando a observação e a aplicação prática da ciência. As leis científicas seriam fundamentalmente resultado de generalizações com base na observação da repetição de fenômenos com características constantes. A esse procedimento chama-se *indução*, sendo uma lógica indutiva a base da concepção empirista de ciência.

Essa concepção parte de uma teoria do conhecimento que explica a origem das ideias a partir de um processo de abstração que se inicia com a percepção que temos das coisas através de nossos sentidos. "Nada está no intelecto que não tenha estado antes nos sentidos" — eis um dos lemas do empirismo. É a partir dos dados de nossa sensibilidade que o entendimento produz, por um processo de abstração, as *ideias*. As ideias simples, provenientes das impressões sensíveis, dão origem, através do processo de associação e combinação, a ideias mais complexas. Quanto mais próxima da impressão sensível que a causou, mais real — nítida e precisa — é a ideia; quanto mais distante, menos real. É nesse sentido que a verificação empírica é um dos critérios

O empirismo inglês   119

básicos da validade do conhecimento. O conhecimento é, portanto, sempre probabilístico, dependendo sua certeza das verificações a serem feitas e do acordo entre as experiências dos indivíduos. A concepção empirista é assim fortemente individualista, já que a experiência é sempre individual.

1. *A ideia é o objeto do pensamento.* Todo homem tem consciência de que pensa e de que, quando está pensando, sua mente se ocupa de ideias que tem de si. É indubitável que os homens têm em suas mentes várias ideias, que podem ser expressas pelos termos — brancura, dureza, doçura, pensamento, movimento, homem, elefante, exército, embriaguez, e outros. Deve-se examinar, então, em primeiro lugar, *como ele as apreende.* Sei que é aceita a doutrina segundo a qual os homens têm ideias inatas e caracteres originais impressos em suas mentes desde o início. Já examinei, em linhas gerais, essa opinião, e suponho que o que já disse no livro anterior será muito mais facilmente admitido quando tiver mostrado como o entendimento obtém todas as ideias que possui, e de que modo e graus elas penetram na mente, e para tal farei apelo à observação e experiência de cada um.

2. *Todas as ideias provêm da sensação ou da reflexão.* Suponhamos, pois, que a mente é, como dissemos, um papel em branco, vazio de todos os caracteres, sem quaisquer ideias. Como vem a ser preenchida? Como lhe vem esse vasto estoque que a ativa e ilimitada fantasia humana pintou nela com uma variedade quase infinita? Como lhe vem todo o material da razão e do conhecimento? A isso respondo com uma palavra: pela *experiência.* É na experiência que está baseado todo o nosso conhecimento, e é dela que, em última análise, o conhecimento é derivado. Aplicada tanto aos objetos sensíveis externos quanto às operações internas de nossa mente, que são por nós mesmos percebidas e refletidas, nossa observação sempre supre nosso entendimento com todo o material do pensamento. Essas são as duas fontes de nosso conhecimento, das quais jorram todas as ideias que temos ou que podemos naturalmente ter.

(John Locke, *Ensaio sobre o entendimento humano,*
Livro II, cap.1)

14. ... quando analisamos nossos pensamentos ou ideias, por mais complexos e sublimes que sejam, sempre descobrimos que se resolvem em ideias simples que são cópias de uma sensação ou sentimento anterior. Mesmo as ideias que, à primeira vista, parecem mais afastadas dessa origem mostram, a um exame mais atento, ser derivadas dela. A ideia

120   Curso de filosofia

de Deus, correspondendo a um Ser infinitamente inteligente, sábio e bom, surge das reflexões que fazemos sobre as operações de nossa própria mente, aumentando sem limites essas qualidades de bondade e sabedoria. Podemos prosseguir esse exame tanto quanto desejarmos, e sempre descobriremos que todas as ideias que examinamos são copiadas de uma impressão semelhante. Aqueles que afirmam que essa posição não é universalmente verdadeira nem sem exceções têm apenas um único e bastante fácil método de refutá-la: apresentar uma ideia que em sua opinião não seja derivada dessa fonte. Caberá então a nós, se quisermos sustentar nossa doutrina, indicar a impressão ou percepção viva que lhe corresponda.

15. ... se ocorre que, por um defeito de um órgão, um homem não é suscetível de determinada espécie de sensação, sempre descobrimos que é igualmente incapaz de ter as ideias correspondentes. Um cego não pode ter ideia de cores, nem um surdo de sons. Se restituirmos a cada um deles o sentido que lhe falta, abrindo caminho à entrada dessas sensações, abre-se igualmente caminho às ideias, e ele não terá dificuldade em conceber esses objetos. O mesmo acontece quando o objeto adequado para provocar uma determinada sensação nunca foi aplicado ao órgão correspondente. Um lapão ou um negro não tem nenhuma noção do gosto do vinho. E, embora sejam raros ou inexistentes os casos de uma deficiência desse gênero na mente, casos de pessoas que nunca experimentaram ou que sejam incapazes de experimentar um sentimento ou paixão próprio à sua espécie, apesar disso encontramos a mesma observação em grau mais atenuado. Um homem de comportamento tímido não pode fazer ideia de um inveterado espírito de vingança ou crueldade; nem um coração egoísta pode facilmente conceber os extremos da amizade e da generosidade. Admite-se facilmente que outros seres possam ser dotados de muitos sentidos que sequer imaginamos, porque as ideias de tais coisas nunca foram introduzidas em nós da única maneira pela qual uma ideia pode ter acesso à mente, isto é, pela sensação efetivamente presente.

(David Hume, *Investigação sobre o entendimento humano*,
séc.II, 14 e 15)

3.2. O problema da causalidade

Partindo dessa concepção da origem das ideias e do conhecimento, Hume, o mais radical dos empiristas, chegará a negar validade universal ao princípio de *causalidade* e à noção de *necessidade* a ele associada.

A causalidade não seria, assim, uma propriedade do real, mas simplesmente o resultado de nossa forma habitual de perceber fenômenos, relacionando-os como causa e efeito, a partir de sua repetição constante.

> 60. ... se há alguma relação entre objetos que nos importa conhecer perfeitamente é a de *causa* e *efeito*. Sobre ela se fundamentam todos os nossos raciocínios sobre questões de fato e de existência. ... A única utilidade imediata de todas as ciências é nos ensinar a regular e controlar os eventos futuros através de suas causas. Nossos pensamentos e nossas investigações sempre se dirigem, portanto, a essa relação. Contudo, tão imperfeitas são as ideias que formamos a esse respeito que é impossível dar uma definição correta de *causa*; exceto o que tiramos do que lhe é estranho e exterior. Objetos semelhantes sempre se encontram em conexão com objetos semelhantes. Disso temos experiência. De acordo com essa experiência, podemos definir uma causa como um *objeto seguido de outro de tal forma que todos os objetos semelhantes ao primeiro são seguidos de objetos semelhantes ao segundo*. Ou, em outros termos, *tal que, se o primeiro objeto não existisse, o segundo também não existiria*. O aparecimento de uma causa sempre traz à mente, por uma transição costumeira, a ideia de efeito. Disso também temos experiência. Podemos, assim, conforme essa experiência, formular uma outra definição de causa que chamaríamos de *um objeto seguido de outro, e cuja aparição sempre conduz o pensamento à ideia desse outro objeto*. ... Ouso assim afirmar como uma proposição geral que não admite exceção que o conhecimento dessa relação não se obtém em nenhum caso pelo raciocínio *a priori*, mas que ela nasce inteiramente da experiência quando descobrimos que objetos particulares estão em conjunção uns com os outros.
>
> (David Hume, *Investigação sobre o entendimento humano*, séc.VII)

3.3. O problema da identidade individual

Da mesma forma em que coloca em questão o caráter necessário da causalidade, Hume questiona a concepção de *identidade individual da consciência*. Vimos que o empirismo se caracteriza como uma forma de *idealismo*, já que afirma que só conhecemos da realidade aquilo que nos vem através dos sentidos e dá origem a ideias em nossa mente. Ora, segundo Hume, se as ideias se originam da experiência sensível e se nossa consciência é um "feixe de representações" formado pelo conjunto de ideias que possuímos, podemos dizer que o conteúdo de nossa

122   Curso de filosofia

consciência varia de um momento para outro de tal forma que ao longo do tempo essa consciência teria, em momentos diferentes, um conteúdo diferente. Portanto, não haveria uma identidade permanente da consciência individual, como queriam os racionalistas.

> Há alguns filósofos* que imaginam que estamos a todo momento conscientes de algo a que chamamos nosso *eu* [*self*] e que sentimos sua existência contínua, tendo certeza, para além de qualquer evidência ou demonstração, de sua perfeita identidade e simplicidade. ... Infelizmente, todas essas afirmações são contrárias a essa mesma experiência a que esses filósofos recorrem, nem temos qualquer ideia de *eu* do modo como a explicam. De que impressão poderia essa ideia ser derivada? A essa questão é impossível responder sem absurdo e sem uma contradição manifesta. E, entretanto, é uma questão que deve necessariamente ser respondida se quisermos que a ideia de *eu* passe por clara e inteligível. Deve haver uma impressão determinada para dar origem a toda ideia real. Mas *eu* ou *pessoa* não é uma impressão determinada, mas aquilo que se supõe que nossas várias impressões e ideias têm como referência. Se alguma impressão dá origem à ideia de *eu*, essa impressão deve manter-se invariavelmente a mesma, durante todo o curso de nossas vidas, uma vez que se considera que o *eu* existe dessa maneira. Mas não há nenhuma impressão constante e invariável. Dor e prazer, tristeza e alegria, paixões e sensações sucedem-se umas às outras, e nunca existem todas ao mesmo tempo. Não pode ser, portanto, de nenhuma dessas impressões, nem de nenhuma outra, que a ideia de *eu* é derivada, e consequentemente essa ideia simplesmente não existe.
>
> (David Hume, *Tratado da natureza humana*, Livro I, séc.VI)

3.4. Filosofia política

No plano político, o empirismo tem como consequência uma defesa do *liberalismo* contra a ideia absolutista do direito divino do soberano. O poder é legítimo enquanto se origina da vontade popular, sendo que o povo pode delegá-lo a uma assembleia (parlamento) ou a um monarca. O Estado existe para proteger os interesses dos cidadãos e lhes garantir a sobrevivência e a propriedade. O indivíduo é, portanto, nessa

---

*   Sobretudo Descartes e os cartesianos, bem como o racionalismo em geral, conhecido aliás como "filosofia da consciência" ou "do sujeito".

visão, sempre mais importante do que a sociedade; sendo que o direito, as leis que governam uma sociedade são, em sua origem, convencionais.

> 97. E, assim, cada indivíduo, ao consentir com os outros em formar um corpo político com um governo, coloca-se a si próprio sob a obrigação em relação a todos os outros membros dessa sociedade de se submeter à determinação da maioria e de aceitar suas decisões. Caso contrário, esse pacto original, pelo qual ele e os outros formam uma sociedade, não significaria nada, e não seria um pacto se ele permanecesse tão livre e tão sem obrigações quanto quando se encontrava no estado de Natureza.
>
> (John Locke, *Segundo ensaio sobre o governo civil*, cap.VIII)

> A única maneira de instituir um tal poder comum, capaz de defendê-los das invasões dos estrangeiros e das injúrias uns dos outros, garantindolhes assim uma segurança suficiente para que, mediante seu próprio labor e graças aos frutos da terra, possam alimentar-se e viver satisfeitos, é conferir toda sua força e poder a um homem, ou a uma assembleia de homens, que possa reduzir suas diversas vontades, por pluralidade de votos, a uma só vontade. O que equivale a dizer: designar um homem ou uma assembleia de homens como representante de suas pessoas, considerando-se e reconhecendo-se cada um como autor de todos os atos que aquele que representa sua pessoa praticar ou levar a praticar, em tudo que disser respeito à paz e segurança comuns; todos submetendo, assim, suas vontades à vontade do representante, e suas decisões à sua decisão. Isso é mais do que consentimento ou concórdia, é uma verdadeira unidade de todos eles, numa só e mesma pessoa, realizada por um pacto de cada homem com todos os homens, de um modo que é como se cada homem dissesse a cada homem: *cedo e transfiro meu direito de me governar a mim mesmo a este homem, ou a esta assembleia de homens, com a condição de transferires a ele teu direito, autorizando de maneira semelhante todas as suas ações.* Feito isso, à multidão assim unida numa só pessoa se chama *Estado,* em latim, *civitas.*
>
> (Thomas Hobbes, *Leviatã*, Parte II, cap.XVII)

4. Impacto e influências

4.1. A filosofia desenvolve-se no período moderno, ao menos em sua fase inicial, em grande parte como controvérsia entre o *empirismo* e

124   Curso de filosofia

o *racionalismo*, sobretudo francês. As objeções de Hobbes às *Meditações* de Descartes e a resposta deste a Hobbes são ilustrativas disso. O empirismo tem, assim, papel importante enquanto movimento que se contrapõe ao racionalismo.

4.2. O empirismo inglês irá influenciar uma importante corrente empirista que se desenvolverá posteriormente no pensamento francês do final do século XVIII e no século XIX, com Condillac, Maine de Biran e os chamados "ideólogos", com papel relevante na Revolução Francesa e na formação do pensamento burguês iluminista na França.

4.3. O empirismo, sobretudo de Hume, terá influência fundamental no pensamento de *Kant*. De fato, no Prefácio a seus *Prolegômenos*, Kant diz: "Hume despertou-me de meu sonho dogmático." Pode-se considerar a obra kantiana do período crítico, em parte ao menos, como uma tentativa de responder às críticas do empirismo ao racionalismo e, ao mesmo tempo, de conciliar ambas as posições.

4.4. O empirismo clássico será retomado novamente no século XIX, na Inglaterra, com John Stuart Mill, que desenvolverá importantes trabalhos no campo da lógica e da filosofia política; e nos Estados Unidos com William James, um dos fundadores do pragmatismo americano e autor do influente *Princípios da psicologia*.

4.5. *O positivismo* de Augusto Comte, no século XIX, será fortemente influenciado pelas concepções empiristas de conhecimento e de método científico. O *neopositivismo* ou *empirismo lógico* do Círculo de Viena (principalmente com Rudolf Carnap e Moritz Schlick), no século XX, retomará alguns princípios do empirismo clássico em seu desenvolvimento de uma teoria e metodologia da ciência em bases empiristas, com ênfase na experimentação e na verificação, bem como em sua posição filosófica antimetafísica e antiespeculativa.

5. Principais obras

BACON, Francis. *Novum Organum* (1620).
HOBBES, Thomas, *Leviatã* (1651).
LOCKE, John. *Ensaio sobre o entendimento humano* (1690); *Segundo ensaio sobre o governo civil* (1690).

HUME, David. *Tratado da natureza humana* (1739-1740); *Investigação sobre o entendimento humano* (1748).

Obs.: Trata-se de obras encontráveis, em sua maioria, na coleção Os Pensadores, São Paulo, Editora Abril.

PALAVRAS-CHAVE

Experiência

O termo "empirismo" é derivado do termo grego *empeiria*, que normalmente se traduz por "experiência" e que significa literalmente "contato com algo". A experiência seria, assim, para os empiristas, de modo geral, uma apreensão da realidade externa através dos sentidos, que forma a base necessária de todo conhecimento.

Conhecimento

Na concepção empirista, todo conhecimento provém da experiência, bem como é a experiência que fornece o critério de verificação que confirma ou não a verdade das afirmações científicas.

Ideia

O termo grego *idea* equivale etimologicamente a "visão", sendo que para os empiristas as ideias sempre se originam na percepção sensorial. Ideias são objetos mentais, resultado de um processo de abstração, que representam objetos externos percebidos pelos sentidos. Assim, segundo Locke (ver acima), "A ideia é o objeto do pensamento" e "todas as ideias provêm da sensação ou da reflexão".

Causalidade

Hume critica a concepção clássica de relação causal, segundo a qual um fenômeno anterior (a causa) produz um fenômeno posterior e consequente (o efeito), argumentando que essa relação não se dá na realidade na natureza, como se considerava tradicionalmente, mas reflete nossa forma habitual de perceber as relações entre fenômenos. A causalidade não expressa, assim, uma lei natural, de caráter necessário, mas uma projeção sobre a natureza de nossa forma de perceber o real.

126   Curso de filosofia

Estado

Na concepção política dos empiristas, o Estado é resultado de um pacto entre os homens para evitar a autodestruição através da guerra de todos contra todos (Hobbes, Locke).

QUESTÕES

1. Qual a corrente filosófica do período moderno a que o empirismo se contrapõe?
2. Como os empiristas explicam a origem das ideias?
3. Que é o conhecimento científico para o empirismo?
4. Como Hume explica a relação de causa e efeito?
5. Por que, para Hume, a causalidade não envolve necessidade?
6. Qual a crítica de Hume à concepção racionalista de *eu*?
7. Qual o objetivo do Estado segundo a filosofia política do empirismo?

TEMAS PARA DEBATE

1. Contraste entre a concepção de conhecimento, especialmente conhecimento científico, no *empirismo* e no *racionalismo* (ver capítulo v, "O racionalismo cartesiano").
2. A crítica de Hume ao *princípio da causalidade*.
3. A concepção empirista da *origem das ideias* em relação à noção de *identidade da consciência (subjetividade)*.
4. O empirismo como forma de *idealismo*.
5. A concepção empirista da *origem do Estado e o liberalismo*.

Capítulo 7

O CRITICISMO KANTIANO

*Valerio Rohden**

1. Época da crítica

As obras principais de Immanuel Kant (1724-1804) intitulam-se *Crítica da razão pura* (1781), *Crítica da razão prática* (1788) e *Crítica do juízo* (1790). A atitude crítica é um fenômeno dominante dessa época do Esclarecimento (em alemão: *Aufklärung*; também conhecida por Iluminismo). Pessoa crítica é a que tem posições independentes e refletidas, é capaz de pensar por si própria e não aceita como verdadeiro o simplesmente estabelecido por outros como tal, mas só após o seu exame livre e fundamentado. Uma época esclarecida é aquela em que os homens atingem a sua maioridade pela capacidade não só de pensarem autonomamente, mas também de não se deixarem manipular e dominar. Em vista disso, ela é um estágio alcançável com dificuldade, o que levou Kant a dizer que sua época não era ainda uma época esclarecida, mas em via de esclarecimento. Os homens atingem essa etapa por si sós, lentamente, desde que não cedam à covardia e à preguiça, não se deixem tutorar, nem sejam impelidos a atingi-la mediante artifícios e pelo emprego da força. A liberdade é o espaço adequado ao esclarecimento. Por ter sido fundado no ímpeto do homem à liberdade, o Esclarecimento foi o principal movimento do pensamento moderno, que ainda hoje nos situa num horizonte comum ao de Kant.

Por ter sido mais crítico que seus contemporâneos, Kant não absolutizou a sua época como a época do apogeu da razão, mas antes como aquela na qual descobriu critérios para a avaliação do desenvol-

---

* Professor de filosofia da UFRGS.

128   Curso de filosofia

vimento humano através de ideias entendidas como instrumentos heurísticos de comparação histórica (por exemplo, a ideia de uma comunidade humana universal em face das etapas concretas em que a humanidade se encontra). Só enquanto não crermos cegamente na razão e na ciência poderemos compreender fenômenos de decadência, como o nazismo, ou de novas barbáries e violências, como as guerras e a corrida armamentista. A atitude crítica, para se manter, precisa reconhecer os limites da razão. Sem essa consciência, a razão pretender-se-á onisciente e onipotente, tornando-se dogmática e autoritária, perderá seu necessário vínculo com a liberdade e se converterá em irrazão, sob a ilusão de parecer conhecer e de parecer racional.

> Nossa época é a verdadeira época da *crítica*, à qual tudo tem de submeter-se. A *religião*, mediante a sua *santidade*, e a *legislação*, mediante a sua majestade, querem comumente subtrair-se a ela. Mas então provocam contra si justa suspeição e não podem reclamar reverência sincera, que a razão outorga somente àquilo que pôde suportar o seu exame livre e público.
>
>   (*Crítica da razão pura*, Prefácio à primeira edição, Nota, A XII)

> Em todos os seus empreendimentos, a razão tem que se submeter à crítica, e não pode limitar a liberdade da mesma por uma proibição sem que isso a prejudique e lhe acarrete uma suspeição desvantajosa. No que tange à sua utilidade, nada é tão importante nem tão sagrado que lhe seja permitido esquivar-se a essa inspeção atenta e examinadora que desconhece qualquer respeito pela pessoa. Sobre essa liberdade repousa até a existência da razão; o veredicto desta última, longe de possuir uma autoridade ditatorial, consiste sempre em nada mais do que o consenso de cidadãos livres, dos quais cada um tem que poder externar, sem constrangimento algum, as suas objeções e até o seu veto.
>
> ... Pode-se encarar a crítica da razão pura como o verdadeiro tribunal para todos os conflitos da razão. Com efeito, não está envolvida nessas disputas enquanto voltadas imediatamente para objetos, mas foi posta para determinar e julgar os direitos da razão em geral segundo os princípios de sua primeira instituição.
>
> Sem essa crítica, a razão está como que em estado de natureza, não podendo nem fazer valer nem assegurar as suas afirmações e reivindicações senão mediante a *guerra*. Em contrapartida, a crítica, que chega a todas as decisões partindo de regras fundamentais de sua própria instituição e cuja autoridade ninguém pode pôr em dúvida, nos proporciona a paz de um estado legal em que não devemos conduzir as

nossas desavenças senão mediante um *processo*. O que aplaca a disputa no primeiro estado é uma *vitória* da qual ambas as partes se vangloriam, e à qual se segue uma paz, na maior parte das vezes, tão somente insegura, instaurada por uma autoridade mediadora; no segundo estado, contudo, a contenda é terminada por uma *sentença* que tem que garantir uma paz eterna, visto que aqui atinge a própria fonte das querelas. As intermináveis contendas de uma razão meramente dogmática também nos compelem finalmente a procurar a paz em alguma crítica dessa mesma razão e numa legislação que nela se fundamenta. Como afirmou Hobbes, o estado de natureza é um estado de injustiça e violência, sendo necessário que o abandonemos para nos submetermos à compulsão da lei; esta última limita a nossa liberdade exclusivamente com o fito de que possa coexistir com a liberdade de todos os demais e, exatamente devido a isso, com o bem comum. Dessa liberdade também faz parte a de expormos ao julgamento público os nossos pensamentos e aquelas dúvidas que não podemos solver sozinhos, e fazê-lo sem com isso sermos tachados de cidadãos agitados e perigosos. Isso já é um dos direitos originários da razão humana, a qual por sua vez não reconhece qualquer outro juiz que não a própria razão humana universal na qual cada um possui voz ativa; e já que desta última tem que provir toda melhora de que nosso estado é capaz, um tal direito é sagrado e não pode ser diminuído.

(*Crítica da razão pura*. São Paulo, Abril Cultural, 1980, p.363 e 367 [B 766 e 779-80])

2. Os limites da razão e a metafísica

Ao mesmo tempo em que se distanciou dos sistemas racionalistas então vigentes, os quais tomavam a metafísica como forma preponderante de conhecimento, conferindo um valor secundário à experiência, Kant investigou e descobriu a fonte do erro dessas correntes dogmáticas: a própria razão. A razão humana tende naturalmente a transgredir o domínio da experiência e se arvorar a conhecimentos de objetos, dos quais possui somente conceitos, por si insuficientes a qualquer determinação objetiva. A esses conceitos especulativos Kant deu o nome de "ideias", por se assemelharem às ideias platônicas e por consistirem em representações globais ou incondicionadas de entidades apenas pensadas logicamente, supostas como existindo enquanto coisas-em-si e fundamento das aparências sensíveis. As ideias procedem de um uso

130 Curso de filosofia

abusivo dos conceitos do entendimento (por exemplo, do conceito de causa ou de substância), destinados a um uso exclusivamente empírico. A razão presume poder *deduzir a existência* de objetos (Deus, alma, mundo), por si transcendentes, de simples ideias, transformando com isso a lógica formal em órgão de conhecimentos.

A um desses tipos de procedimentos metafísicos, Kant denominou "antinomia", porque nele a razão expõe um conflito interno, que não consegue resolver. Ela consta, em cada caso, de uma tese e de uma antítese, tentando de um lado e outro corroborar-se mediante argumentos igualmente especulativos, incapazes, pois, de uma prova empírica. A antinomia da razão desdobra-se em quatro formas de conflitos relativos ao conceito de mundo. O terceiro e mais conhecido desses conflitos concerne à oposição entre liberdade e necessidade, formulando-se da seguinte maneira:

> Tese — A causalidade segundo leis da natureza não é a única a partir da qual os fenômenos do mundo possam ser derivados em conjunto. Para explicá-los é necessário admitir ainda uma causalidade mediante a liberdade.
>
> Antítese — Não há liberdade alguma, mas tudo no mundo acontece meramente segundo leis da natureza.
>
> (*Crítica da razão pura*, p.232 [B 472])

Kant conferiu importância excepcional à descoberta da antinomia da razão, e especialmente dessa terceira, que contém o conceito-chave tanto da metafísica quanto da ética, ao afirmar em uma de suas cartas que deveu a ela a inspiração de escrever a *Crítica da razão pura*. O processo a que, em decorrência, submeteu a metafísica resultou numa autolimitação da própria razão. Foi graças à consciência que a razão tomou dos seus próprios limites que ela se tornou crítica. E foi em consequência dessa consciência que Kant reservou ao entendimento o papel de faculdade de conhecimentos; e, por outro lado, reservou à razão duas funções novas: uma, tornando as ideias metafísicas instrumentos metodológicos de avaliação do progresso da experiência, chamando-as com isso "ideias regulativas"; outra, negando o caráter contraditório das ideias cosmológicas, por exemplo de liberdade e necessidade entre si, pela atribuição de uma dupla significação ao conceito de objeto: como fenômeno e como coisa-em-si, tornando com isso possível a aplicação daquelas ideias à prática moral.

O criticismo kantiano   131

Em certo gênero de seus conhecimentos, a razão humana tem um destino singular: sente-se importunada por questões a que não pode esquivar-se, pois elas lhe são propostas pela própria natureza da razão; mas também não pode resolvê-las, pois ultrapassam toda a capacidade da razão humana.

É sem culpa sua que ela cai nesse impasse. Começa com princípios cujo uso é inevitável no curso da experiência e, ao mesmo tempo, suficientemente comprovado por esta. Com esses princípios ela vai elevando-se gradativamente (como, aliás, é de sua natureza) a condições sempre mais remotas. Mas percebendo que desta forma o seu labor deve sempre permanecer incompleto, porque as questões nunca têm fim, vê-se obrigada a lançar mão de princípios que transcendem todo uso possível da experiência, embora pareçam tão insuspeitos que inclusive a comum razão humana concorda com eles. E assim envolve-se em trevas e incide em contradições; e isso lhe permite inferir que algures, e subjacente a tudo, deve haver erros latentes; mas é incapaz de descobri-los, porque os princípios que emprega já não reconhecem a pedra de toque da experiência, por transcenderem o limite de toda experiência. A arena destas discussões sem fim chama-se *Metafísica*.

(*Crítica da razão pura*, Prefácio à primeira edição. In: *Textos seletos*, Petrópolis, Vozes, 1974, p.10 [A VII])

3. Condições de possibilidade do conhecimento

O estudo das condições *a priori* do conhecimento foi denominado por Kant "transcendental", que nada tem a ver com o "transcendente", mas com aquelas condições que, de parte do sujeito, contribuem constitutivamente para a possibilidade da experiência. A demonstração da necessidade do *a priori* para a experiência ocupou o centro da *Crítica da razão pura* sob o nome de "Dedução transcendental das categorias".

Kant entendeu, pois, o conhecimento como uma complexa ação teórica de identificação objetiva, que, invertendo a perspectiva tradicional, confere ao sujeito uma iniciativa na elaboração do material do conhecimento, segundo certas condições subjetivas que são as faculdades e suas respectivas formas: a sensibilidade com as formas de espaço e tempo, e o entendimento com os conceitos básicos chamados categorias. Mediante a cooperação recíproca dessas faculdades, unificando percepções sob conceitos, o sujeito produz a experiência, que é um conhecimento real e empírico constituído por uma conexão de percepções operada pelo entendimento. Assim, a experiência envolve dados empíricos e elementos *a priori*. Uma faculdade intermediária às duas

132   Curso de filosofia

anteriores, a imaginação, através da produção de imagens puras chamadas esquemas (por exemplo, o número) e graças a uma afinidade com aquelas, realiza a síntese das percepções e permite a aplicação dos conceitos do entendimento a esses produtos da sensibilidade. Vejamolo concretamente: a sensibilidade apresenta-nos dados indeterminados, a imaginação os sintetiza sob o número cinco e o entendimento os identifica como sendo cinco maçãs. É, contudo, problemático pensar essa operação como temporalmente sucessiva.

O conhecimento consuma-se no momento em que percepções e conceitos são relacionados ou reunidos sob a forma de afirmações ou negações num juízo. Por isso, o juízo é dito uma relação objetivamente válida. Só no nível do juízo é que se constituirão objetos, pois antes dele não houve qualquer determinação. Na medida em que a síntese operada no juízo for meramente formal, teremos conhecimento de estruturas da experiência, como o geométrico ou o físico puro. Esse fato implica a distinção de tipos de juízos diversos: juízos *a priori*, que não se fundam imediatamente na experiência, e juízos *a posteriori*, que se fundam imediatamente nela. Mas a diferença básica estabelecida por Kant foi entre juízos analíticos e juízos sintéticos: nos juízos analíticos, a relação entre sujeito e predicado é pensada por identidade e não contradição. Por exemplo, no juízo "Todo solteiro não é casado", penso o predicado já implicitamente no conceito do sujeito e negá-lo tornaria o juízo internamente contraditório. Os juízos analíticos são *a priori*, independem da experiência. Já os juízos sintéticos só podem exercer-se por referência à experiência. Por isso eles aumentam o conhecimento, enquanto os primeiros apenas esclarecem conceitos. A contribuição inovadora de Kant relativamente aos juízos sintéticos foi ter estabelecido, além dos juízos sintéticos *a posteriori* (por exemplo, "o vento derrubou a casa"), a existência de juízos sintéticos *a priori*, que dizem respeito à possibilidade e estrutura geral da experiência e são universais e necessários (por exemplo, "Tudo o que acontece tem sua causa"). Da existência desse tipo de juízos dependeria a possibilidade não só da ciência, mas também da metafísica como ciência. Embora o neopositivismo tenha procurado questionar esse tipo de juízos, a concepção kantiana continua despertando vivo interesse no campo da atual filosofia analítica.

Kant só desenvolveu uma teoria acabada do conhecimento fenomênico ou empírico-natural. Ele não fundamentou, pelo menos na primeira *Crítica*, uma teoria satisfatória do conhecimento da prática humana.

Denominamos *sensibilidade* a *receptividade* de nossa mente para receber representações na medida em que é afetada de algum modo; em contrapartida, denominamos *entendimento* ou *espontaneidade* do conhecimento a faculdade do próprio entendimento de produzir representações. A nossa natureza é constituída de um modo tal que a intuição não pode ser senão *sensível*, isto é, contém somente o modo como somos afetados por objetos. Frente a isso, o *entendimento* é a faculdade de *pensar* o objeto da intuição sensível. Nenhuma dessas atividades deve ser preferida à outra. Sem sensibilidade nenhum objeto nos seria dado, e sem entendimento nenhum seria pensado. Pensamentos sem conteúdos são vazios, intuições sem conceitos são cegas. Portanto, tanto é necessário tornar os conceitos sensíveis (isto é, acrescentar-lhes o objeto na intuição) quanto tornar as suas intuições compreensíveis (isto é, pô-las sob conceitos). Estas duas faculdades ou capacidades também não podem trocar suas funções. O entendimento nada pode intuir e os sentidos nada pensar. O conhecimento só pode surgir da sua reunião.

(*Crítica da razão pura*, op. cit., p.57 [B 75-6])

Não há dúvida de que todo o nosso conhecimento começa com a experiência; do contrário, por meio do que a faculdade de conhecimento deveria ser despertada para o exercício senão através de objetos que toquem nossos sentidos e em parte produzem por si próprios representações, em parte põem em movimento a atividade do nosso entendimento para compará-las, conectá-las ou separá-las e, desse modo, assimilar a matéria bruta das impressões sensíveis a um conhecimento dos objetos que se chama experiência? *Segundo o tempo*, portanto, nenhum conhecimento em nós precede a experiência, e todo o conhecimento começa com ela.

Mas embora todo o nosso conhecimento comece *com* a experiência, nem por isso todo ele se origina justamente *da* experiência. Pois poderia bem acontecer que mesmo o nosso conhecimento de experiência seja um composto daquilo que recebemos por impressões e daquilo que a nossa própria faculdade de conhecimento (apenas provocada por impressões sensíveis) fornece de si mesma, cujo aditamento não distinguimos daquela matéria-prima antes que um longo exercício nos tenha chamado a atenção para ele e nos tenha tornado aptos a abstraí-lo.

(Idem, p.23 [B 1-2])

4. A ação

Kant dedicou três obras ao estudo da ação: escreveu, além da *Crítica da razão prática*, a *Fundamentação da metafísica dos costumes* (1785) e

134   Curso de filosofia

a *Metafísica dos costumes* (1798). Nelas interpretou a prática humana principalmente em suas dimensões normativa e racional. A ação é presidida pela razão, mediante a qual o indivíduo procede conscientemente e estabelece regras de conduta. Se ele se propuser fins empíricos, subjetivos ou particulares, as regras de unificação das ações chamar-se-ão "máximas". Por exemplo, alguém que quer participar mais ativamente da discussão em aula adota como máxima sentar-se sempre na primeira fila. Se o indivíduo se propuser fins morais, a regra de sua ação será praticamente objetiva e chamar-se-á "lei". Por exemplo, socorrer alguém que passa necessidades. É preciso distinguir lei prática de lei natural. Ambas possuem as características básicas da universalidade e da necessidade; mas, enquanto a lei natural é heterônoma ou determinista, a lei prática é livre, denominando-se por isso "autônoma". Lei autônoma significa autodeterminação racional. A lei prática é a forma universal de uma vontade boa. Todavia, pelo fato de o homem ser ao mesmo tempo racional e sensível, ele não segue sempre espontaneamente a lei, isto é, não assume por si só uma forma universal de ação, tomando então a lei para ele um caráter de imperativo. Kant chamou o imperativo moral de "imperativo categórico", pelo fato de reivindicar uma universalização incondicionada de regras moralmente relevantes, e sua formulação mais conhecida é: "Age de tal modo que a máxima de tua ação sempre e ao mesmo tempo possa valer como princípio de uma legislação universal." O imperativo categórico funda-se no princípio da autonomia. A autonomia, isto é, a existência de leis livres, é considerada a grande descoberta da segunda *Crítica*.

A liberdade é o conceito-chave da prática, porque sem ela não existe ação. Inicialmente e de um ponto de vista teórico, Kant entendeu a liberdade como espontaneidade, isto é, como ideia de um início absoluto de uma série causal. Do ponto de vista prático, entendeu-a, negativamente, como independência de determinações empíricas ou estranhas e, positivamente, como autodeterminação.

A liberdade é, em Kant, não só o fundamento da prática, mas de todo o seu sistema crítico, é sua cunha de sustentação.

> Se agora lançarmos um olhar para trás sobre todos os esforços até agora empreendidos para descobrir o princípio da moralidade, não nos admiraremos ao ver que todos eles tinham necessariamente de falhar. Via-se o homem ligado a leis pelo seu dever, mas não vinha à ideia de ninguém que ele estava sujeito *só à sua própria legislação*, embora esta legislação

O criticismo kantiano 135

seja *universal*, e que ele estava somente obrigado a agir conforme a sua própria vontade, mas que, segundo o fim natural, essa vontade era legisladora universal. Porque, se nos limitávamos a conceber o homem como submetido a uma lei (qualquer que ela fosse), esta lei devia ter em si qualquer interesse que o estimulasse ou constrangesse, uma vez que, como lei, ela não emanava da *sua* vontade, mas sim que a vontade era legalmente obrigada por *qualquer outra coisa* a agir de certa maneira. Em virtude desta consequência inevitável, porém, todo o trabalho para encontrar um princípio supremo do dever era irremediavelmente perdido; pois o que se obtinha não era nunca o dever, mas sim a necessidade da ação partindo de um determinado interesse, interesse esse que ora podia ser próprio, ora alheio. Mas então o imperativo tinha que resultar sempre condicionado e não podia servir como mandamento moral. Chamarei, pois, a este princípio, princípio da *Autonomia* da vontade, por oposição a qualquer outro que por isso atribuo à *Heteronomia*.

(*Fundamentos da metafísica dos costumes*. In: *Kant (II)*.
São Paulo, Abril Cultural, 1980, p.138-9 [BA 73])

5. O juízo de gosto

Foi na sua terceira *Crítica*, a *Crítica do juízo*, que Kant articulou sistematicamente as faculdades teórica (entendimento) e prática (razão) mediante uma terceira faculdade, ligada ao sentimento de prazer, o *juízo*. O juízo é uma faculdade de relacionar o geral e o particular, e não se aprende na escola, mas pelo exercício e pelo talento. São as pessoas de bom senso ou de senso comum que melhor sabem exercitá-lo, sobretudo através de exemplos. O juízo pode servir ao conhecimento e à prática pela *determinação* de um caso ou de uma ação sob uma regra. Mas ele é sobretudo uma faculdade de *reflexão*, isto é, de comparar e unir representações dadas. Pelo juízo, a natureza com suas leis especifica-se em leis empíricas, permitindo pensar a experiência num sistema sobre a base de uma *ideia*, a ideia de finalidade: "Final é aquilo cuja existência parece pressupor uma representação dessa mesma coisa." Mediante o conceito de finalidade, o juízo dá unidade subjetiva à natureza: o organismo revela um tal entrelaçamento e reciprocidade das partes que parece fundamentar-se sobre um conceito de fim natural. Na prática humana, as instituições funcionam de modo semelhante aos organismos.

Na arte, o fim anima uma obra, mas ele aí é apenas sentido como base do juízo de gosto, que não o explicita ao afirmar: "A Monalisa é bela." No juízo de gosto, deparamo-nos com uma "finalidade sem fim", isto é, com um objeto cujo fim não é determinado conceitualmente, porque o juízo estético não é um juízo de conhecimento, ou seja, um juízo que expresse uma determinação objetiva, mas um juízo que expressa uma determinação subjetiva: ele expressa o prazer que sentimos diante de uma obra mediante a afirmação de sua beleza. A beleza é o nome do prazer estético, que concerne a uma representação formal e não a um interesse pela *existência* do objeto, com a qual o conceito de interesse sempre se vincula. O juízo estético, ao atribuir o predicado da beleza a um objeto, pretende expressar mediante tal predicado uma universalidade subjetiva de satisfação ante o objeto representado:

> É a capacidade universal de comunicação do estado da mente na representação dada que, como condição subjetiva do juízo de gosto, deve estar no fundamento desse juízo e ter como consequência o prazer face ao objeto.

O juízo de gosto tem por base, não um sentimento privado, que se expressa no agradável, mas um sentimento comum, que se expressa sob a forma de um jogo livre das faculdades da mente, e em que o entendimento — inversamente à relação de conhecimento — se põe a serviço da imaginação. Através dessa expressão, Kant introduz um conceito novo de liberdade, como jogo livre da imaginação.

> Os poderes-de-conhecimento que são postos em jogo por essa representação estão nesse caso em um livre jogo, pois nenhum conceito determinado os restringe a uma regra particular de conhecimento. Portanto, o estado-da-mente nessa representação tem de ser o de um sentimento do livre jogo dos poderes-de-representação em uma dada representação, para um conhecimento em geral. Ora, pertencem a uma representação, pela qual um objeto é dado, para que em geral haja a partir disso conhecimento, *imaginação* para a composição do diverso da intuição e *entendimento* para a unidade do conceito que unifica as representações. Esse estado de um *livre jogo* das faculdades de conhecimento quando de uma representação, pela qual é dado um objeto, tem de poder ser universalmente comunicado; porque conhecimento como determinação do objeto com o qual devem concordar representações dadas (em qualquer objeto que seja) é o único modo-de-representação que vale para todos.

O criticismo kantiano   137

A comunicabilidade universal subjetiva do modo-de-representação em um juízo-de-gosto, uma vez que deve ocorrer sem pressupor um conceito determinado, não pode ser outra coisa que o estado-da-mente no livre jogo da imaginação e do entendimento (na medida em que concordam entre si, como é requerido para um *conhecimento em geral*), na medida em que temos consciência de que esta proporção subjetiva apropriada para o conhecimento em geral tem de valer igualmente para todos e, consequentemente, ser universalmente comunicável, tanto quanto o é cada conhecimento determinado, que sempre repousa sobre essa proporção como condição subjetiva.

Esse julgamento meramente subjetivo (estético) do objeto, ou da representação pela qual é dado, precede o prazer relativo a ele, e é o fundamento desse prazer face à harmonia das faculdades-de-conhecimento; mas é somente sobre aquela universalidade das condições subjetivas do julgamento do objeto que se funda essa validade subjetiva universal da satisfação que vinculamos com a representação do objeto que denominamos belo.

(*Crítica do juízo*, trad. de Rubens Rodrigues Torres Filho.
In: *Kant (II)*, São Paulo, Abril Cultural, 1980, p.220)

6. Sociedade e política

A sociedade supõe um passo racional, pelo qual o homem sai do estado meramente natural e adquire capacidade de determinar livremente o que quer fazer de si. Mas, no nível social, os instintos e o egoísmo continuam presentes, e o homem se debate entre duas tendências conflitantes: perseguir seus interesses particulares, instrumentalizando outros homens a seu serviço, ou, seguindo a razão, socializar-se e moralizar-se. Assim, a sociedade é um lugar onde os homens, pelo talento, a concorrência e a luta, sobrepõem-se uns aos outros e se desenvolvem. O direito regulamenta as relações de propriedade sobre as quais a liberdade humana se concretiza e se limita. Kant, vendo na independência material uma condição universal da liberdade, de fato acabou limitando a cidadania e a autonomia política aos que eram proprietários. Ele tampouco admitiu uma transformação das leis por revolução, mas apenas por reformas sucessivas e mediante o exercício livre e público da crítica, apesar de suas vivas simpatias pelas Revoluções Francesa e Americana. Manifestou-se pelo banimento da guerra e por uma redução progressiva dos exércitos com vistas à criação de

138   Curso de filosofia

uma paz duradoura numa comunidade humana universal fundada no direito e a ser viabilizada através de uma sociedade de nações.

O meio de que a natureza se serve para levar a cabo o desenvolvimento de todas as suas disposições naturais é o seu antagonismo dentro da sociedade, na medida em que este antagonismo acaba por se tornar a causa de uma ordenação regular dessa mesma sociedade.

Por antagonismo entendo eu aqui a *sociabilidade insociável* dos homens, isto é, a sua tendência para entrarem em sociedade, que todavia anda ligada a uma resistência que a todo o momento ameaça dissolver essa mesma sociedade. Esta propensão é manifestamente disposição da natureza humana. O homem tem tendência para se associar, porque nesse estado se sente mais do que um homem, isto é, sente o desenvolvimento das suas disposições naturais. Mas tem também uma grande tendência para se separar (*se isolar*), porque encontra em si, ao mesmo tempo, a particularidade insociável de querer dirigir tudo de acordo somente com o seu desígnio. Daí o esperar resistência de todos os lados, porque sabe por si próprio que por seu turno tem tendência a oferecer resistência aos outros. Ora, é precisamente esta resistência que desperta todas as forças do homem, que o leva a vencer a sua propensão para a preguiça e, levado pela ambição, instinto de domínio e cobiça, a conquistar um lugar entre os seus semelhantes, que ele não *suporta*, mas sem os quais ao mesmo tempo não pode *passar*. Assim se dão agora os primeiros passos verdadeiros, do barbarismo para a cultura, que consiste particularmente no valor social do homem; assim se desenvolvem pouco a pouco todos os talentos, se forma o gosto, e, por um contínuo esclarecimento, se dá início à fundação duma forma de pensar que, com o decorrer do tempo, pode vir a mudar a rude disposição natural para o discernimento moral em princípios práticos determinados, transformando, assim, um acordo *patologicamente* conseguido para a formação duma sociedade, em um todo *moral*.

(*Ideia de uma história universal de um ponto de vista cosmopolita* [1784]. In: P. Gardiner [org.], *Teorias da história*. Lisboa, Fundação C. Gulbenkian, 2.ed., 1974, Quarta Proposição [A 392-3])

Ora, o que o estado do selvagem, desprovido de finalidade, fez, ao entravar primeiro todas as disposições naturais da nossa espécie, embora por fim, devido aos males em que se lançou, a tenha obrigado a sair desse estado e a entrar numa constituição civil, em que todos aqueles germes se podem desenvolver, isso é exatamente o que faz a liberdade bárbara dos estados já estabelecidos: pela aplicação de todas as forças

O criticismo kantiano 139

das comunidades a armarem-se umas contra as outras, pelas devastações que a guerra acarreta mas mais ainda pela necessidade de se manterem constantemente preparadas para ela, o pleno desenvolvimento das disposições naturais é em verdade entravado no seu progresso; mas, em contrapartida, também, os males que daí resultam forçam a nossa espécie a descobrir uma lei de equilíbrio a par deste antagonismo, no fundo salutar, entre muitos estados vizinhos, que provém da liberdade de cada um, a introduzir uma força comum que vem dar ênfase a essa lei, e com ela uma situação cosmopolita de segurança pública entre os estados. Situação essa que não deixa de ter seu perigo, para que as forças da humanidade não adormeçam — mas que não deixa também de ser um princípio de igualdade das suas mútuas *ações e reações*, para que essas forças se não destruam umas às outras. Antes de se dar este último passo (designadamente o da coligação de estados) — quase, portanto, apenas a meio caminho do seu desenvolvimento — a natureza humana sofre os piores dos males, sob a enganosa aparência dum bem-estar exterior; e *Rousseau* não estava assim tão fora da razão ao preferir o estado dos selvagens, contanto que se abstraia desta última etapa, que a nossa espécie ainda tem de vencer. Encontramo-nos *cultivados* em alto grau pela arte e pela ciência. Somos *civilizados*, até ao excesso, para tudo quanto diz respeito à urbanidade e às boas maneiras da sociedade. Mas ainda nos falta muito para nos podermos já considerar *moralizados*. Porque a ideia da moralidade pertence ainda à cultura; mas o emprego dessa ideia, limitado apenas à aparência de moralidade no amor da honra e da decência exterior, constitui apenas a civilização. Mas enquanto os estados continuarem a despender todas as suas forças nos seus vãos e brutais objetivos de expansão, impedindo assim continuamente o lento esforço da formação interna do modo de pensar dos seus cidadãos e privando-os mesmo de todo o apoio nesse sentido, nada de semelhante se poderá esperar, pois para isso é necessária uma longa elaboração interna de cada comunidade, atinente à formação dos seus cidadãos. Porém, todo o bem que não seja enxertado numa boa formação moral não passa de mera aparência e de miséria dourada. Será neste estado que a raça humana permanecerá, enquanto não conseguir laboriosamente sair, pela forma que indiquei, do caótico estado em que se encontram as relações entre Estados.

(Idem, Sétima Proposição [A 402-3])

PALAVRAS-CHAVE

Ação
Forma de proceder mediante conceitos próprios de seres livres.

140   Curso de filosofia

Antlnomia
Conflito de ideias metafísicas acerca do mundo.

A posteriori
Representação empírica.

A priori
Representação necessária e universal, pensada como condição da experiência.

Arbítrio
A consciência da capacidade de executar uma ação, é uma faculdade de agir mediante representações. Os animais possuem arbítrio bruto e o homem, livre-arbítrio, faculdade de agir segundo regras.

Autonomia
A capacidade de determinar-se segundo leis que a própria razão estabelece.

Categoria
O conceito puro do entendimento com a formação de unificar representações num juízo, condição básica de toda predicação empírica.

Conceito
Representação geral do entendimento, destinada a dar unidade às sínteses sensíveis.

Coisa-em-si (ou noumenon)
O objeto da ideia, pensado como existindo e fundamento dos fenômenos, para além da experiência.

Crítica
A atitude ou capacidade de distinguir entre o verdadeiro e o falso, tendo critérios e razões para tal e não aceitando afirmações de outros sem o seu prévio exame.

Dever
É a consciência da necessidade de uma ação por respeito à lei.

Entendimento
A faculdade de conhecimento por excelência, faculdade espontânea de pensar e formar conceitos, voltada para a determinação da experiência.

O criticismo kantiano   141

Esclarecimento
Movimento intelectual do século XVIII (*Aufklärung*, também traduzido por "Iluminismo"); designa uma atitude de maioridade, independência e capacidade de pensar.

Experiência
O conhecimento fenomênico, conexão de percepções produzida mediante o entendimento, conhecimento empírico pela presença dos objetos.

Fenômeno
O objeto do conhecimento sensível, o modo como a realidade nos aparece e é conhecida.

Heteronomia
É a determinação da própria ação por leis estranhas.

Ideia
Representação conceitual e global ou incondicionada da razão, resultante da extrapolação das categorias do entendimento.

Imaginação
A faculdade de reproduzir representações sem a presença do objeto, mas também de produzir imagens puras (de espaço e tempo, figuras geométricas, esquemas) e sínteses; liga entendimento e sensibilidade.

Imperativo
A forma de exigência como se apresenta a lei prática à consciência de um ser racional-sensível, que não a segue sempre espontaneamente.

Interesse
A satisfação que se conecta com a representação da existência de um objeto ou ação, sendo exclusivo de um ser racional-sensível.

Intuição ou *percepção*
A representação particular e imediata sensível.

Lei prática
Regra geral e objetiva da vontade ou razão prática.

142   Curso de filosofia

Liberdade
Espontaneidade de ação, independência de determinações estranhas ou empíricas e autodeterminação; também jogo subjetivo e estético das faculdades.

Máxima
Regra subjetiva de ação própria da faculdade do livre-arbítrio.

Mente
O conjunto das nossas faculdades cognitivas, volitivas e estéticas.

Natureza
O conjunto dos fenômenos regidos por leis; também entendida às vezes como *Providência*.

Objeto
O que não é apenas dado sensivelmente, mas conhecido por determinação conceitual e mediante juízos.

Prático
Tudo o que é possível mediante a liberdade.

Puro
O *a priori* por oposição ao empírico.

Razão
A faculdade humana geral de conhecimentos, mas especificamente a faculdade de princípios e de ideias, e sobretudo a faculdade prática determinante da vontade, razão prática.

Sensação
O estado do sujeito enquanto afetado pela presença de algo empírico; fornece a matéria da intuição.

Sensibilidade
A faculdade receptiva do material fornecido pelas sensações, transformando-o em intuições.

Síntese
A ligação de representações sensíveis pela imaginação, em geral mediante associação.

Transcendental
O conhecimento do *a priori* como condição de possibilidade de outros conhecimentos.

Vontade
A faculdade de agir mediante representações racionais, chamadas regras objetivas ou leis práticas; é uma espécie de causalidade livre de seres racionais.

QUESTÕES

1. Que é metafísica? Ela é um conhecimento objetivo?

2. Que são juízos sintéticos *a priori*? Dê exemplos.

3. Como se relacionam *a priori* e experiência?

4. Transcendental e transcendente são sinônimos?

5. A ação humana é livre?

6. Quais são as condições de reconhecimento de uma bela obra?

7. O homem é um ser social?

8. Como se relacionam sociedade e moralidade?

Capítulo 8

O Positivismo de Comte

Maria Célia Simon*

1. Definição

O positivismo, de acordo com Augusto Comte, não é uma corrente filosófica entre outras, mas a que acompanha, promove e estrutura o último estágio que a humanidade teria atingido, fundado e condicionado pela ciência. Comte usa o termo *filosofia* com o mesmo sentido que lhe atribuía Aristóteles, isto é, como definição do sistema geral do conhecimento humano. E o termo *positivo* significando o *real*, por oposição ao quimérico, o *útil* em oposição ao ocioso, a *certeza* em oposição à indecisão, o *preciso* em oposição ao vago. O termo significa, ainda, o contrário de *negativo* e indica a tendência de substituir sempre o *absoluto* pelo *relativo*. Finalmente, traduz a proposta de organização moral e intelectual da sociedade.

2. Comte e sua época

Augusto Comte (1798-1857) nasceu em Montpellier, França, de família católica e monarquista. Muito cedo vai para Paris — em 1814 — como aluno da Escola Politécnica, onde adquire sólida formação matemática e científica. Aí ocorreram os dois encontros que iriam determinar as duas grandes etapas de sua obra. Em 1817, um ano depois de sair da Escola Politécnica, conheceu H. de Saint Simon (1760-1825), de quem se tornou secretário e colaborador até 1824, quando ocorreu a ruptura definitiva entre os dois pensadores. Foi em Saint Simon que Comte se

---

*   Professora de filosofia da USU.

inspirou para desenvolver muitos aspectos de sua doutrina, notadamente a ideia da criação de uma ciência social e de uma política científica.

O segundo encontro significativo da vida de Comte se deu em 1844, quando, aos 47 anos, conhece uma mulher que viria exercer sobre seus sentimentos, sobre seu pensamento e sobre o estilo de sua obra uma notável influência: Clotilde de Vaux. Apaixonou-se por ela, amando-a platonicamente até sua morte precoce, dois anos mais tarde. Todo o restante da vida e da obra de Comte levariam a marca desse amor, melhor dizendo, dessa veneração, que assumiu um sentido messiânico e religioso.

A influência mais marcante em sua formação foi, entretanto, Condorcet (1743-1794), ao qual Comte se referia como "meu imediato predecessor". De fato, alguns dos pontos fundamentais de sua filosofia — como a ideia de que o *progresso* é uma lei da história da humanidade, a crença na eficácia das ciências da natureza e a possibilidade de criação de uma ciência da sociedade — já haviam sido anteriormente esboçados por Condorcet.

Mas, a rigor, o pensamento de Comte só se torna efetivamente compreensível sobre o pano de fundo da sociedade francesa da primeira metade do século XIX, profundamente abalada pelos conflitos resultantes do processo de transformações econômicas e políticas posteriores à revolução de 1789. Nesse contexto, a filosofia de Comte se inscreve, conscientemente, na onda contrarrevolucionária e ultraconservadora que se seguiu à Revolução Francesa. Nesse sentido, encontramos em sua obra conceitos intimamente ligados à *ordem* e à estabilidade social, como tradição, autoridade, hierarquia, coesao, ajuste, norma, ritual etc.

Sua produção teórica foi intensa, desde os opúsculos da juventude, até os seus volumes do *Curso de filosofia positiva* (de 1830 a 1848), os quatro volumes do *Sistema de política positiva* (de 1851 a 1854), o *Catecismo positivista* (1850), a *Síntese subjetiva* (1856), entre vários outros.

3. A lei dos três estados

Comte afirma "ter descoberto uma grande lei fundamental" segundo a qual o espírito dos indivíduos, assim como a espécie humana e as

146   Curso de filosofia

próprias ciências, descrevem um movimento histórico que atravessa um estado *teológico* e um estado *metafísico* antes de chegar ao terceiro e último estado, o *positivo*, termo fixo e definitivo no qual o espírito humano encontra a ciência.

Estudando, assim, o desenvolvimento total da inteligência humana em suas diversas esferas de atividade, desde seu primeiro voo mais simples até nossos dias, creio ter descoberto uma grande lei fundamental a que se sujeita por uma necessidade invariável, e que me parece poder ser solidamente estabelecida, quer na base de provas racionais fornecidas pelo conhecimento de nossa organização, quer na base de verificações históricas resultantes dum exame atento do passado. Essa lei consiste em que cada uma de nossas concepções principais, cada ramo de nossos conhecimentos, passa sucessivamente por três estados históricos diferentes: estado teológico ou fictício, estado metafísico ou abstrato, estado científico ou positivo. Em outros termos, o espírito humano, por sua natureza, emprega sucessivamente, em cada uma de suas investigações, três métodos de filosofar, cujo caráter é essencialmente diferente e mesmo radicalmente oposto: primeiro, o método teológico, em seguida, o método metafísico, finalmente, o método positivo. Daí três sortes de filosofia, ou de sistemas gerais de concepções sobre o conjunto de fenômenos, que se excluem mutuamente: a primeira é o ponto de partida necessário da inteligência humana; a terceira, seu estado fixo e definitivo; a segunda, unicamente destinada a servir de transição.

No estado teológico, o espírito humano, dirigindo essencialmente suas investigações para a natureza íntima dos seres, as causas primeiras e finais de todos os efeitos que o tocam, numa palavra, para os conhecimentos absolutos, apresenta os fenômenos como produzidos pela ação direta e contínua de agentes sobrenaturais mais ou menos numerosos, cuja intervenção arbitrária explica todas as anomalias aparentes do universo.

No estado metafísico, que no fundo nada mais é do que simples modificação geral do primeiro, os agentes sobrenaturais são substituídos por forças abstratas, verdadeiras entidades (abstrações personificadas) inerentes aos diversos seres do mundo, e concebidas como capazes de engendrar por elas próprias todos os fenômenos observados, cuja explicação consiste, então, em determinar para cada um uma entidade correspondente.

Enfim, no estado positivo, o espírito humano, reconhecendo a impossibilidade de obter noções absolutas, renuncia a procurar a origem e o destino do universo, a conhecer as causas íntimas dos fenômenos,

O positivismo de Comte   147

para preocupar-se unicamente em descobrir, graças ao uso bem combinado do raciocínio e da observação, suas leis efetivas, a saber, suas relações invariáveis de sucessão e de similitude. A explicação dos fatos, reduzida então a seus termos reais, se resume de agora em diante na ligação estabelecida entre os diversos fenômenos particulares e alguns fatos gerais, cujo número o progresso da ciência tende cada vez mais a diminuir.

(Curso de filosofia positiva)

É somente nesse terceiro estado que se realiza o verdadeiro espírito científico ou positivo, espírito que se atém à observação dos fatos, se limita a raciocinar sobre eles e a procurar suas relações invariáveis, quer dizer, suas leis. Vejamos alguns de seus principais aspectos.

3.1. Em primeiro lugar, a partir dos parâmetros estabelecidos pelas escolas *empiristas*, todo conhecimento deve certificar-se de sua validade junto à certeza sensível de uma observação *sistemática*, "primeira condição fundamental de toda especulação científica sadia". Os homens, diz Comte, devem limitar:

... seus esforços ao domínio, que agora progride rapidamente, da verdadeira observação, única base possível de conhecimentos verdadeiramente acessíveis, sabiamente adaptados a nossas necessidades reais.

(Discurso sobre o espírito positivo)

3.2. Todavia, diz Comte, o verdadeiro espírito positivo está tão afastado do *empirismo* — que permanece apenas em uma "estéril acumulação de fatos" — quanto do *misticismo* — que se limita a uma interpretação sobrenatural dos fatos. Ao contrário, inspirando-se nas escolas *racionalistas*, ele afirma que só existe ciência quando se conhecem os fenômenos por suas relações constantes de concomitância e de sucessão — isto é, pelas leis — advindo daí a possibilidade de *previsão racional:*

Nas leis dos fenômenos consiste realmente a *ciência*, à qual os fatos propriamente ditos, em que pese à sua exatidão e ao seu número, não fornecem mais do que os materiais indispensáveis. Ora, considerando a destinação constante dessas leis, pode-se dizer, sem exagero algum, que a verdadeira ciência, longe de ser formada por simples observações, tende sempre a dispensar ... a observação direta, substituindo-a por essa

148   Curso de filosofia

previsão racional que constitui ... o principal caráter do espírito positivo
.... Assim, o verdadeiro espírito positivo consiste sobretudo em *ver para prever*, em estudar o que é a fim de concluir disso o que será, segundo o dogma geral da invariabilidade das leis naturais.

(*Discurso sobre o espírito positivo*)

3.3. Um terceiro aspecto, que se apresenta como consequência dos dois anteriores, a *utilidade* do conhecimento, que se traduz na previsão e controle do fenômeno para a construção da sociedade positiva:

> O destino necessário de todas as nossas especulações sadias deverá conduzir ao aperfeiçoamento contínuo de nossa verdadeira condição individual ou coletiva, em lugar da vã satisfação de uma curiosidade estéril.

(*Discurso sobre o espírito positivo*)

3.4. Desses aspectos, Comte deduz que nosso conhecimento é, em princípio, incompleto e relativo, pois corresponde "à natureza do espírito positivo", relatividade que se opõe às propostas metafísicas de um absoluto:

> Nossas pesquisas positivas devem essencialmente reduzir-se, em todos os gêneros, à apreciação sistemática daquilo que é, renunciando a descobrir sua primeira origem e seu destino final; importa, ademais, sentir que esse estudo dos fenômenos, ao invés de poder de algum modo tornar-se absoluto, deve sempre permanecer relativo à nossa organização e à nossa situação. Reconhecendo, sob esse duplo aspecto, a imperfeição necessária de nossos diversos meios especulativos, percebe-se que, longe de poder estudar completamente alguma existência efetiva, de modo algum poderíamos garantir a possibilidade de constatar assim, ainda que muito superficialmente, todas as existências reais, cuja maior parte talvez deva nos escapar totalmente.

(*Discurso sobre o espírito positivo*)

4. A classificação das ciências

Comte estabeleceu uma classificação das ciências a partir dos seguintes critérios:

a) a ordem cronológica de seu aparecimento;

b) a complexidade crescente de cada uma das ciências;
c) a sua generalidade decrescente;
d) a dependência mútua.

Queremos determinar a dependência real entre os diversos estudos científicos. Ora, essa dependência só pode resultar da dependência dos fenômenos correspondentes.

Considerando sob este ponto de vista todos os fenômenos observáveis, veremos ser possível classificá-los num pequeno número de categorias naturais, dispostas de tal maneira que o estudo racional de cada categoria funde-se no conhecimento das leis principais da categoria precedente, convertendo-se no fundamento do estudo da seguinte. Essa ordem é determinada pelo grau de simplicidade ou, o que vale o mesmo, pelo grau de generalidade dos fenômenos, donde resulta sua dependência sucessiva e, por conseguinte, a facilidade maior ou menor de seu estudo ... . É, portanto, do estudo de fenômenos mais gerais ou mais simples que é preciso começar, procedendo em seguida sucessivamente até atingir os fenômenos mais particulares ou mais complicados; isto se quisermos conceber a filosofia natural de maneira verdadeiramente metódica, pois essa ordem de generalidade ou de simplicidade, determinando necessariamente o encadeamento racional das diversas ciências fundamentais por meio da dependência sucessiva de seus fenômenos, fixa o seu grau de facilidade ... .

Como resultado dessa discussão, a filosofia positiva se encontra, pois, naturalmente dividida em cinco ciências fundamentais, cuja sucessão é determinada pela subordinação necessária e invariável, fundada, independentemente de toda opinião hipotética, na simples comparação aprofundada dos fenômenos correspondentes: a astronomia, a física, a química, a fisiologia e, enfim, a física social. A primeira considera os fenômenos mais gerais, mais simples, mais abstratos e mais afastados da humanidade, e que influenciam todos os outros sem serem influenciados por estes. Os fenômenos considerados pela última são, ao contrário, os mais particulares, mais complicados, mais concretos e mais diretamente interessantes para o homem; dependem, mais ou menos, de todos os precedentes, sem exercer sobre eles influência alguma. Entre esses extremos, os graus de especialidade, de complicação e de personalidade dos fenômenos vai gradualmente aumentando, assim como sua dependência sucessiva. Tal é a íntima relação geral que a verdadeira observação filosófica, convenientemente empregada, ao contrário de vãs distinções arbitrárias, nos conduz a estabelecer entre as diversas ciências fundamentais. Este deve ser, portanto, o plano deste curso.

(Curso de filosofia positiva)

150   Curso de filosofia

A matemática, diz Comte, "é um berço e não um trono". Deve ser considerada por si mesma, como a verdadeira base de toda a filosofia natural, uma espécie de lógica geral de todas as outras. Ademais, acredita ele que todas as ciências passam, também, pelos três estados e, quanto mais simples e geral é uma ciência, tanto mais rapidamente entra no estado positivo. Primeiro a matemática, por último a física social.

5. A sociologia

A física social, ou sociologia, por ser a mais complexa, a menos geral e a mais recente historicamente, é a última das ciências na classificação comtiana. A sua proposta não foi apenas criar uma ciência dos fenômenos sociais, mas estabelecer uma base racional e científica para uma reforma intelectual e moral da sociedade pela instauração do espírito positivo na organização das estruturas sociais e políticas. Dessa forma, a sociologia é a mais importante das ciências, não só porque constitui o resumo e o coroamento das demais que a precedem, mas porque significa o ponto de partida da moral, da política e da religião. Moral, política e religião positivas. Ela compreende duas partes: a) a *estática social*, que estuda a harmonia prevalecente entre as diversas condições da existência e estabelece a *ordem* social; b) a *dinâmica social*, que investiga o desenvolvimento ordenado da sociedade (estuda a lei dos três estados) e estabelece as leis do *progresso*.

> Entendo por física social a ciência que tem como projeto próprio o estudo dos fenômenos sociais, considerados com o mesmo espírito que os fenômenos astronômicos, físicos, químicos e fisiológicos, isto é, como submetidos a leis naturais invariáveis, cuja descoberta é o objetivo especial das suas investigações. Assim, propõe-se explicar diretamente, com a máxima precisão possível, o grande fenômeno do desenvolvimento da espécie humana, visto sob todas as suas partes essenciais; isto é, descobrir através de que encadeado necessário de transformações sucessivas é que o gênero humano, partindo de um estado ligeiramente superior ao das sociedades dos grandes símios, foi, gradualmente, conduzido ao ponto em que hoje se encontra na Europa civilizada. O espírito desta ciência consiste, sobretudo, em ver no estudo aprofundado do passado a verdadeira explicação do presente e a manifestação do futuro. Encarando sempre os fatos sociais, não como objeto de admiração ou

de crítica, mas como objeto, ocupa-se unicamente de estabelecer as suas relações mútuas e de captar a influência exercida por cada um deles sobre o conjunto do desenvolvimento humano.

(*Système de politique positive*, Apêndice)

Em sociologia, a divisão entre o estado estático e o estado dinâmico deve operar-se distinguindo radicalmente, a respeito de cada assunto político, entre o estudo fundamental das condições de existência da sociedade e o das leis de seu movimento contínuo. Essa diferença parece-me ... bastante caracterizada, permitindo-se prever que ... seu desenvolvimento espontâneo poderá dar lugar a dividir habitualmente a Física Social em duas ciências principais ..., estática social e dinâmica social ... o estudo estático do organismo social deve coincidir, no fundo, com a teoria positiva da ordem, a qual, com efeito, somente pode consistir essencial-mente em uma justa harmonia permanente entre as diversas condições de existência das sociedades humanas ... o estudo dinâmico da vida coletiva da humanidade constitui necessariamente a teoria do progresso social que, afastando-se de qualquer vão pensamento de perfectibilidade absoluta e ilimitada, deve naturalmente reduzir-se à simples noção do desenvolvimento fundamental.

(*Curso de filosofia positiva*)

É com a *ordem e o progresso* que Comte procura superar as duas principais correntes políticas de seu tempo. Por um lado, a conserva-dora, que argumentava que os problemas existentes na sociedade ema-navam da destruição da *ordem* anterior — a ordem medieval — e exigiam sua imediata restauração. Por outro, os que afirmavam a ne-cessidade do *progresso,* as correntes originárias das tendências críticas do *Iluminismo*, que consideravam que os problemas advinham do fato de que a ordem anterior não havia sido completamente destruída e que a revolução deveria continuar.

Comte afirma que há um desenvolvimento histórico da sociedade, um progresso da evolução humana (a lei dos três estados), um pro-gresso, entretanto, que em momento algum prescinde da ordem ou carrega em si a possibilidade de alterar os elementos estáticos da sociedade. Sem ordem não há progresso, que não é senão o desenvol-vimento da própria ordem. Para Comte, portanto, há complementari-dade entre *ordem e progresso* e sua proposta será a de uma *síntese* dessas duas ideias visando restaurar a unidade social. Uma das ideias-chave do positivismo será "O amor por princípio, a ordem por base e o progresso por fim".

152   Curso de filosofia

Vimos, pois, abertamente libertar o Ocidente de uma democracia anárquica e de uma aristocracia retrógrada, para constituirmos, tanto quanto possível, uma verdadeira sociocracia, que faça concorrer sabiamente para a regeneração comum todas as forças humanas, aplicadas sempre conforme a natureza de cada uma. Com efeito, sociocratas, não somos nem democratas, nem aristocratas. Aos nossos olhos, a massa respeitável destes dois partidos opostos representa empiricamente, de um lado, a solidariedade, do outro, a continuidade, entre as quais o positivismo estabelece profundamente uma subordinação necessária, que substitui enfim o antagonismo deplorável que as superava mas, conquanto nossa política se eleve igualmente acima destas duas tendências incompletas e incoerentes, estamos longe de aplicar hoje a mesma reprovação aos dois partidos correspondentes ... sempre senti um profundo desprezo pelo que se tem chamado, sob nossos diversos regimes, a oposição, e uma secreta afinidade pelos construtores quaisquer. Aqueles mesmos que queriam construir com materiais evidentemente gastos pareceram-me sempre preferíveis aos meros demolidores .... Apesar do atraso de nossos conservadores oficiais, nossos puros revolucionários se me afiguram ainda mais afastados do verdadeiro espírito de nosso tempo. Estes prolongam obcecadamente, pelo meio do século XIX, a direção negativa que só podia convir ao XVIII, sem resgatarem esta estagnação pelos sentimentos generosos de renovação universal que caracterizaram seus predecessores.

(*Catecismo positivista*)

6. A moral

Os trabalhos de Comte posteriores a seu encontro com Clotilde de Vaux mostram uma mudança no enfoque das questões anteriormente abordadas, e a dimensão afetiva aparece com clareza no conjunto das suas concepções. Na sua busca do caminho para a reforma moral e intelectual da sociedade, Comte se propõe a "construir a nova fé ocidental" e a instituir o sacerdócio definitivo. Ele diz: "numa palavra, a ciência real devia chegar primeiramente à sã filosofia capaz, enfim, de fundar a verdadeira religião".

É nesse contexto que ele fará o anúncio oficial da *moral*, que viria complementar a sociologia em sua escala das ciências e que seria:

De fato, a mais útil de todas as ciências e também a mais completa, ou melhor, a única completa; dado que os seus fenômenos incluem subjetivamente todos os outros, ainda que lhes estejam, por isso mesmo, objetivamente subordinados. O princípio fundamental da hierarquia teórica faz, portanto, prevalecer diretamente o ponto de vista moral como sendo o mais complexo e o mais especial ... . Eis como a moral, concebida como a nossa ciência principal, institui, em primeiro lugar, a Sociologia, cujos fenômenos são ao mesmo tempo os mais simples e os mais gerais, de acordo com o espírito de toda a hierarquia positiva.

(Catecismo positivista)

A moral de Comte é geralmente conhecida por suas teses mais popularizadas: a exaltação do sentimento e do altruísmo (viver para outrem), ou a negação dos direitos em favor dos deveres, ou ainda a crítica à liberdade de consciência. Deveria atuar na organização da nova sociedade tanto no aspecto político quanto no econômico. Com relação à política, a moral positiva deveria despertar nos súditos sentimentos de obediência e sujeição e, nos governantes, responsabilidade no exercício da autoridade. Com relação à área econômica, a moral deveria tornar os ricos perfeitos administradores de seus bens e os pobres dependentes satisfeitos com sua posição social. Ambas as classes "colaborando para a prosperidade, grandeza e realização da humanidade".

Para Comte, nem a economia, nem a política poderiam ser vistas separadamente da moral.

7. Uma nova religião: a religião da humanidade

A preocupação de Comte com a reforma moral e intelectual da humanidade, objetivando a reorganização de toda a sociedade, realiza-se plenamente na nova religião criada por ele, a religião da Humanidade como Grande Ser, que consiste em ordenar cada natureza individual e religar todas as individualidades. Fortemente influenciado pelo modelo do catolicismo romano, com uma teoria dos sacramentos (apresentação, iniciação, admissão, destinação, maturidade, retiro, incorporação), um culto à mulher, inspirado em Clotilde, mas com características do culto à Virgem Maria, e uma rígida centralização em Paris. Formula um novo calendário, cujos meses recebem nomes de grandes figuras da história do pensamento, como Moisés, Descartes etc. Tal como o católico, o calendário positivista tem também os seus dias

154   Curso de filosofia

santos, nos quais se deveriam comemorar obras de Dante, Shakespeare, Adam Smith etc.

O objeto maior de veneração, o Grande Ser, a Humanidade, guarda com o homem uma solidariedade de destino, pois, para sobreviver, cada um necessita do outro. Significa a comunhão de todos os homens, no tempo e no espaço, e encarna:

> O conjunto dos seres humanos, passados, futuros e presentes. Esta palavra *conjunto* indica-vos suficientemente que não se deve por ele entender todos os homens, mas somente aqueles que são realmente assimiláveis, segundo uma verdadeira cooperação na existência comum ... . Ainda que, evidentemente, este Grande Ser ultrapasse toda a força humana, mesmo a coletiva, a sua constituição necessária e o seu próprio destino tornam-no eminentemente simpático para com todos os seus servidores ... . Cada um dos seus verdadeiros elementos comporta duas existências sucessivas: uma objetiva, sempre passageira, em que serve diretamente o Grande Ser, de acordo com o conjunto das preparações anteriores; a outra subjetiva, naturalmente perpétua, em que o seu serviço se prolonga indiretamente, por meio dos resultados que deixa aos seus sucessores. Precisamente falando, cada homem quase nunca pode tornar-se um órgão da Humanidade senão nesta segunda vida. A primeira não constitui realmente senão uma prova destinada a merecer essa incorporação final, que, ordinariamente, não se deve obter senão depois do acabamento da existência objetiva ... . Assim, as existências subjetivas prevalecem necessariamente, e cada vez mais, tanto em número como em duração, na composição total da Humanidade. É sobretudo a este título que o seu poder ultrapassa sempre o de qualquer coleção de individualidades ... . Numa palavra, os vivos são sempre, e cada vez mais, dominados pelos mortos.

> (*Catecismo positivista*)

8. Os impactos do positivismo

8.1. A aceitação, ou não, da obra de Comte como um todo, será a grande linha divisória que irá separar os seus seguidores. De qualquer forma, o positivismo como seita religiosa foi recusado pela maioria, com raras exceções, como Pierre Lafitte (que exerceu grande influência no positivismo da América Latina). Outros, como Littré, Stuart Mill, Spencer, Taine, guardaram do positivismo de Comte, cada um a seu modo, a proposta de uma filosofia e uma metodologia da ciência.

8.2. No século XX, após a Primeira Guerra Mundial, houve um ressurgimento do positivismo através do movimento *neopositivista*, do Círculo de Viena e, posteriormente, do *positivismo lógico*.

8.3. De qualquer modo, as ideias positivistas sobrevivem ainda hoje: a recusa e o desprezo pela metafísica; a valorização extremada do fato, da experiência e da prova; a confiança sem reservas na ciência; o esforço por dar forma "científica" ao estudo dos fenômenos sociais; a proposta de uma sociedade "científica", planejada e organizada, prevista e controlada em todos os seus níveis.

8.4. O positivismo no Brasil

As ideias de Comte encontraram no Brasil solo fértil para seu desenvolvimento. Suas primeiras manifestações datam de 1850, em teses de doutoramento da Escola de Medicina e da Escola Militar, mas só a partir de 1870 a discussão dos temas positivistas deixa a academia e passa a interferir na política.

Também aqui, a variedade e os modos de adesão ao calendário filosófico-religioso de Comte dividem os positivistas. Os religiosos ou *ortodoxos*, seguidores fiéis da doutrina como um todo, representados principalmente por Miguel Lemos e Teixeira Mendes (fundadores da primeira Igreja Positivista do Brasil, no Rio de Janeiro), e os *heterodoxos*, que aceitavam apenas a parte filosófico-científica da obra de Comte, como Luís Pereira Barreto, Alberto Sales, Benjamin Constant, entre outros. E, pode-se falar, ainda, de um positivismo político que se situou basicamente no Rio Grande do Sul, sob a liderança de Júlio de Castilhos, mas que orientou a ação política de setores militares e civis da pequena burguesia em outros pontos do país.

Os positivistas participaram do movimento pela Proclamação da República, em 1889, e na Constituição de 1891, e por sua influência a bandeira brasileira passou a ostentar o lema clássico do positivismo, *Ordem e Progresso*.

PALAVRAS-CHAVE

Positivismo
Palavra que possui um sentido muito amplo, podendo designar seja uma teoria que exclua toda e qualquer negação, toda e qualquer con-

156   Curso de filosofia

tradição e afirme apenas o positivo, o idêntico, seja uma doutrina que considere como objeto do conhecimento positivo somente os dados dos sentidos (como o antigo ceticismo e algumas tendências da Ilustração). Em seu sentido mais estrito, a palavra designa a doutrina e a escola fundada por Augusto Comte, no século XIX. Seu positivismo compreende não só uma teoria da ciência, mas também, e simultaneamente, uma determinada concepção da história e uma proposta de reforma da sociedade e da religião.

Progresso

O progresso é considerado por vários pensadores dos séculos XVIII e XIX — inclusive Comte — como uma lei da história da humanidade, a qual, na medida em que, através da ciência, adquire mais conhecimentos e aperfeiçoa seus meios técnicos, adquire também mais riquezas, mais felicidade e mais segurança. Por isso mesmo, o progresso implica a ideia de que o presente é melhor do que o passado e que o futuro será melhor do que o presente. Para Comte, entretanto, a ideia de progresso está sempre acompanhada da ideia de *ordem*. Para ele, sem ordem não há progresso, que nada mais é do que o desenvolvimento da própria ordem.

Lei dos três estados

Lei fundamental da filosofia de Comte, segundo a qual o espírito dos indivíduos, assim como a espécie humana e as próprias ciências, descreve um movimento histórico que atravessa um estado teológico — no qual o espírito humano acredita que os fenômenos são explicados pela ação de agentes sobrenaturais —, um estado metafísico — no qual os agentes sobrenatuais são substituídos por forças abstratas como explicação dos fenômenos — e finalmente atinge, por necessidade histórica, o estado positivo. É somente nesse terceiro estado que se realiza o verdadeiro espírito científico, o qual se limita à observação dos fatos, a raciocinar sobre eles e a procurar suas relações invariáveis, quer dizer, suas leis.

Ciência

Segundo Comte, ciência é a forma de conhecimento que: (a) se caracteriza pela certeza sensível de uma observação sistemática e pela certeza metódica que garante o acesso adequado aos fenômenos observados; (b) relaciona os fenômenos observados a princípios que permitem

O positivismo de Comte   157

combinar as observações isoladas; (c) investiga os fenômenos buscando suas relações constantes de concomitância e sucessão, isto é, suas leis; (d) é capaz de prever e controlar os fenômenos para a construção da sociedade positiva.

Classificação das ciências
Comte estabelece uma classificação das ciências a partir de certos critérios: (a) a ordem cronológica de seu aparecimento; (b) a complexidade crescente; (c) a generalidade decrescente; (d) a dependência mútua entre os diversos estudos científicos (resultante da dependência dos fenômenos a eles correspondentes). São estas as cinco ciências fundamentais que já atingiram o estado positivo: a astronomia, a física, a química, a fisiologia e a física social ou sociologia.

Sociologia
Também chamada por Comte de física social, por ser a mais complexa, a menos geral e a mais recente historicamente, é a última das ciências que aparecem na classificação de Comte. Estudo dos fenômenos sociais, a sociologia tinha também, para esse autor, a finalidade de estabelecer uma base racional e científica para uma reforma intelectual e moral da sociedade pela instauração do espírito positivo na organização das estruturas sociais e políticas. A sociologia de Comte era dividida em estática — estudo da sociedade em repouso, a *ordem social* — e dinâmica — estudo do desenvolvimento orgânico e ordenado da sociedade, o *progresso social.*

ESTUDOS

Bibliografia
1. COMTE, Auguste. Coleção Os Pensadores, São Paulo, Abril Cultural, 1973.
2. COMTE, Auguste. *Opúsculos de filosofia social*, Porto Alegre, Globo/Edusp, 1972.
3. COMTE, Auguste. *Discurso sobre o espírito positivo.* Porto Alegre, Globo/Edusp, 1976.
4. MORAES, Evaristo de (org.). *Comte.* São Paulo, Ática, 1978.
5. BASTIDE, Paul Arbousse. *Auguste Comte.* Lisboa, Edições 70, 1984.

158 Curso de filosofia

Sobre o positivimo no Brasil

1. BASTOS, Tocary Assis. *O positivismo e a realidade brasileira*. Belo Horizonte, Edições da Revista Brasileira de Estudos Políticos, 1965 (Col. Estudos Sociais e Políticos).
2. CRUZ COSTA, João. *Contribuição à história das ideias no Brasil*. Rio de Janeiro, Civilização Brasileira, 2ª ed., 1967.

QUESTÕES

1. Por que Comte recusa o empirismo como base do espírito positivo?
2. Explique os critérios de Comte para a classificação das ciências.
3. Fale sobre as duas partes da sociologia de Comte, a estática e a dinâmica. Relacione-as com o lema do positivismo, *Ordem e Progresso*.
4. Fale sobre o Grande Ser, objeto maior da veneração da religião positivista.

TEMAS PARA DEBATE

1. As origens contraditórias do positivismo de Comte: as vertentes críticas do Iluminismo e o movimento ultraconservador e romântico do século XIX. A forma pela qual Comte assimilou essas duas vertentes.
2. O caráter da utopia de Comte: uma sociedade idealizada (a sociedade capitalista) à qual ele confere as qualidades de uma sociedade orgânica, historicamente necessária, estágio final e definitivo da evolução da humanidade em direção ao espírito positivo. O progresso, na medida em que é visto como uma *lei* da história humana, legitima a ordem burguesa de seu tempo.
3. A preeminência da teoria no pensamento de Comte, para quem toda mudança social é sempre precedida por uma preparação conceitual, é sempre subordinada a um sistema teórico. A importância da sociologia e da moral como fontes teóricas necessárias para a efetivação da reforma intelectual e moral da sociedade proposta por ele.
4. O positivismo no Brasil e suas três vertentes principais: o religioso, o ilustrado e o político. O positivismo e os militares.

Capítulo 9

HEGEL E A DIALÉTICA

*Franklin Trein**

1. Sua época, sua vida, sua obra

Georg Wilhelm Friedrich Hegel nasceu em Stuttgart, em 1770, e morreu em Berlim, em 1831. Ele foi contemporâneo dos grandes acontecimentos que marcaram a transição do século XVIII ao século XIX. Seus extensos conhecimentos filosóficos e sua cultura permitiram-lhe incorporar à sua obra elementos de uma rica tradição referente aos mais diversos campos do conhecimento.

Dentre os pensadores modernos, Hegel revelou especial interesse por Spinoza, Locke e Hobbes. Mas foram Kant, Fichte e Schelling aqueles com os quais manteve uma discussão filosófica mais intensa e mais fértil.

As influências sofridas por Hegel não vieram só do lado da filosofia. Rousseau e os enciclopedistas emprestaram-lhe temas e argumentos. Da mesma forma a literatura, representada pelo poeta Hölderlin e por Goethe, foi objeto de sua reflexão. Por fim, os grandes eventos históricos de sua época também acabaram incorporados de uma ou outra forma em sua obra, sejam aqueles relativos ao processo político que atravessaram os Estados germânicos, sejam os referentes a outras regiões da Europa ou mesmo ao Novo Mundo.

A vida de Hegel como estudante, professor e filósofo não foi menos agitada e menos tensa do que aquele período de fim e começo de século. Inicialmente ele estudou teologia protestante, vindo a abandonar, mais tarde, a carreira eclesiástica para se dedicar à filosofia. Aos 20

---

*   Professor de filosofia da UFRJ.

160   Curso de filosofia

anos recebeu seu título de mestre na Universidade de Tübingen. Três anos mais tarde, após receber o título de doutor, na mesma Universidade, seguiu para Berna, na Suíça, onde foi exercer a função de preceptor privado. Ainda quando em Tübingen, travou relações com Hölderlin e Schelling. Até 1797, ano de seu retorno à Alemanha, quando foi viver em Frankfurt sobre o Main, o jovem Hegel escreveu quase que exclusivamente sobre questões teológicas. A partir daquela época, seus interesses diversificaram-se. São desse período os primeiros escritos políticos, bem como seus estudos de economia política, de história e cosmologia.

Com uma tese sob o título "Orbitis Planetarum", Hegel ingressou, em 1801, na carreira acadêmica, no cargo de livre-docente da Universidade de Jena. Ali colaborou com Schelling na *Revista Crítica de Filosofia*, foi chefe de redação da *Gazeta de Bamberg* e deu a público a sua primeira grande obra, a *Fenomenologia do espírito*, em 1807. No ano seguinte transferiu-se para Nürnberg, onde ficou até 1816. Em Nürnberg publicou uma *Propedêutica filosófica* e a *Ciência da lógica*. Em 1816, foi nomeado professor de filosofia da Universidade de Heidelberg, onde permaneceu até 1818. Durante os anos passados naquela Universidade, escreveu a mais completa formulação de seu sistema filosófico, ou seja, a *Enciclopédia das ciências filosóficas em compêndio*. Ali deu continuidade ainda a seus trabalhos sobre as constituições dos Estados germânicos.

Chamado a ocupar a vaga deixada pela morte de Fichte (1814) na Universidade de Berlim, Hegel transferiu-se para a capital da Prússia, em 1818, lá permanecendo até sua morte, em 1831. O curso mais relevante ministrado por Hegel em Berlim tratou da filosofia do direito e deu origem à obra *Princípios da filosofia do direito*. Ademais, Hegel ocupou-se de história da filosofia, de estética, de filosofia da religião, de filosofia da história e de questões de filosofia política. Com exceção dos *Princípios*, todos os outros trabalhos só foram publicados após sua morte.

2. A dialética hegeliana

A dialética, como sabemos, não aparece pela primeira vez na obra de Hegel. Já na Antiguidade nós encontramos entre os filósofos gregos a questão da dialética. Como conceito, a dialética significava a arte do diálogo, a arte de discutir. "O que sabe interrogar e responder, não é o que chamamos um dialético?", já perguntava Platão (Platão, *Crátilo*, 390c). Entre os gregos, chamava-se ainda dialética à arte de separar, distinguir as coisas em gêneros e espécies, classificar as ideias para poder discuti-las melhor (cf. Platão, *Sofista*, 253c).

Ao longo da história da filosofia ocidental, o conceito de dialética assumiu significados diversos, que só algumas vezes estiveram relacionados imediatamente com o seu próprio sentido etimológico.

Dos pré-socráticos aos filósofos modernos, o tema da dialética esteve sempre presente entre os grandes pensadores. Foi no entanto com Hegel que ele passou a dominar os diversos momentos da reflexão filosófica, fazendo-se presente em todas as dimensões de seu objeto e de seu discurso. Assim, a dialética está presente na filosofia hegeliana como:

a) *dialética* do ser: "O ser e o nada é um e o mesmo";

b) *dialética* da essência: "A essência é o ser enquanto aparecer [*Scheinen*] em si mesmo";

c) *dialética* do conceito: "O conceito é a unidade [dialética] de ser e essência";

d) *dialética* da relação entre ser, essência e conceito: " ... a essência é a primeira negação do ser, o qual desta forma se torna aparência; o conceito é a segunda, ou a negação dessa negação, isto é, o ser recuperado, porém enquanto infinita mediação e negatividade do mesmo em si próprio";

e) *dialética* do ser, da essência e movimento do conceito: "Transformar-se em outro é o processo dialético na esfera do *ser* e aparecer em outro [é o processo dialético] na esfera da *essência*. O movimento do *conceito* é, pelo contrário, *desenvolvimento*, através do qual ele só se torna aquilo que já contém em si próprio";

f) *dialética* da ideia (absoluta): "A lógica representa assim o movimento próprio da ideia absoluta somente enquanto *palavra* originária, a qual é uma *expressão*, mas uma tal que, como exterior, desaparece imediatamente outra vez nisso que ela é; a ideia é pois para ser *percebida* somente nessa determinação própria, ela existe no *pensamento puro*, no qual a diferença ainda [não tem] nenhum *ser-outro*, senão que é e permanece completamente transparente."

162   Curso de filosofia

3. O pensamento de Hegel

O pensamento de Hegel, já nos seus "escritos de juventude", apresenta o esboço de um grande sistema, capaz de pensar as questões filosóficas fundamentais, herdadas da história da filosofia. Assim, o tema central, que serve de fio condutor de sua reflexão, é a relação entre finito e infinito.

A argumentação hegeliana, dos textos teológicos à filosofia do direito, constrói-se na intenção de explicitar a identidade radical entre realidade e racionalidade. À realidade, porém, deve ser assegurada a multiplicidade de suas determinações, sem que ela deva submeter-se jamais a prejuízos ou limitações provenientes do intelecto. Assim, a dissolução do finito ou infinito se dá em dois momentos. Em um primeiro processo dialético, o infinito, enquanto simples negação do finito, expressa somente a necessidade da superação (dialética) do finito, deixando-o contudo preso às contradições de suas determinações (*Enc.* §94).

Em um segundo processo, o finito, tomado em suas determinações, apresenta-se como negação (de todos os demais finitos excluídos de sua definição) (*Enc.* §86ss.) e o infinito então é um verdadeiro infinito, o qual, em sua oposição ao finito, é negação da negação, constituindo-se dessa forma na efetiva superação da finitude (*Enc.* §95).

Na dialética do finito e do infinito encontra-se resumida toda a crítica de Hegel à tradição metafísica. Expressa-se ali o seu intento de superar os limites da razão pura kantiana, de transpor a fronteira da coisa em si a partir da unidade ontológica fundamental entre ser e pensar.

Ao projeto de Kant de construir uma filosofia do finito, em que ser e dever ser apresentam-se como realidades antitéticas, Hegel, recorrendo ao empirismo, contrapõe sua compreensão de que a filosofia só pode ocupar-se do que *é* — e o que *é* é o *ser*, o *dever ser* é *dever* e não *ser*, portanto ele *não é (Enc.* §38), e do *dever* a filosofia nada tem a dizer.

Não faz sentido à filosofia especular sobre formas de ser que não as do ser mesmo. As ideias da razão não são ideias às quais o ser deva submeter-se, senão que são a realidade expressa em conceitos, portanto a realidade na sua verdade mais própria (*Enc.* §6). A filosofia é a ave de Minerva que alça o seu voo logo ao cair da tarde — ela só pode compreender o ser naquilo que ele é (como realidade já determinada).

Hegel e a dialética   163

A filosofia não pode pretender exercer sobre o real qualquer forma de determinação (*Princípios*, Introdução). Nesse sentido é que a *Fenomenologia do espírito*, por exemplo, deve ser entendida como uma descrição das experiências (já) realizadas pela consciência.

O pensamento hegeliano apresenta-se, assim, como um grande sistema do saber que dá conta das inúmeras dimensões da realidade sem contudo interferir sobre ela.

4. O sistema filosófico hegeliano

Hegel pretendia refletir sobre todas as grandes questões da filosofia. Dessa forma, sua obra está composta por trabalhos relativos aos seguintes temas:

- lógica;
- filosofia da natureza;
- filosofia da espécie;
- filosofia do direito;
- filosofia da história;
- estética;
- filosofia da religião;
- história da filosofia.

O tratamento dedicado por Hegel a cada tema foi bastante diferenciado, como também foi desuniforme a construção interna da análise de cada caso. A lógica e a filosofia do espírito, além de terem sido desenvolvidas no âmbito da *Enciclopédia das ciências filosóficas*, mereceram considerações especiais em textos próprios, ou seja, na *Ciência da lógica* e na *Fenomenologia do espírito*, respectivamente.

O sistema filosófico de Hegel pode ser visto, assim, como constituído de dois pontos de partida distintos: a *Fenomenologia do espírito* e a *Ciência da lógica*.

No caso da *Fenomenologia*, ela é o verdadeiro fundamento de toda a reflexão filosófica, e é também primeira na ordem cronológica das obras de Hegel. Mas não é só isso que lhe dá a condição de base de todo o sistema. A *Fenomenologia* é sobretudo a descrição de uma dialética própria do Espírito que o transporta até o começo do filosofar. Ela constrói o caminho que a consciência humana percorreu para chegar até o espírito absoluto, ou, dito de outra forma, o caminho que o espírito percorreu através da consciência humana para retornar a si

164   Curso de filosofia

mesmo. A dialética, que, em seu processo de conhecimento, parte da certeza sensível da consciência, progride através da autoconsciência da razão até o espírito, é o movimento próprio da consciência finita em busca de sua infinitude.

A interpretação do verdadeiro sentido da *Fenomenologia* não apresentaria tantas dificuldades se Hegel não tivesse retomado a temática dessa obra na construção da *Enciclopédia das ciências filosóficas em compêndios*, lugar em que o seu sistema filosófico recebe o tratamento mais completo e estruturado. Ali a dialética da consciência aparece analisada no contexto da filosofia do espírito, constituindo parte do que Hegel denomina espírito subjetivo. A dificuldade para a compreensão torna-se mais evidente ainda quando, em continuação à discussão da fenomenologia do espírito, na *Enciclopédia*, ele aborda questões que são centrais à *Filosofia do direito*, para concluir a obra retornando à problemática da própria *Fenomenologia*.*

A fenomenologia ou filosofia do espírito, embora tenha recebido tratamentos diferentes quanto à extensão na *Enciclopédia* e na própria *Fenomenologia*, apresenta estruturas muito semelhantes. A fenomenologia, em qualquer das duas obras, apresenta um movimento dialético do espírito que tem como ponto de partida a certeza sensível que progride até o saber absoluto. De início, a realidade imediata, a coisa que se manifesta para a consciência e é experimentada pelos sentidos, aparece como a mais rica em determinações. Em verdade não é assim, e a consciência descobre logo a seguir que tal manifestação do objeto é de todas a mais pobre. A consciência não pode permanecer na intranquilidade e inconsistência do saber sensível. Ela progride para uma nova forma de relação com o mundo, para a percepção. Na percepção, a consciência descobre que o objeto como Uno, ou seja, apreendido na multiplicidade de suas qualidades, supõe a intervenção do eu, de uma consciência que conhece. É a consciência que identifica, que aponta esse objeto, aquele objeto, é ela que na relação de conhecimento diz aqui e agora por oposição a acolá e depois. Na dialética da

---

*   Está fora das pretensões deste texto de apresentação do pensamento de Hegel a discussão das implicações de tal estrutura de sua obra, e menos ainda polemizar com qualquer das interpretações mais divulgadas. A intenção é de tão somente indicar esse aspecto da obra e chamar a atenção para o fato de que tal estrutura por si só já impõe um esforço especial para a compreensão desse filósofo.

certeza sensível, a consciência supera o ouvir, o ver e assim por diante. Como consciência que percebe, ela chega a pensamentos universais incondicionados, os quais a impulsionam para uma nova figura: o entendimento. Ali o objeto se apresenta somente como força; ele é pura manifestação, segundo leis bem determinadas. Mas força não é outra coisa que conceito, pensamento do mundo sensível, reflexão desse mundo sobre si mesmo, mediado pela consciência. Aquele pensamento do mundo sensível, que se manifesta à consciência como o lado vazio desse mundo — o supra-sensível —, torna-se o interior, a essência do mundo em um sistema de leis. Essas leis, leis da experiência, situam-se além dos fenômenos e constituem, assim, a sua própria sustentação.

Mundo sensível e suprassensível, fenômeno e lei identificam-se no conceito. A consciência, através do entendimento, caminha em direção à certeza de si, ao autoconhecimento, à autoconsciência.

As figuras fundamentais da dialética da autoconsciência são a dominação e a servidão, o estoicismo e o empirismo, a consciência infeliz.

Essa última figura representa o momento em que a consciência experimenta a contradição de ser, ao mesmo tempo, consciência do mundo e espírito.

À síntese dialética da consciência e autoconsciência Hegel chama de razão. A consciência considera o objeto como sendo somente um outro que ela, ou seja, um ser-em-si. A autoconsciência é a descoberta do eu de si mesmo, uma descoberta que se faz através do outro. Essa autoconsciência é nesse momento consciência singular. A autoconsciência singular, na sucessão dialética de suas figuras, torna-se universal. O eu que deseja, na dialética do sensível, transforma-se em um eu que pensa. O conteúdo da consciência é agora não só o em-si, o outro, mas ainda o para-si, ela própria. O saber do objeto torna-se saber-de-si e o saber-de-si é então saber do sem-em-si. Pensar e ser, ser e pensar são a mesma coisa, a consciência chegou ao momento de razão — pensar-se a si próprio e pensar o mundo é um e o mesmo ato.

A partir desse momento, a consciência, enquanto razão, passa a pensar a realidade, assumindo todas as consequências dessa sua condição. A razão, através de um movimento que percorre a natureza, a consciência, a ética, a cultura, a moral, a religião e, por fim, a obra de arte, conquista mais e mais a realidade e assim conhece a si mesma chegando à certeza de si — ela se torna saber absoluto.

166 Curso de filosofia

Se entretanto, por motivos didáticos, for tomada a lógica como novo ponto de partida, o esquema de interpretação do pensamento de Hegel é necessariamente outro. A lógica ocupa todo o primeiro volume da *Enciclopédia*, em oposição à fenomenologia do espírito, que ocupa somente parte do terceiro e último volume.

A lógica, para Hegel, é sobretudo a didática do ser; ela é o que o pensamento clássico grego chamaria o *lógos* do *ón*, ou seja, ontologia. Enquanto ontologia, a lógica é a ciência da ideia pura (*Enc.* §19). Ela tem por objeto o pensar, não como simples abstração, pensamento subjetivo, arbitrário, senão que enquanto expressão mais rica do verdadeiro (*Enc.* §19). Assim, a lógica não se ocupa de formas vazias, mas dos conteúdos mais densos e mais complexos — ela é o método próprio da filosofia. A lógica hegeliana é uma lógica dialética que tem como um de seus princípios fundamentais a negação, tomada ela mesma como positiva, ou o que vale dizer que a contradição não se resolve na nulidade, no nada abstrato, senão que pelo contrário, na negação de seu conteúdo determinado pela afirmação de outro conteúdo também determinado. A negação não é negação de todas as coisas, negação absoluta, ela é negação de alguma coisa completamente determinada. A contradição se resolve, assim, não no nada, mas em um resultado. Esse resultado é um conceito, mais rico do que o negado e do que aquele que lhe foi contraposto, na medida mesma em que ele é a unidade das determinações presentes em um e em outro.

Uma ontologia que é método, um método que é ontologia, não significa somente a superação da dicotomia conteúdo e forma, que atravessa todo o saber metafísico; mais do que isso, ela se constitui no fundamento radical de toda a filosofia. Assim, a *Ciência da lógica* é o começo de todo o sistema filosófico de Hegel. A sua construção como fundamento supõe, no entanto, o caminho percorrido pela consciência, descrito na *Fenomenologia* ou no fim da *Enciclopédia*, o que não é uma contradição na concepção hegeliana, senão que um exemplo contundente da estrutura dialética (e circular) de seu sistema.

O tratamento dado por Hegel à lógica apresenta, com respeito à sua distribuição dentro da obra, alguns aspectos comuns à *Fenomenologia do espírito*. Ela encontra-se desenvolvida tanto na *Enciclopédia* como na *Ciência da lógica*. Aqui, como no caso da *Fenomenologia*, Hegel mantém nos dois textos uma estrutura básica fundamentalmente igual, diferenciando um momento do outro pela extensão do tratamento dado a cada um.

A lógica é para Hegel a ciência pura e ela tem como seu suposto a ciência do espírito desvelada — a ciência da consciência, a fenomenologia —, na medida em que esta é responsável pela demonstração da identidade entre pensar e ser.

O ponto de partida da lógica é o puro ser como o conceito mais abrangente, mais abstrato, mais vazio, o ser completamente indeterminado que coincide com o nada. Assim, o começo contém tanto o ser como o nada. O nada não é, porém, um puro nada, ele é nada do ser, ele é um outro que o ser, portanto ele é. Dessa forma, o ser e o nada, do início da lógica, encontram-se em uma unidade dialética, na qual tem origem todo o movimento que progride até em seu ponto final: a ideia absoluta.

Na *Ciência da lógica*, Hegel desenvolve primeiro o que ele chama de lógica objetiva e que tem por conteúdo a doutrina do ser e a doutrina da essência. A lógica subjetiva contém a doutrina do conteúdo.

Para Hegel, o pensamento jamais é formal e só formal. Por conseguinte, a lógica não pode ser senão uma lógica de conteúdo, uma lógica da coisa ela mesma. Assim, ao tratar do Absoluto, ela se constitui, pois, como a ciência do Absoluto, revelação de toda a sua realidade, de sua estrutura e de seu conteúdo.

5. Textos

A seguir, apresentaremos alguns extratos significativos da obra de Hegel.

Sobre o momento histórico de construçao de sua obra, Hegel observa:

> De resto, não é difícil ver que nosso tempo é um tempo de nascimento e de transição para um novo período. O espírito rompeu com o mundo do seu ser aí e do representar, está pronto para enterrá-lo no passado [ele encontra-se] no trabalho de sua transformação. Na verdade, o espírito jamais está em repouso, senão que se acha sempre em movimento progressivo.
>
> ...
>
> Porém esse novo mundo tem tão pouca realidade perfeita quanto a criança que acaba de nascer, e é essencial não descuidar desse aspecto. A primeira apresentação é inicialmente sua imediatidade ou seu conceito. Assim como um edifício não está concluído quando são lançadas as suas

168   Curso de filosofia

fundações, assim o conceito do todo alcançado não é o todo ele mesmo. Quando desejamos ver um carvalho na robustez de seu tronco, na expansão de seus ramos e na massa de sua folhagem, não nos satisfazemos quando, em lugar disso, nos é mostrada uma bolota. Da mesma forma a ciência, a coroa de um mundo do espírito, não é acabada em seu começo. O começo do novo espírito é o produto de uma enorme transformação de diferentes formas de cultura, o prêmio de um caminho sinuoso e de um esforço e empenho igualmente difíceis. Ele [o começo] é o todo que desde a sucessão, bem como de sua expansão, retornou a si, [é] o devido conceito simples do todo. Entretanto, a realidade desse todo simplesmente consiste em que cada uma das formações tornadas momentos se desenvolve outra vez, em seu novo elemento, porém no novo sentido, e assume nova configuração.

(*Fenomenologia*, Prefácio)

Sobre a filosofia do espírito:

O espírito, desenvolvendo-se em sua identidade, é o espírito enquanto *cognocente* (aquele que conhece), contudo o conhecer aqui não é compreendido simplesmente como o é a determinação da ideia enquanto lógica (*Enc.* §223), mas como o espírito *concreto* se determina para ser esse conhecer.

O espírito subjetivo é:

A. *Em si, ou imediatamente;* assim ele é alma ou espírito natural; objeto da *antropologia;*

B. *Para si ou mediatizado,* ainda como reflexão idêntica, em si ou em um outro; o espírito em *relação,* ou particularização;

consciência — o objeto da fenomenologia do espírito;

C. O espírito determinando-se em si mesmo, como sujeito, como sujeito para si, o objeto da psicologia.

Na alma desperta a consciência; a consciência põe-se como razão, que despertou imediatamente para ser a consciência que sabe de si mesma, a qual se liberta através de sua atividade para [ser] objetividade, para [ser] consciência de seu conceito.

(*Enciclopédia das ciências filosóficas* — §387)

Sobre o objetivo da *Fenomenologia do espírito:*

Em minha *Fenomenologia do espírito,* a qual por isso foi chamada quando de sua publicação primeira parte do sistema da ciência, foi tomada como

Hegel e a dialética   169

caminho a partir da primeira, mais simples aparição do espírito, da *consciência imediata*, para desenvolver a dialética da mesma [consciência] até o ponto de vista da ciência filosófica, cuja necessidade será demonstrada através deste desenvolvimento.

(*Enciclopédia das ciências filosóficas* — §25)

Uma definição de ser:

Ser, ser puro — sem qualquer outra determinação. Em sua imediatidade indeterminada, ele [o Ser] é igual somente a si mesmo, não tem nenhuma diferença, seja em seu interior, seja em seu exterior. Não seria mantido em sua pureza se nele se distinguisse qualquer determinação ou conteúdo, ou através do qual ele [o ser] fosse posto diferente de um outro. É a pura indeterminação e o puro vácuo — nele não há *nada* para se intuir, se se pode falar aqui de intuição; ou seja, é somente este puro e vazio intuir em si mesmo. Há nele tão pouco para pensar, isto é, há do mesmo modo só aquele pensar vazio. O Ser, o imediato indeterminado, é, de fato, o *Nada* e não mais nem menos que o Nada.

(*Ciência da lógica*)

Uma definição de Nada:

Nada, o Nada puro; ele é simples igualdade consigo mesmo, vazio perfeito, ausência de determinação e conteúdo, indistinção em si mesmo — na medida em que se possa falar aqui em intuir e pensar, vale como uma diferença se algo ou *Nada* é intuído ou pensado. Intuir ou pensar o Nada tem um significado; ambos são distinguidos, assim o Nada *é* (existe) em nosso intuir ou pensar, ou antes é o intuir e pensar vazios como o Ser puro — o Nada é, por conseguinte, a mesma determinação ou antes ausência de determinação e assim, em geral, o mesmo que é o *Ser* puro.

(*Ciência da lógica*)

O conceito de "*Aufheben*" na dialética do Ser e do Nada:

O este é apresentado pois como *não-este* ou como superado [*aufgeheben*] e assim não simplesmente como Nada, mas como Nada determinado ou um *Nada de um conteúdo*, ou seja, do este. Dessa forma, o sensível é ele mesmo ainda presente, não contudo como ele deveria ser na certeza imediata, como o singular pretendido, mas como universal, ou como isso que se determina como propriedade. O *superar* [*Aufheben*] apresenta o seu sentido duplo verdadeiro, o que vimos no negativo; ele é ao mesmo tempo um negar (*Negieren*) e um conservar (*Aufbewahren*); o Nada, como o *Nada do este*, conserva a imediatidade e é ele próprio sensível, mas [é] uma imediatidade universal.

(Fenomenologia do espírito)

O que se supera [*aufhebet*] não se converte assim em Nada. O Nada é o *imediato*, um superado (*Aufgehabenes*), ao contrário, é um *mediato*, é não existente [*Nichetseiende*], porém como *resultado*, que se originam em um Ser, por conseguinte ele tem ainda em si a determinação de onde se origina.

Superar [*Aufheben*] tem na língua [alemã] um duplo sentido; tanto significa conservar, *manter*, como ao mesmo tempo fazer cessar, *pôr um fim*. O próprio conservar [*Aufbewahren*] contém já em si o negativo, que tira algo de sua imediatidade e assim de um Ser determinado, aberto às influências exteriores, para conservá-lo. Por conseguinte, o superado é simultaneamente o conceito, que perdeu somente a sua imediatidade, mas por causa disso não é destruído.

(Ciência da lógica)

6. Conclusão

O pensamento de Hegel apresenta-se como um grande sistema sem lacunas, completo e perfeito em sua grande estrutura. Perfeito no sentido de que Hegel talvez tenha sido o único filósofo que pretendeu responder a todas as perguntas que se formulou. A crítica à filosofia hegeliana, ao idealismo ali presente, deve ter o cuidado de se pôr em uma perspectiva que lhe permita refutar seu sistema como um todo; de outra forma o esforço crítico não conseguirá apontar muito mais do que ambiguidades ou vazios do discurso.

7. Impacto

A obra de Hegel teve grande repercussão desde que foi publicada a *Fenomenologia do espírito* (1807). Ainda em vida, Hegel pôde experimentar a grande polêmica suscitada por suas ideias filosóficas. Logo se formaram dois grupos entre os seus discípulos, que após sua morte (1831) assumiram contornos ainda mais nítidos e distintos. De um lado, a direita hegeliana, de outro, a esquerda. O primeiro grupo foi representado, entre outros, principalmente por Bauer (1809-1882). O segundo, por Strauss (1808-1874), por Feuerbach (1804-1872).

As influências do pensamento de Hegel não se restringiram a seus assistentes e discípulos, senão que podem ser percebidas nas obras de muitos dos grandes pensadores que contribuíram para a história da filosofia a partir de 1830 até nossos dias.

Entre os mais importantes, pelas implicações políticas que tiveram suas obras, devem ser citados Marx e Engels. Inicialmente, quando ainda estudantes universitários, participaram dos grupos que formavam a chamada esquerda hegeliana em Berlim. Mais tarde, afastados daqueles círculos, tornaram-se críticos contundentes do idealismo de Hegel.

A partir da metade do século XIX, nenhum grande pensador moderno conseguiu pensar filosoficamente sem fazer referência ao hegelianismo, independente do fato de que com isso se tenha aproximado ou se afastado de suas ideias. Nessa medida, a obra de Hegel é para a reflexão filosófica contemporânea um parâmetro obrigatório e uma fonte de inesgotável riqueza.

CONCEITOS HEGELIANOS

Absoluto (Absolute)
"A pura e simples identidade do Absoluto é indeterminada, ou antes nele se dissolveu toda a determinação da essência e da existência ou do Ser em geral, bem como da *reflexão*."
"O Absoluto não deve ser concebido, senão que sentido, intuído."

Conceito (Begriff)
"O conceito é a essência."
"O conceito é o elemento puro do Ser."
"O conceito existente é a Ideia absoluta ou o saber."

Consciência (Bewusstsein)
"A consciência é para si mesma seu conceito."
"A consciência, enquanto entendimento, tem uma relação mediata com o conteúdo da coisa".
"Pelo trabalho a consciência retorna a si mesma."

Autoconsciência (Selbstbewusstsein)
"A autoconsciência é a essência espiritual em seu ser simples — é consciência pura."
"A autoconsciência é a verdade das formas da consciência."

172   Curso de filosofia

Determinação (Bestimmung)
"O conceito é a unidade das determinações."
"A determinação é a determinidade ativa, enquanto Ser-em-si."

Determinidade (Bestimmtheit)
"A determinidade é uma negação."
"Toda determinidade é determinidade como negação de outra determinidade."

Realidade (Wirklichkeit)
"A realidade é a unidade imediata da essência e da existência, do interno e do externo."
"A realidade real é o mundo existente."
"Tudo que tem realidade é um momento do Absoluto."

Ser (Dasein)
"O Ser é qualidade, singularidade determinada, unidade de Ser e Nada."
"O Ser no tempo é uma multiplicidade de opostos em si mesmo."

QUESTÕES

1. No pensamento de Hegel, a dialética aparece de diversas formas. Cite algumas.
2. A dialética para Hegel é síntese; enquanto tal, podemos dizer que ela é um estado, ou seja, a condição que a coisa ou o processo adquire na superação da contradição. A ideia de síntese não é, no entanto, a que melhor expressa, ou pelo menos não expressa completamente, o significado da dialética hegeliana; qual é esse significado?
3. Qual o tema central da obra *Fenomenologia do espírito*?
4. Qual o objeto da lógica hegeliana?
5. Por que, para Hegel, pensar e ser são a mesma coisa?

TEMAS PARA DEBATE

A novidade do pensamento hegeliano dentro da tradição filosófica.
O significado do conceito de dialética para Hegel.
O idealismo na filosofia de Hegel.

Capítulo 10

O MATERIALISMO HISTÓRICO

Wilmar do Valle Barbosa*

1. Definição

O termo materialismo histórico foi utilizado por Friedrich Engels (1820-1895) e posteriormente por Lenin (Vladimir Illich Ulianov — 1870-1924) para designar o método de interpretação histórica proposto por Karl Marx e que consiste em interpretar os acontecimentos históricos como fundados em fatores econômico-sociais (técnicas de trabalho e de produção/relações de trabalho e de produção). O fundamento básico do materialismo histórico está ancorado na perspectiva antropológica marxista, que concebe a natureza humana como sendo intrinsecamente constituída por relações de trabalho e de produção que os homens estabelecem entre si com vistas à satisfação de suas necessidades. Nesse sentido, a tese, segundo a qual as formas historicamente assumidas pelas sociedades humanas dependem das relações econômicas que prevalecem durante as fases que conformam o seu processo de desenvolvimento, constitui uma proposição fundamental para o materialismo histórico.

O termo "materialismo" aplicado ao método proposto por Marx quer indicar que ele se encontra vinculado a uma corrente filosófica que se pode designar genericamente com esse mesmo termo. Usado pela primeira vez por Robert Boyle no seu texto *The Excellence and Grounds of the Mechanical Philosophy*, escrito em 1674, esse termo foi utilizado para designar toda doutrina filosófica que atribui *causalidade* somente à matéria. Dentro, então, dessa perspectiva, o

---

* Professor de filosofia da UFRJ.

174   Curso de filosofia

materialismo histórico, desde o momento em que funda a natureza humana e as formas históricas das sociedades nas relações de trabalho concretas, diversas e mutantes, isto é, materiais, posiciona-se contra o *idealismo* e, por conseguinte, não admite que o "Espírito" (ou as formas ideais/ideativas) possa ser designado como sendo o "princípio" de organização da totalidade social. A dimensão histórica desse materialismo decorre exatamente do fato de ele assumir que a produção historicamente diversa da vida material condiciona, em geral, a produção da vida social, política e espiritual.

2. A época de Marx e de Engels

Karl Marx (1818-1883) e Friedrich Engels nasceram na Alemanha, no seio de sólidas famílias burguesas, sendo o primeiro filho de um Junker liberal que, para ser conselheiro de justiça, teve que se converter ao cristianismo, e o segundo, filho de um industrial fortemente conservador. Engels abraçou o comércio como profissão, ainda que não tivesse muita vocação para isso, e, por conseguinte, a sua relação com a filosofia se deu como uma opção que na verdade não o levou a cursar *formalmente* a universidade. Estudioso de Hegel e de Feuerbach, aproximou-se da obra dos economistas clássicos durante uma estada de trabalho em Manchester (1842-1844). Data de 1844 a publicação, nos *Anais Franco-Alemães*, de seu artigo "Primeiros esboços de uma crítica à economia política", que teve decisiva influência sobre o jovem Karl Heinrich Marx, ex-estudante de direito nas Universidades de Bonn e de Berlim e que obteve o doutorado em filosofia na Universidade de Iena com uma tese intitulada *Diferença entre as filosofias da natureza em Demócrito e Epicuro* (1841).

A juventude de Marx e Engels decorreu em um período da história europeia em que as potências da Santa Aliança* tentavam erradicar da Europa pós-napoleônica todo e qualquer traço da Revolução Francesa (1789). Ao mesmo tempo, assistia-se na Alemanha à emergência de um movimento liberal cujos principais representantes eram os poetas da

---

* Pacto antinapoleônico assinado em 1815 pela Áustria, a Rússia czarista e a Prússia de Frederico-Guilherme III.

"Jovem Alemanha",* entre eles Heinrich Heine e Ludwig Börne. Nos fins de 1830, os "Jovens Hegelianos", grupo ao qual Marx aderiu formalmente durante sua estada na Universidade de Berlim, deram um passo adiante na formação de uma crítica radical. A esse grupo pertenciam Ludwig Feuerbach, Arnold Ruge, Moses Hess e Max Stiner, sendo que o estudo de Spinoza, Leibniz e Hume deu ao jovem Marx elementos para a formulação de um conceito mais avançado de democracia do que o formulado pelos demais radicais da esquerda hegeliana, que, após a morte de Hegel, tentavam usar a dialética contra os elementos conservadores no terreno do ensino, da religião, da política e do direito. A descoberta da economia política, motivada pela leitura do texto de Engels, fez-lhe ver a importância estratégica desse saber, e através da sua crítica pretendeu descobrir a lei econômica que move a sociedade moderna, filha também da Revolução Industrial, cujos efeitos sociais tanto ele quanto Engels não cessaram de criticar. A adoação do ponto de vista radical da democracia foi também fruto do estudo de importantes acontecimentos históricos, como a Revolução Norte-Americana. Esse estudo, associado à descoberta do socialismo utópico,** levou os dois filósofos alemães à conclusão de que o processo democrático culminaria inevitavelmente no comunismo, por meio de uma revolução proletária.

3. Materialismo histórico

Depois de Lenin, a expressão materialismo histórico passou a designar o modo de tratamento dado por Marx às questoes que haviam sido

---

* Movimento político-literário (1830-1840) que surgiu após a revolução de 1830 na França e que se opôs tanto à indiferença "olímpica" à la Goethe quanto ao romantismo místico e conservador da época da Santa Aliança. Propôs o socialismo saint-simoniano, a igualdade dos sexos, a emancipação total dos indivíduos e dos judeus.

** Inicialmente elaborado na França depois do fim do século XVIII, seus principais temas foram a revolução social (Babeuf, 1760-97); a eliminação dos ociosos e da exploração do homem pelo homem, e o ordenamento das instituições com vistas à redenção dos pobres (Saint-Simon, 1760-1825); a cooperativa de consumo e de produção (Robert Owen, Inglaterra, 1771-1858) e a propriedade privada ao lado da criação de cooperativas reguladas pelo Estado (Fourier, Louis Blanc).

176   Curso de filosofia

alvo da atenção dos economistas clássicos.* Estes definiram como objeto de estudo a produção, a distribuição e o consumo das riquezas produzidas em nível nacional, e nesse estudo utilizaram categorias tais como "valor", "propriedade", "trabalho", "população", "nação". Segundo Marx, os economistas concebiam tais categorias como abstrações constituindo "verdades eternas" e, por conseguinte, não percebiam que a produção de uma categoria se dá a partir do real, do concreto que é a produção social da vida.

Parece correto começar pelo real e pelo concreto, que constituem a condição prévia efetiva, tomando, por exemplo, na economia política, a população, que é a base e o sujeito do inteiro ato social da produção. Entretanto, se examinarmos mais atentamente, perceberemos que isso se revela errôneo. A população é uma abstração, se negligencio, por exemplo, as classes sociais das quais ela é composta. Por sua vez, essas classes são uma palavra sem sentido, se por acaso desconheço os elementos sobre os quais elas se fundam, como, por exemplo, o trabalho assalariado, o capital etc. E estes pressupõem a troca, a divisão do trabalho, o preço etc. O capital, por exemplo, sem o trabalho assalariado, sem o valor, o dinheiro, o preço, não é nada.

... O concreto é concreto porque é a síntese de muitas determinações e, portanto, unidade da multiplicidade. É por isso que ele aparece no pensamento como um processo de síntese, como resultado e não como ponto de partida, muito embora seja o verdadeiro ponto de partida e por conseguinte, o ponto de partida da intuição e da representação.

(Marx, *Contribuição à crítica da economia política*, Introdução)

Na sua concepção mais trivial, a distribuição aparece como distribuição de produtos e, assim, como algo afastado da produção, ou seja, quase independente dela. Porém, antes de ser distribuição de produto ela é:

a) distribuição dos instrumentos de produção e

b) distribuição dos membros da sociedade entre os distintos gêneros de produção, o que é uma ulterior determinação da mesma relação (subordinação dos indivíduos a relações de produção determinadas). A distribuição de produtos não é, manifestamente, outra coisa senão um resultado dessa distribuição que se encontra incluída no próprio processo de produção e determina a estrutura da produção. Considerar a produção sem levar em conta essa distribuição que nela se inclui é, evidentemente,

---

*   Adam Smith (1723-90), J.B. Say (1776-1832) e D. Ricardo (1772-1823).

uma abstração vazia. Já a distribuição dos produtos, ao contrário, é dada automaticamente com essa distribuição, que constitui originariamente um momento da produção.

(Marx, *Contribuição à crítica da economia política*, Introdução)

Ao pensarem as categorias de modo abstrato, os economistas constituíram-nas como "racionais" e "universais", muito embora elas tenham sido construídas a partir de uma sociedade historicamente determinada, a sociedade capitalista, cujas características definem um determinado modo de produção. O objetivo da crítica de Marx à economia clássica foi exatamente fundar o tratamento científico das questões elaboradas pelos economistas clássicos. Para tanto, foi necessário construir categorias capazes de dar conta da dimensão particular e especificamente histórica das sociedades capitalistas e de seu modo de produção.

A análise científica do modo de produção capitalista prova que ele é um modo de produção de uma espécie particular, determinada historicamente de maneira específica; prova que ele pressupõe, como todo outro modo de produção definido, um dado nível da produtividade social e das suas formas de desenvolvimento, as quais constituem a sua condição histórica. ... Essa mesma análise prova também que as relações de produção correspondentes a esse modo de produção específico, historicamente determinado — relações que os homens estabelecem no seu processo de vida em sociedade —, possuem um caráter específico, histórico e transitório. Prova, enfim, que as relações de distribuição são por essência idênticas a essas relações de produção ... de modo que ambas possuem o mesmo caráter histórico.

(Marx, *O capital*, III, 1, seção II, cap.XI)

Todos os desenvolvimentos da economia política têm como pressuposto a propriedade privada. Esse pressuposto fundamental possui, para a economia política, o valor de fato inquestionável que ela não submete a nenhuma verificação ulterior ... . A economia política, que toma por relações humanas e racionais as relações da propriedade privada, move-se em uma contínua contradição com o seu pressuposto fundamental, a propriedade privada. Uma contradição análoga àquela em que se encontra o teólogo, o qual interpreta as representações religiosas de modo constantemente humano e justamente por isso se choca frequentemente com seu pressuposto fundamental, a supra-humanidade da religião.

(Marx, *A sagrada família*, cap.IV, "Glossa Marginal crítica nº 1")

178 Curso de filosofia

Marx indica que a satisfação das necessidades humanas não é apenas uma entre outras atividades, mas constitui a "condição fundamental de toda história". Assim, ao transformarem, pela produção, a matéria-prima em matéria humanamente utilizável, os homens não apenas satisfazem necessidades como também engendram *relações sociais*, através das quais se relacionam entre si e com a própria natureza.

> Na produção, os homens não atuam apenas sobre a natureza, mas também atuam uns sobre os outros. Não podem produzir sem se associarem de um certo modo, para atuarem em comum e estabelecerem um intercâmbio de atividades. Para produzir, os homens contraem determinados vínculos e relações sociais, e só através deles se relacionam com a natureza e se efetua a produção. ... As relações sociais que os indivíduos produzem mudam, transformam-se, na medida da mudança e do desenvolvimento dos meios materiais de produção, isto é, das forças produtivas.
>
> (Marx, *Trabalho assalariado e capital*, cap.III)

É preciso notar, no entanto, que os homens não satisfazem suas necessidades, não fazem história segundo um plano preestabelecido ou uma "vontade coletiva". A história se faz segundo "necessidades econômicas" que se impõem sobre todos os "azares".

> Os homens fazem a sua história por si mesmos, porém até o presente não o fizeram conforme uma vontade coletiva, conforme um plano de conjunto e nem sequer dentro do marco de uma sociedade determinada, de contornos precisos. Seus esforços se contrapesam e é justamente por isso que em todas as sociedades desse tipo reina a *necessidade*, da qual o azar é ao mesmo tempo complemento e manifestação. A necessidade que se impõe através de todos os azares continua sendo a necessidade econômica.
>
> (Engels, *Carta a Heinz Starkenburg*, 25/1/1894)

A teoria marxista opõe-se, assim, a toda forma idealista de pensamento, ou seja, àquelas formas que pretendem dar o primado teórico ao "Pensamento", à "Razão", ao "Espírito", vistos como "realidade primeira", em detrimento das relações sociais, particularmente das relações sociais de produção. Nesse sentido, o materialismo histórico afirma que os fenômenos intelectuais, artísticos, políticos e jurídicos constituem uma superestrutura determinada em última instância pela infraestrutura econômica. Assim sendo, os "fatores econômicos" constituem a "realidade primeira". Essa concepção chama-se "materialismo" exatamente porque concebe o elemento material (infraestrutura econômica) como sendo o fundamento. Esse materialismo é "histórico" porque concebe a formação da infraestrutura e do modo de produção como historicamente determinados.

> Na produção social da sua existência, os homens estabelecem determinadas relações, necessárias, independentes da sua vontade, relações de produção que correspondem a um grau determinado de desenvolvimento das suas forças produtivas materiais. O conjunto dessas relações de produção constitui a estrutura econômica da sociedade, a base concreta sobre a qual se eleva uma superestrutura jurídica e política à qual correspondem formas determinadas de consciência social. O modo de produção da vida material condiciona o processo de vida social, política e intelectual em geral.
>
> (Marx, Prefácio à *Contribuição à crítica da economia política*)

> A questão da relação do pensamento ao ser, do espírito à natureza, questão suprema de toda filosofia, tem, como toda religião, suas raízes nas concepções limitadas e ignorantes do período de selvageria ... .
>
> Segundo a resposta que dessem a esta pergunta, os filósofos dividiam-se em dois grandes campos. Os que afirmavam o caráter primordial do espírito em relação à natureza e admitiam, portanto, em última instância, uma criação do mundo de uma ou de outra forma (e para muitos filósofos, como para Hegel, por exemplo, a gênese é bastante mais complicada e inverossímil que na religião cristã), firmavam o campo do idealismo. Os outros, que viam a natureza como o elemento primordial, pertencem às diferentes escolas do materialismo.
>
> (Engels, *Ludwig Feuerbach e o fim da filosofia clássica alemã*, cap.II)

> O regime da produção e a estruturação social que dele necessariamente deriva em cada época histórica constituem a base sobre a qual se assenta a história política e intelectual dessa mesma época.
>
> (Engels, Prefácio à edição alemã de 1883 do *Manifesto do Partido Comunista*)

Ao afirmar que o fator infraestrutural é determinante em última instância, o materialismo histórico não pretende sugerir que o econômico seja o *único* determinante. Além do fato de a produção das ideias e das representações incidir sobre a "atividade material do homem", é

180   Curso de filosofia

preciso também considerar que os fatores superestruturais podem muito bem assumir o primado na determinação da forma das lutas históricas.

> ... Segundo a concepção materialista da história, o fator que, em última instância, determina a história é a produção e a reprodução da vida real. Nem Marx nem eu afirmamos, uma vez sequer, algo mais do que isso. Se alguém o modifica, afirmando que o fato econômico é o único determinante, converte aquela tese numa frase vazia, abstrata e absurda. A situação econômica é a base, mas os diferentes fatores da superestrutura que se levanta sobre ela — as formas políticas da luta de classes e seus resultados, as constituições que, uma vez vencida uma batalha, a classe triunfante redige etc., as formas jurídicas, e inclusive os reflexos de todas essas lutas reais no cérebro dos que nelas participam, as teorias políticas, jurídicas, filosóficas, as ideias religiosas e o desenvolvimento ulterior que as leva a se converterem num sistema de dogmas — também exercem sua influência sobre o curso das lutas históricas e, em muitos casos, determinam sua forma, como fator predominante. ... Nós mesmos fazemos nossa história, mas isso se dá, em primeiro lugar, de acordo com premissas e condições muito concretas. Entre elas, as premissas e condições econômicas são as que decidem, em última instância. No entanto, as condições políticas e mesmo a tradição que perambula como um duende no cérebro dos homens também desempenham seu papel, embora não decisivo.
>
> (Engels, *Carta a Bloch*, 21-22/setembro 1980)

Assim como Hegel,* Marx utiliza o método dialético na construção da sua teoria. Embora não se deva subestimar a importância de Hegel para o pensamento moderno, Marx faz questão de frisar que o seu método dialético é a antítese da dialética hegeliana. Isso porque a dialética na sua forma não mistificada, "racional", tal como ele a usa, é "crítica" e "revolucionária", possibilitando perceber que a realidade é complexa e que não pode ser compreendida, por exemplo, a partir das abstrações dos economistas clássicos, os quais cedem à aparência de oposição que existe entre o consumo e a produção, que na realidade são indissociáveis.

O que distinguia o modo de pensar de Hegel daquele de todos os demais filósofos era o enorme senso histórico que constituía a sua base. Por

---

*   G.W.F. Hegel (1770-1831).

O materialismo histórico   181

mais abstrata e idealista que fosse sua forma, o seu pensamento andava sempre paralelo com o desenvolvimento da história mundial, ... ele foi o primeiro que tentou mostrar que na história existe um desenvolvimento, uma coerência interna ... .

Marx foi o único que pôde realizar a tarefa de extrair o núcleo da lógica hegeliana, onde estavam encerradas as descobertas efetivas de Hegel nesse domínio, bem como o único capaz de reconstruir o método dialético, despojando-o de seu invólucro idealista.

> (Engels, *Segunda recensão à "Contribuição à crítica da economia política"*, de Marx)

Por sua fundamentação, meu método não só difere do hegeliano, mas é também a sua antítese direta. Para Hegel, o processo de pensamento, que ele, sob o nome de ideia, transforma num sujeito autônomo, é o demiurgo do real, real que constitui apenas a sua manifestação externa. Para mim, pelo contrário, o ideal não é nada mais que o material, transposto e traduzido na cabeça do homem.

Há quase trinta anos, numa época em que ela ainda estava na moda, critiquei o lado mistificador da dialética hegeliana. Quando eu elaborava o primeiro volume de *O capital*, epígonos aborrecidos, arrogantes e medíocres que agora pontificam na Alemanha culta, permitiam-se tratar Hegel como o bravo Moses Mendelssohn tratou Spinoza na época de Lessing, ou seja, como um "cachorro morto". ... A mistificação que a dialética sofre nas mãos de Hegel não impede, de modo algum, que ele tenha sido o primeiro a expor as suas formas gerais de movimento, de maneira ampla e consciente. É necessário invertê-la, para descobrir o cerne racional dentro do invólucro místico.

Em sua forma mistificada, a dialética foi moda alemã porque ela parecia tornar sublime o existente. Em sua configuração racional, é um incômodo e um horror para a burguesia e para os seus porta-vozes doutrinários, porque, no entendimento positivo do existente, ela inclui ao mesmo tempo o entendimento da sua negação, da sua desaparição inevitável; porque apreende cada forma existente no fluxo do movimento, portanto também com seu lado transitório; porque não se deixa impressionar por nada e é, em sua essência, crítica e revolucionária.

> (Marx, *O capital*, I, 1, Posfácio à segunda edição)

A produção é, portanto, imediatamente consumo, o consumo é imediatamente produção. Cada um é imediatamente o seu oposto. No entanto, entre os dois se desenvolve ao mesmo tempo um momento mediador. A produção medeia o consumo, para o qual cria o material e cuja ausência significaria ausência de objeto para o consumo. Mas o consumo, por

182   Curso de filosofia

sua vez, medeia a produção, na medida em que cria um sujeito para os produtos que são criados para ele. O produto recebe o seu último *finish* [retoque] no consumo.

(Marx, Introdução à *Contribuição à crítica da economia política*)

4. Trabalho e valor

Como sabemos, a satisfação das necessidades constitui a condição *sine qua non* da história. No entanto, diferentemente dos animais, que para viverem também devem satisfazer suas necessidades, os homens constroem meios (ferramentas, técnica) que lhes permitem realizar esse fim que, uma vez atingido, modifica a própria natureza. Se por um lado a história não obedece a nenhum plano preestabelecido e se dá segundo circunstâncias que são modificadas pelo trabalho humano, este, ao modificar a natureza, modifica o próprio homem. Essa relação dialética homem-trabalho-natureza é designada por Marx com o termo práxis.

Se o homem é formado pelas circunstâncias, torna-se necessário formá-las humanamente; se por natureza o homem é sociável, ele só desenvolve sua verdadeira natureza na sociedade.

(Marx-Engels, *A sagrada família*, cap.V)

Na análise de Marx, o processo de trabalho é concebido como sendo estruturado a partir de três elementos.

Antes de tudo, o trabalho é um processo entre o homem e a natureza, um processo em que o homem, por sua própria ação, medeia, regula e controla seu metabolismo com a Natureza. Ele mesmo se defronta com a matéria natural como uma força natural. Ele põe em movimento as forças naturais pertencentes à sua corporalidade, braços e pernas, cabeça e mãos, a fim de se apropriar da matéria natural numa forma útil para sua própria vida. Ao atuar, por meio desse movimento, sobre a Natureza externa a ele e ao modificá-la, ele modifica, ao mesmo tempo, sua própria natureza. Ele desenvolve as potências nela adormecidas e sujeita o jogo de suas forças a seu próprio domínio. ... Pressupomos o trabalho numa forma em que pertence exclusivamente ao homem. Uma aranha executa operações semelhantes às do tecelão, e a abelha envergonha mais de um arquiteto humano com a construção dos favos de suas colmeias. Mas o que distingue, de antemão, o pior arquiteto da melhor abelha é que ele

O materialismo histórico   183

construiu o favo em sua cabeça, antes de construí-lo em cera. No fim do processo de trabalho, obtém-se um resultado que já no início deste existiu na imaginação do trabalho ... . Ele não apenas efetua uma transformação da forma da matéria natural; realiza, ao mesmo tempo, na matéria natural, seu objetivo, que ele sabe que determina, como lei, a espécie e o modo de sua atividade e ao qual tem de subordinar sua vontade. E essa subordinação não é um ato isolado. Além do esforço dos órgãos que trabalham, é exigida a vontade orientada a um fim, que se manifesta como atenção durante todo o tempo de trabalho ... . Os elementos simples do processo de trabalho são a atividade orientada a um fim ou o trabalho mesmo, seu objeto e seus meios.

(Marx, *O capital*, I, 1, seção III, cap.V)

Marx distingue então:
— Meios de produção: instrumentos
                             ferramentas
                             terra
                             maquinaria
— Trabalho produtivo: atividade (práxis) humana.

O uso e a criação de meios de trabalho, embora existam em germe em certas espécies de animais, caracterizam o processo de trabalho especificamente humano, e Franklin define, por isso, o homem como "*a toolmaking animal*", um animal que faz ferramentas. A mesma importância que a estrutura de ossos fósseis tem para o conhecimento da organização de espécies de animais desaparecidas, os restos dos meios de trabalho têm para a apreciação de formações socioeconômicas desaparecidas. ... Os meios de trabalho não são só medidores do grau de desenvolvimento da força de trabalho humana, mas também indicadores das condições sociais nas quais se trabalha. Entre os meios de trabalho propriamente ditos, os meios mecânicos de trabalho ... oferecem marcas características muito mais decisivas de uma época social de produção do que aqueles meios de trabalho que apenas servem de recipientes do objeto de trabalho ... como, por exemplo, tubos, barris, cestas, cântaros, etc ... .

Além das coisas que medeiam a atuação do trabalho sobre seu objeto ..., o processo de trabalho conta, em sentido lato, entre seus meios, com todas as condições objetivas que são exigidas para que o processo se realize. Estas não entram diretamente nele, mas sem elas ele não pode decorrer ao todo, ou só deficientemente. O meio universal de trabalho desse tipo é a própria terra ... . Meios de trabalho desse tipo, já mediados pelo trabalho, são por exemplo edifícios de trabalho, canais, estradas etc.

184 Curso de filosofia

No processo de trabalho, a atividade do homem efetua, portanto, mediante o meio de trabalho, a transformação do objeto de trabalho, desejada desde o início. O processo extingue-se no produto. Seu produto é um valor de uso; uma matéria natural adaptada às necessidades humanas mediante transformação da forma. O trabalho se uniu com seu objetivo. O trabalho está objetivado e o objeto, trabalhado. ... Considerando-se o processo inteiro do ponto de vista de seu resultado, do produto, aparecem ambos, meio e objeto de trabalho, como meios de produção e o trabalho mesmo como trabalho produtivo.

(Marx, *O capital*, I, 1, seção III, cap.V)

Todo processo de trabalho produz um valor que é inicialmente um *valor de uso*, isto é, algo útil à vida humana, passível de ser trocado por outro valor de uso (por exemplo: uma vestimenta por um sapato). A produção dessas utilidades deve ser avaliada a partir de suas determinações históricas e de acordo com um duplo ponto de vista: segundo sua *quantidade* e segundo sua *qualidade*.

Cada coisa útil, como ferro, papel etc., deve ser encarada sob duplo ponto de vista, segundo a qualidade e segundo a quantidade. Cada uma dessas é um todo de muitas propriedades e pode, portanto, ser útil, sob diversos aspectos. Descobrir esses diversos aspectos e, portanto, os múltiplos modos de usar as coisas é um ato histórico. ... A utilidade de uma coisa faz dela um valor de uso. Essa utilidade, porém, não paira no ar. Determinada pelas propriedades do corpo da mercadoria, ela não existe sem o mesmo. O corpo da mercadoria mesmo, como ferro, trigo, diamante etc., é, portanto, um valor de uso ou um bem. Essa característica não depende do fato de a apropriação de suas propriedades úteis custar ao homem muito ou pouco trabalho. O exame dos valores de uso pressupõe sempre sua determinação quantitativa ... . O valor de uso realiza-se somente no uso ou no consumo. Os valores de uso constituem o conteúdo material da riqueza, qualquer que seja a forma social desta. Na forma de sociedade a ser por nós examinada, eles constituem, ao mesmo tempo, os suportes materiais do valor de troca ... .

Como valores de uso, as mercadorias são, antes de mais nada, de diferente qualidade; como valores de troca, só podem ser de quantidade diferente, não contendo, portanto, nenhum átomo de valor de uso.

(Marx, *O capital*, I, 1, seção I, cap.I)

Por sua vez, o valor de troca é uma forma que a mercadoria assume enquanto relação quantitativa, isto é, como proporção na qual se dá a troca entre os valores de uso. Ele surge com a divisão social do trabalho

O materialismo histórico 185

e como tal tende a eliminar a dimensão de utilidade do produto do trabalho e a reduzir o próprio trabalho a uma dimensão abstrata, indiferenciada.

> O valor de troca aparece, de início, como a relação quantitativa, a proporção na qual valores de uso de uma espécie se trocam contra valores de uso de outra espécie, uma relação que muda constantemente no tempo e no espaço. O valor de troca parece, portanto, algo casual e puramente relativo; um valor de troca imanente, intrínseco à mercadoria (*valeur intrinsèque*), portanto uma *contradictio in adjecto*. Observemos a coisa mais de perto ... .
>
> Deixando de lado então o valor de uso dos corpos das mercadorias, resta a elas apenas uma propriedade, que é a de serem produtos do trabalho. Entretanto, o produto do trabalho também já se transformou em nossas mãos. Se abstraímos o seu valor de seu uso, abstraímos também os componentes e formas corpóreas que fazem dele valor de uso. Deixa já de ser mesa ou casa ou fio ou qualquer outra coisa útil. Todas as suas qualidades sensoriais se apagaram. Também já não é o produto do trabalho do marceneiro ou do pedreiro ou do fiandeiro ou de qualquer outro trabalho produtivo determinado. Ao desaparecer o caráter útil dos produtos do trabalho, desaparece o caráter útil dos trabalhos neles representados, e desaparecem também, portanto, as diferentes formas concretas desses trabalhos, que deixam de se diferenciar um do outro para se reduzir em sua totalidade a igual do trabalho humano, a trabalho humano abstrato.
>
> Consideremos agora o resíduo dos produtos do trabalho. Não restou deles a não ser a mesma objetividade fantasmagórica, uma simples gelatina de trabalho humano indiferenciado, isto é, do dispêndio de força de trabalho humano, sem consideração pela forma como foi despendida. O que essas coisas ainda representam é apenas que em sua produção foi despendida força de trabalho humano, foi acumulado trabalho humano. Enquanto cristalizações dessa substância social comum a todas elas, elas são valores — valores mercantis.
>
> (Marx, *O capital*, I, 1, seção I, cap.I)

O valor de troca do produto do trabalho não reside no objeto produzido, na sua utilidade. Na relação de troca, ele aparece, muito ao contrário, como independente do valor de uso. O que torna possível a troca não é a utilidade, mas sim o fato de os objetos serem produtos do trabalho.

> Na própria relação de troca das mercadorias, seu valor de troca apareceu-nos como algo totalmente independente de seu valor de uso. Abs-

186   Curso de filosofia

traindo-se agora, realmente, o valor de uso dos produtos do trabalho, obtém-se seu valor total como há pouco ele foi definido. *O que há de comum, que se revela na relação de troca ou valor de troca da mercadoria, é, portanto, seu valor.* O prosseguimento da investigação nos trará de volta ao valor de troca, como sendo o modo necessário de expressão ou a forma de manifestação do valor, o qual deve ser, por ora, considerado independentemente dessa forma.

(Marx, O capital, I, 1, seção I, cap.I)

A "grandeza" desse valor de troca é mensurada pelo *quantum* de trabalho que ele contém, sendo que esse trabalho não é o individual, mas sim o trabalho socialmente necessário.

Portanto, *um valor de uso ou um bem possui valor, apenas, porque nele está objetivado ou materializado trabalho humano abstrato. Como medir então a grandeza de seu valor? Por meio do* quantum *nele contido da "substância constituidora do valor", o trabalho. A própria quantidade de trabalho é medida pelo seu tempo de duração, e o tempo de trabalho possui, por sua vez, sua unidade de medida nas determinadas frações do tempo, como hora, dia etc.*

Se o valor de uma mercadoria é determinado pela quantidade de trabalho despendida durante a sua produção, poderia parecer que, quanto mais preguiçoso ou inábil seja um homem, tanto maior o valor de sua mercadoria, pois mais tempo ele necessita para terminá-la. No entanto, o trabalho, o qual constitui a substância dos valores, é trabalho humano igual, dispêndio da mesma força de trabalho do homem. A força conjunta de trabalho da sociedade, que se apresenta nos valores do mundo das mercadorias, vale aqui como uma única e a mesma força de trabalho do homem, não obstante ela ser composta de inúmeras forças de trabalho individuais. ... Tempo de trabalho socialmente necessário é aquele requerido para produzir um valor de uso qualquer, nas condições dadas de produção socialmente normais e com um grau social médio de habilidade e de intensidade de trabalho.

(Marx, O capital, I, 1, seção I, cap.I)

5. O modo de produção capitalista

Esse modo de produção é analisado por Marx a partir do estudo de categorias mais abstratas, como por exemplo de "valor". Cada modo de produção (antigo, escravista, asiático, feudal, capitalista) é constituído pelas forças produtivas e pelas relações sociais de produção a elas

O materialismo histórico   187

relacionadas, e cujo "epicentro" é um determinado tipo de propriedade dos meios de produção. O que caracteriza o modo de produção capitalista é um fato histórico: a separação entre o trabalho livre e a propriedade dos meios de produção, acompanhada da produção de mais-valia e da formação do próprio capital. Surgem então novas classes sociais: o proletariado, despossuído dos meios de produção (inclusive a terra), para viver deve vender sua força de trabalho, na forma de mercadoria, à burguesia proprietária dos meios de produção.

> Se um pressuposto do trabalho assalariado e uma das condições históricas do capital é o trabalho livre e a sua troca por dinheiro a fim de reproduzi-lo e de valorizá-lo, para ser consumido pelo dinheiro como valor de uso não destinado ao desfrutamento, mas sim como valor de uso para o dinheiro, do mesmo modo, outro pressuposto é a separação do trabalho livre com respeito às condições objetivas de sua realização, com respeito ao meio de trabalho e ao material de trabalho. Portanto, antes de tudo, separação do trabalhador com respeito à terra enquanto seu *laboratorium* natural e, consequentemente, a dissolução da pequena propriedade da terra ... .
>
> (Marx, *Elementos fundamentais para a crítica da economia política, 1857-1858*, vol.I, cap.III., "Formas pré-capitalistas de produção")

a) *O capital*

> Dinheiro como dinheiro e dinheiro como capital diferenciam-se por sua forma diferente de circulação.
>
> A forma direta de circulação de mercadoria é M-D-M, transformação de mercadoria em dinheiro e retransformação de dinheiro em mercadoria, vender para comprar. Ao lado dessa forma, encontramos, no entanto, uma segunda, especificamente diferenciada, a forma D-M-D, transformação de dinheiro em mercadoria e retransformação da mercadoria em dinheiro, comprar para vender.* Dinheiro que em seu movimento descreve essa última circulação transforma-se em capital, torna-se capital e, de acordo com sua determinação, já é capital.
>
> (Marx, *O capital*, I, 1, seção II, cap.IV)

A condição para que o dinheiro se transforme em capital é que seu possuidor possa trocá-lo pela capacidade de trabalho de outrem, en-

---

*   Vender mais caro. Na sequência do texto, Marx retoma a fórmula D–M–D, onde D' > D.

188   Curso de filosofia

quanto mercadoria. Portanto, é necessário que a capacidade de trabalho seja colocada à venda, como mercadoria, no processo de circulação

(Max, Introdução à *Contribuição à crítica da economia política*)

Para desenvolver o conceito de capital, é necessário partir do valor e não do trabalho, ou melhor, do valor de troca já desenvolvido no movimento de circulação. É tão impossível passar diretamente do trabalho para o capital como passar diretamente das diversas raças humanas ao banqueiro ou da natureza à máquina a vapor. ... no dinheiro enquanto tal, o valor de troca já adotou uma forma autônoma com respeito à circulação, porém uma forma que, ao ser fixada, revela-se negativa, fudigia ou ilusória. ... Tão logo o dinheiro é posto como valor de troca que não apenas é autônomo com respeito à circulação, mas que só se mantém nela, deixa de ser dinheiro, pois enquanto tal não vai além de sua função negativa: é capital.

(Marx, *Elementos fundamentais para a crítica da economia política*, vol.I, cap.III, "A circulação e o valor de troca surgido da circulação, pressuposto do capital")

b) *Classes sociais*
Como se formam:

No que me concerne, não me cabe o mérito de haver descoberto nem a existência das classes, nem a luta entre elas. Muito antes de mim, historiadores burgueses já haviam descoberto o desenvolvimento histórico dessa luta entre as classes e economistas burgueses haviam indicado sua anatomia econômica. O que eu trouxe de novo foi: 1) demonstrar que a existência das classes está ligada somente a *determinadas fases de desenvolvimento da produção*; 2) que a luta de classes conduz, necessariamente, à ditadura do proletariado; 3) que essa própria ditadura nada mais é que a transição à *abolição de todas as classes e a uma sociedade sem classes* ... .

(Marx, *Carta a Weydemeyer*, 5/3/1852)

Os indivíduos só formam uma classe na medida em que se veem obrigados a sustentar uma luta comum contra outra classe, já que no mais eles se enfrentam uns aos outros, hostilmente, no plano da competência.

(Marx e Engels, *Ideologia alemã*, I Parte, "Feuerbach")

No Estado, corporifica-se diante de nós o primeiro poder ideológico sobre os homens. A sociedade cria um órgão para a defesa de seus interesses comuns, em face dos ataques de dentro e de fora. Esse órgão é o poder do Estado. Mas, apenas criado, esse órgão se torna independente da sociedade, tanto mais quanto mais se vai convertendo em órgão de uma determinada classe e mais diretamente impõe o domínio dessa classe. A luta da classe oprimida contra a classe dominante assume forçosamente o caráter de uma luta política, de uma luta dirigida, em primeiro lugar, contra o domínio político dessa classe; a consciência da relação que essa luta política tem para com sua base econômica obscurece e pode chegar a desaparecer inteiramente.

(Engels, *Ludwig Feuerbach e o fim
da filosofia clássica alemã*, cap.IV)

Os proprietários da simples força de trabalho, os proprietários do capital e os donos da propriedade fundiária, cujas respectivas fontes de renda são o salário, o lucro e a renda fundiária, ou seja, os trabalhadores assalariados, os capitalistas e os proprietários fundiários, constituem as três grandes classes da sociedade moderna, fundada sobre o modo de produção capitalista.

(Marx, *O capital*, III, 3, cap.52)

c) *Uma mercadoria especial: a força de trabalho*

O proletário deve, para sobreviver, vender a sua força de trabalho, a qual, na relação proletariado-burguesia, é considerada como um valor de troca, uma mercadoria. Tal como as demais mercadorias, o valor da força de trabalho é calculado com base no termo de trabalho socialmente necessário para reproduzi-la, isto é, para adquirir os valores de uso necessário à satisfação das necessidades do trabalhador em uma dada época. Aparentemente, o salário do trabalhador parece ser o valor do seu trabalho, ou seja, parece ser uma certa quantidade de dinheiro paga a uma quantidade de trabalho equivalente. Mas, na realidade, as coisas não são bem assim. Essa forma *fenomênica* oculta a forma *real* da relação trabalho-capital e funda as ideias jurídicas burguesas a respeito do trabalho.

Na superfície da sociedade burguesa, o salário do operário *aparece* como *preço do trabalho:* uma determinada quantidade de dinheiro que se paga por uma determinada quantidade de trabalho. Aqui se fala de *valor do trabalho*, cuja expressão monetária chama-se *preço necessário ou natural do trabalho*. Em outra ocasião, fala-se de *preço de mercado do trabalho*, isto é, de preços que oscilam acima ou abaixo do preço necessário do trabalho.

Mas o que é o valor de uma mercadoria? É forma objetiva do trabalho social despendido na sua produção. E mediante o que medimos a *grandeza* do seu valor? Mediante a *grandeza do trabalho* que ela contém.

190   Curso de filosofia

Como, então, seria determinado, por exemplo, o valor de uma jornada de trabalho de 12 horas? Pelas 12 horas de trabalho contidas na jornada de trabalho de 12 horas, o que não passa de uma vã fantologia. ...
Na expressão *"valor do trabalho"*, o conceito de valor não é apenas totalmente obliterado como também é transformado no seu oposto. É uma expressão imaginária, como, por exemplo, *valor da terra*. Todavia, essas expressões imaginárias derivam das mesmas relações de produção. São categorias das *formas fenomênicas* de relações substanciais. ... Vejamos agora, inicialmente, de que modo o valor e o preço da força de trabalho se apresentam na sua *forma transformada de salário*.
É sabido que o valor diário da força de trabalho é calculado sobre um dado período da vida do trabalhador, ao qual corresponde uma dada extensão da jornada de trabalho. Suponhamos que a jornada usual de trabalho seja de 12 horas e que o valor diário da força de trabalho seja de três xelins, expressão monetária de um valor no qual estão representadas seis horas de trabalho. Como o trabalhador recebe três xelins, recebe o valor do funcionamento por 12 horas da sua força de trabalho. Ora, se esse valor diário da força de trabalho é designado como valor do trabalho diário, temos então a fórmula: O trabalho de 12 horas tem um valor de três xelins. O valor da força de trabalho determina, assim, o valor do trabalho, isto é, determina o seu preço necessário, expresso em dinheiro.
Como o valor do trabalho não é senão uma expressão irracional para se designar o valor da força de trabalho, resulta obviamente que o *valor do trabalho deve ser sempre menor do que sua produção de valor*, já que o capitalista faz com que a força de trabalho funcione sempre por um tempo maior do que o necessário para a reprodução do valor da força de trabalho. No exemplo dado, o valor do funcionamento por 12 horas da força de trabalho é de três xelins, valor para cuja reprodução a força de trabalho necessita de seis horas. Ao contrário, a sua produção de valor é de seis xelins, já que na realidade funciona durante 12 horas e a sua produção de valor não depende do valor da força de trabalho, mas da duração temporal da sua função.

(Marx, *O capital*, I, 2, seção VI)

d) *A mais-valia*

O circuito capitalista do dinheiro resume-se na relação dinheiro-mercadoria-dinheiro (D-M-D). A mercadoria comprada é a força de trabalho, isto é, a única mercadoria cujo consumo (trabalho) gera um outro valor de uso (o produto do trabalho). A diferença entre o valor da força de trabalho e o valor do produto do trabalho constitui a mais-valia, sem a qual, a rigor, não existiria o capitalismo. Do ponto de vista do trabalho, a mais-valia corresponde ao mais-trabalho, ou seja, a uma certa quantidade de trabalho excedente que o trabalhador deve despender com vistas à manutenção da sua existência. Esse mais-trabalho é um produto histórico do capital.

A mais-valia é, em geral, um valor acima do equivalente. Equivalente, por definição, é somente a identidade do valor consigo mesmo. Aliás, do equivalente jamais provém a mais-valia, nem tampouco o processo de produção do capital surge, originariamente, da circulação. O mesmo problema pode ser expresso da seguinte maneira: se o trabalhador necessita apenas de meia jornada de trabalho para viver um dia inteiro, para continuar existindo como trabalhador necessita trabalhar apenas meio dia. A segunda metade da jornada de trabalho é trabalho forçado, trabalho excedente. Aquilo que, do ponto de vista do capital, se apresenta como mais-valia, apresenta-se do ponto de vista do trabalhadores exatamente como o mais-trabalho que suplanta a quantidade de trabalho imediatamente necessária à manutenção da condição vital do trabalhador. O grande sentido histórico do capital é o de criar esse *trabalho excedente* ... .

(Marx, *Elementos fundamentais para a crítica da economia política*, 1857-1858, vol.I, cap.III)

A produção de mais-valia, portanto, não é outra coisa senão a produção de valor prolongada além de um certo ponto. Caso o processo de trabalho durasse até o ponto onde a força de trabalho adquirida pelo capital fosse substituída por um equivalente novo, teríamos apenas a produção de valor. Quando ela passa desse limite, temos então a produção de mais-valia.

(Marx, *O capital*, I, 1, seção III, cap.VII)

No curso da produção, a parte do capital que se transforma em meios de produção, isto é, em matérias-primas, matérias auxiliares e instrumentos de trabalho, não modifica a grandeza do seu valor. É por isso que o chamamos parte constante do capital, ou, mais brevemente, capital constante.

Ao contrário do valor, no curso da produção, parte do capital transformado em força de trabalho muda. Ele reproduz seu próprio equivalente e mais um excedente, uma mais-valia que pode ela mesma variar e ser maior ou menor. Essa parte do capital transforma-se constantemente de grandeza constante em grande variável. É por isso que a chamamos de parte variável do capital ou, mais brevemente, capital variável.

(Marx, *O capital*, I, 1, seção III, cap.VIII)

6. Alienação: luta de classes, ideologia

A venda de força de trabalho e a consequente separação entre trabalhador e produto do seu trabalho constitui o processo que Marx designa com o termo *alienação*, anteriormente utilizado por Rousseau e Hegel. Porém, diferentemente desses dois pensadores modernos, Marx entende que a alienação é antes de tudo uma forma de relação historicamente determinada, isto é, uma forma típica da relação capital-trabalho assalariado. Essa relação alienada, além de transformar o trabalho em trabalho forçado, implica também a completa separação entre o homem e a natureza.

> O que requer explicação não é a unidade dos seres humanos, ativos e vivos, com as condições naturais e inorgânicas do seu metabolismo, com a natureza e, por conseguinte, a sua apropriação da natureza ... . O que precisa ser explicado é a separação entre essas condições inorgânicas da existência humana e a existência ativa do seres humanos, a qual é totalmente realizada na relação entre o trabalho assalariado e o capital.
>
> (Marx, *Elementos fundamentais para a crítica da economia política, 1857-1858*, vol.I, cap.III, "Formas pré-capitalistas de produção")

> Em face do produto do seu trabalho, o trabalhador encontra-se na mesma relação que se encontra em face de um objeto estranho. De fato, partindo-se desse pressuposto, é claro que: quanto mais o trabalhador se consome no seu trabalho, mais o mundo estranho, objetivo, que ele cria diante de si, torna-se potente, enquanto ele mesmo se torna mais pobre ... .
>
> Mas a alienação não aparece somente no resultado, mas também no ato da produção, no interior da própria atividade produtiva ... . O trabalho é exterior ao trabalhador, ou seja, ele não pertence à sua essência e nele, portanto, o trabalhador, ao invés de se afirmar, nega-se, não se sente satisfeito, mas infeliz, não desenvolve uma energia espiritual e física livre, mas mortifica seu corpo e destrói o seu espírito ... . Portanto, seu trabalho não é voluntário, mas imposto, é *trabalho forçado*.
>
> (Marx, *Manuscritos econômico-filosóficos de 1844*, I Manuscrito, "O trabalho alienado")

Tudo o que na verdade constitui condição e resultado da natureza interior do homem (a criatividade, o trabalho) aparece na sociedade burguesa e na sua economia como esvaziamento e como alienação.

Que é a riqueza senão a universalidade das necessidades, capacidades, gozos, forças produtivas etc., dos indivíduos, criada no intercâmbio universal? ... Na economia burguesa — e na época de produção que lhe corresponde —, essa elaboração plena da interioridade aparece como pleno esvaziamento, essa objetivação universal aparece como alienação total, e a destruição de todos os objetivos unilaterais determinados aparece como sacrifício do objetivo próprio frente a um objetivo completamente externo.

(Marx, *Elementos fundamentais para a crítica da economia política, 1857-1858*, vol.I, cap.III)

Na medida em que a relação capital-trabalho assalariado implica a existência de duas grandes classes sociais distintas e com interesses contraditórios, a luta de classes torna-se o marco da época burguesa, que tem como uma de suas características principais a simplificação dos antagonismos.

Nossa época, época da burguesia, distingue-se pelo fato de simplificar os antagonismos de classe. Toda a sociedade divide-se cada vez mais em dois campos inimigos, em duas grandes classes diretamente opostas uma à outra: a burguesia e o proletariado.

(Marx, *Manifesto do Partido Comunista*)

Qualquer que seja a produção na qual a classe capitalista, a burguesia, seja de um só país ou de todo o mercado mundial, reparte o benefício bruto da produção, a soma total desse benefício não é outra coisa senão a adição proporcionada pelo trabalho imediato aumentando o trabalho acumulado. Essa soma total aumenta na medida em que o trabalho aumenta o capital, ou seja, na medida em que o lucro aumenta em face do salário. ... No quadro das relações entre capital e trabalho assalariado, os interesses do capital e os interesses do trabalho assalariado são diametralmente opostos.

(Marx, *Trabalho assalariado e capital*, cap.IV)

Nesse contexto, as ideologias funcionam como amálgama da sociedade, criando um senso comum que na verdade mascara a luta de classes. Esse sistema de ideias, forjado pelas classes dominantes, tem como função básica velar o sistema de dominação vigente, mas também funciona como um conjunto de referências para a tomada de consciência. Nesse sentido, a produção das ideologias é algo que deve ser sempre relacionado com o "processo da vida real".

194 Curso de filosofia

A produção das ideias, das representações, da consciência é, em primeiro lugar, diretamente entrelaçada com a atividade material e com as relações dos homens, linguagem da vida real. As representações e os pensamentos, a troca espiritual dos homens aparecem, aqui, ainda como emanação direta do comportamento material deles. ... Os homens são os produtores das suas representações, ideias etc., mas os homens reais, operantes ... . A consciência não pode jamais ser algo diverso do ser consciente e o ser dos homens é o processo real das suas vidas. Se na ideologia os homens e as suas relações aparecem de cabeça para baixo como numa câmara escura, esse fenômeno deriva do processo histórico da vida deles ... .

(Marx e Engels, *Ideologia alemã*, I Parte, "Feuerbach")

A classe que dispõe dos meios de produção material, dispõe ao mesmo tempo dos meios de produção intelectual ... . As ideias dominantes não são outra coisa senão a expressão ideal das relações materiais dominantes, são as relações materiais dominantes na forma de ideias; são, portanto, expressão das relações que justamente fazem de uma classe a classe dominante ... .

(Marx e Engels, *Ideologia alemã*, I Parte, "Feuerbach")

7. O Estado

Segundo Engels, o Estado constitui o "primeiro poder ideológico" e, na era capitalista, cumpre funções visando garantir o bom funcionamento da economia, bem como a defesa da propriedade na sua forma burguesa, isto é, privada. Na realidade, o Estado é a forma de organização que a burguesia se dá no sentido de garantir seus interesses.

No Estado, toma corpo, diante de todos nós, o primeiro poder ideológico sobre os homens. A sociedade cria para si um órgão visando a defesa de seus interesses comuns diante dos ataques de dentro e de fora. Esse órgão é o poder de Estado. Porém, apenas criado, ele se torna independente da sociedade, tanto mais na medida em que se vai convertendo em órgão de uma determinada classe e mais diretamente impõe o domínio dessa classe.

(Engels, *Ludwig Feuerbach e o fim da filosofia clássica alemã*, cap.IV)

A essa propriedade privada moderna corresponde o Estado moderno que, através dos impostos, foi pouco a pouco comprado pelos detentores da propriedade privada, caindo então, por intermédio do sistema de débito público, nas mãos deles. Isso o levou a existir de modo totalmente dependente, seja na alta ou na baixa dos títulos do Estado na bolsa, do crédito comercial que lhe concedem os burgueses detentores da propriedade privada ... . Através da emancipação da propriedade privada da comunidade, o Estado adquiriu uma existência particular, do lado de fora da sociedade civil; mas ele não é senão a forma de organização que necessariamente os burgueses se deram ... com o objetivo de garantir reciprocamente a sua propriedade e seus interesses.

(Marx e Engels, *Ideologia alemã*, I Parte, "Feuerbach")

QUESTÕES

1. Por que o materialismo histórico é materialista?

2. Como os economistas clássicos concebiam o valor?

3. Que é valor de troca?

4. Que é valor de uso?

5. Por que a força de trabalho é uma "mercadoria especial"?

6. Que é mais-valia?

7. Qual é a forma *real* da relação capital-trabalho?

Capítulo 11

O Irracionalismo de Kierkegaard

Leda Miranda Huhne*

1. Definição

O irracionalismo não foi uma corrente filosófica que pretendeu apresentar o ser humano como um ser irracional. Mas foi um movimento que se manifestou com força, no final do século XIX, tendo por objetivo criticar a supremacia da razão, considerada como único instrumento capaz de estabelecer a verdade, principalmente depois da posição assumida por Hegel.

Os pensadores chamados irracionalistas procuraram recolocar a questão da verdade a partir do processo da existência. Nesse sentido, Kierkegaard afirma a importância de viver "uma verdade que seja verdadeira para mim", pela qual seja possível dar a vida e chegar à morte. Durante a sua vida, deu testemunho dessa verdade, tão desesperadamente procurada e tão livremente encontrada.

Mas o movimento irracionalista, liderado por Kierkegaard, não encontrou ressonância na sua época. Só no princípio deste século, com a ocorrência das guerras e o surgimento de novas correntes políticas, ficou clara a desfiguração e a desvalorização do ser humano. Aí, entram em cena e se afirmam os princípios de Kierkegaard no existencialismo.

2. Kierkegaard e sua época

Kierkegaard nasceu em Copenhague na Dinamarca, em 1813. Desde cedo, ficou marcado pelo sentimento religioso da família. Os pais

---

* Professora de filosofia da USU.

idosos, crentes da Igreja Luterana, viviam num clima de angústia em face de Deus. A presença da fé é passada para os filhos como valor principal da vida, fé que se manifesta como dádiva. Desgraçado será todo aquele que não corresponder ao seu apelo. Mas como se dá a relação homem-Deus? Essa é a grande problemática que Kierkegaard perseguirá até a morte, em 1855.

Ele indaga na introdução da obra *Ou ... ou:* será exata a célebre tese filosófica que diz que o exterior é o interior e o interior é o exterior? Haverá transparência? Ou a realidade interior não será uma muralha a desembocar no abismo? Nesse sentido, não é um reflexo especular do mundo, mas um outro mundo que exige um penetrante olhar.

Demorar-se em face do movimento desse mundo foi a sua grande tarefa. Alguns críticos alegam que a sua contínua introspecção chegava a um tal nível de obsessão que revelava uma personalidade doentia. De fato, é difícil separar a doença do seu poder de autoexame.

Mas não é possível separar a obra da sua vida, e os seus livros revelam o caminho que seguiu para compreender o modo de o homem se interrelacionar consigo mesmo, com o mundo e com Deus.

Para Kierkegaard, a existência humana tem por essência a autor-relação. Tudo se processa nessa relação que determina o modo de o homem estar no mundo. Ora numa posição de pura exterioridade, *dimensão estética*, ora numa *dimensão ética* mediando o exterior com o interior, ora numa *dimensão religiosa*, de profunda interioridade, onde o eu se relaciona com Deus.

Essas dimensões correspondem não só às diversas opções feitas pelo ser humano, como também podem ser vistas como fases vividas por Kierkegaard, analisadas e descritas ao longo da sua existência.

Na primeira fase da vida, voltado para a religião, influenciado pela família, tornou-se estudante de teologia na universidade. Como leitor assíduo das obras do momento, da política do liberalismo francês, filosofia e teatro do romantismo alemão, e em contato com a vida da alta sociedade local, ele se sente atraído pelo mundo dos prazeres. Como homem rico, excelente orador, envolve-se no clima social e artístico e não segue a carreira eclesiástica como seu irmão. Pelo contrário, fica noivo, entrega-se à vida estética. As suas experiências aparecem na força dos seus escritos *Ou ... ou*, principalmente na primeira parte do livro *Diário de um sedutor*.

Essa fase estética é ultrapassada "num salto" por Kierkegaard quando este se defronta com o drama religioso que o pai carregara

198   Curso de filosofia

durante a vida; drama de quem amaldiçoou a Deus e se sentiu em desgraça.

Kierkegaard, abatido com a descoberta do sentido trágico do pecado, confessado pelo pai, pouco antes de morrer, entra em profunda angústia que termina no rompimento do seu noivado. É a fase ética, em que ele se encontra dilacerado entre o dever e o prazer. Fase em que escreveu obras como o *Conceito de angústia* e *O desespero humano*.

Durante algum tempo, retira-se para a Alemanha, mas ao voltar para Copenhague se impõe como escritor e filósofo. Todavia não é bem recebido pelo público, na medida em que ataca os pastores e políticos locais, através de artigos em jornal. Critica principalmente a falta de religiosidade do clero da Igreja Luterana e a influência negativa de Hegel no meio intelectual.

Como contrapartida, recebeu violentos ataques da imprensa, quer à sua obra, quer à sua vida. E é na profunda solidão que Kierkegaard experimenta a fase religiosa, até a morte. E na obra *Temor e tremor* há um Kierkegaard inteiramente devotado às questões da fé.

Destacamos três obras para estudarmos questões que aparecem nas três dimensões da existência:

I) a dimensão estética: a questão do prazer — *Diário de um sedutor;*

II) a dimensão ética: a questão da liberdade — *O desespero humano;*

III) a dimensão religiosa: a questão da fé — *Temor e tremor.*

3. As dimensões da existência

3.1. Dimensão estética

Hoje, estamos acostumados a lidar com conhecimentos sobre o prazer, o corpo e a sexualidade devido à divulgação dos estudos das ciências humanas. Mas Kierkegaard toca nesse assunto numa época de muito desconhecimento e repressão. No entanto, explora essas questões filosoficamente, mostrando que a questão do prazer não passa só pelo campo do gozo e das sensações. Deve ser principalmente encarada como produto de uma opção de vida. Mas, para isso, requer qualidades estéticas e compreensão do relacionamento amoroso.

É na obra *Ou ... ou* que ele conta a história de um editor que encontrou numa velha escrivaninha um conjunto de manuscritos, de um esteta e de um moralista. O primeiro a exaltar o prazer, o outro a defender o dever.

Na primeira parte do livro *Diário de um sedutor*, ele trata de acompanhar os passos do sedutor no processo da conquista. Ele se baseia na ópera *D. Giovanni* de Mozart, ária nº 4 — "Sua paixão predominante é a jovem debutante".

> ... Devo confessar ter compreendido, após a primeira vista de olhos lançada ao diário, que o título foi escolhido com grande soma de gosto e compreensão, testemunhando, sobre ele próprio e sobre a situação, uma real superioridade estética e objetiva. Este título está em perfeita harmonia com o conteúdo. A sua vida foi uma tentativa constante para realizar a tarefa de viver poeticamente. Dotado de uma capacidade extremamente evoluída para descobrir o que de interessante existe na vida, soube encontrá-lo e, tendo-o encontrado, soube sempre exprimir o que vivera com uma veia quase poética.
>
> (Kierkegaard, *Diário de um sedutor*)

Mas o que caracteriza o livro é a descrição da vida do jovem sedutor Johannes, a acompanhar furtivamente os passos da jovem Cordelia. Para participar da sua vida, faz-se amigo do namorado da jovem e também da velha tia. Ele se insinua na casa da moça e, de modo sutil, se interpõe entre os jovens que tinham acabado de ficar noivos. Na surdina, intensifica o processo de sedução, até a jovem desmanchar o noivado e se encontrar disponível à sua conquista. Mas que se passa nessa fase, senão um jogo entre amor e ódio, entre presença e abandono para senti-la presa de seu amor, para fazê-la sucumbir de paixão? Até a hora da entrega e da ruptura. Hora de acabar uma conquista e recomeçar. Quem é o sedutor Johannes? É um poeta dotado de grande exuberância de vida, capaz de usufruir o mundo estético. Vive em troca permanente com o mundo, a colher a beleza e a desenvolvê-la em forma de poesia.

> Mas como explicar então que no diário tenha uma feição de tal modo poético? A resposta não apresenta dificuldades, resultando de possuir ele, na sua pessoa, uma natureza poética que não era, se o quiserem, nem suficientemente rica nem suficientemente pobre para distinguir entre a poesia e a realidade. O tom poético era o excedente fornecido por ele próprio. Esse excedente era a poesia cujo gozo ele ia colher na situação poética da realidade, que retomava sob a forma de reflexão

200 Curso de filosofia

poética. Era esse o seu segundo prazer, e o prazer constituía a finalidade de toda a sua vida. Primeiro gozava pessoalmente a estética, após o que gozava esteticamente a sua personalidade. Gozava, pois, egoisticamente, ele próprio, o que a realidade lhe oferecia, bem como aquilo com que fecundava essa realidade; no segundo caso, a sua personalidade deixava de agir, e gozava a situação, e ela própria na situação. Tinha a constante necessidade, no primeiro caso, da realidade como ocasião, como elemento; no segundo caso, a realidade ficava imersa na poesia. O resultado da primeira fase era, pois, o estado de espírito, de onde surgiu o diário como resultado da segunda fase, tendo essa palavra um sentido um tanto diferente nos dois casos. Graças à ambiguidade em que decorria a sua vida, sempre ele esteve sob o império de uma influência poética.

(Kierkegaard, *Diário de um sedutor*)

O sedutor é alguém que busca o prazer como sentido de vida, mas não qualquer prazer. Somente o prazer que provoca o amor, amor que não se satisfaz apenas com a posse, mas com a posse da mente e da liberdade alheias. O sedutor age como um ator que representa um papel que ele mesmo desenvolve, etapa por etapa, à luz da razão. Com a sua presença estudada, invade o campo dos sentidos, da imaginação e da memória. E Cordelia, como presa nas malhas da sedução, perde o juízo e age como uma obsedada.

Mas ele justifica o seu agir, alegando que não pretende prejudicar a jovem, se causa sofrimento é para o seu próprio bem, no sentido de fazê-la crescer na compreensão dos seus sentimentos.

Eu sou um esteta, um erótico que aprendeu a natureza do amor, a sua essência, que crê no amor e o conhece a fundo, e apenas me reservo a opinião muito pessoal de que uma aventura galante só dura, quando muito, seis meses, e que tudo chegou ao fim quando se alcançam os últimos favores; sei tudo isso, mas sei também que o supremo prazer imaginável é ser amado, ser amado acima de tudo. Introduzir-se como um sonho na imaginação de uma jovem é uma arte, sair dela, uma obra-prima. Mas esta depende essencialmente daquela.

(Kierkegaard, *Diário de um sedutor*)

É pois agora que começa a primeira guerra com Cordelia, guerra em que bato em retirada e a ensino assim a vencer, perseguindo-me. Continuarei a recusar, nesse movimento de retirada, ensiná-la-ei a reconhecer, agindo sobre mim, todas as potencialidades do amor, os seus pensamentos inquietos, a sua paixão, o que são o desejo, a esperança e a espera impaciente. Representando-os assim para ela, nela faço nascer e desenvolverem-se todos esses estados ... . A cada um dos meus movimentos se torna ela mais e mais forte; nela nasce o amor, e ela é investida da dignidade de mulher.

(Kierkegaard, *Diário de um sedutor*)

Quem é a jovem "debutante" Cordelia?

É uma jovem que se caracteriza por uma bela aparência, de tal modo que provoca com a sua simples presença um prazer estético. Ela é puro adorno a despertar desejos. Mas o que a torna atraente é a sua ignorância em face do mundo e de si mesma. Ela percebe o jogo da sedução, mas é presa fácil dos artifícios porque só sabe jogar com as armas do seu corpo. A sua linguagem pobre revela a sua incapacidade de reflexão. E mais, revela que ela não apreende a argumentação, propositalmente contraditória, que o sedutor emprega para embaraçá-la. Em muitos momentos, Kierkegaard expressa o seu preconceito em relação à inteligência da mulher. Não questiona se a sua incapacidade intelectual é consequência de fatos históricos e culturais, mas a apresenta como um fator de ordem natural. Ela é feita tão precariamente que só pode existir na relação com o homem, e a ele cabe o papel de ajudá-la a amadurecer como pessoa.

A mulher, eternamente rica de dons naturais, é uma fonte inesgotável para os meus pensamentos, para as minhas observações. Aquele que não sente a necessidade desse gênero de estudos poderá orgulhar-se de ser, neste mundo, tudo que quiser, à exceção de uma coisa: não é um esteta. O esplendor, o divino da estética, reside precisamente em se ligar apenas ao que é belo; no seu âmago, ela apenas se ocupa das belas-artes e do belo sexo.

(Kierkegaard, *Diário de um sedutor*)

Essa existência da mulher (existência é já demasiado, pois ela não existe em si própria) é corretamente expressa pela palavra: graça, que recorda a vida vegetativa; como os poetas gostam de o dizer, ela assemelha-se a uma flor, e a própria espiritualidade tem nela um caráter vegetativo. Encontra-se completamente sob a determinação da natureza e, consequentemente, só esteticamente é livre. Num sentido mais profundo, apenas se torna livre através do homem, e por isso o homem lhe pede a mão e se diz que a liberta. Se não há por parte do homem um erro de conduta, não se poderá falar de uma escolha. É certo que a mulher escolhe, mas se a sua escolha fosse o resultado de longas reflexões, não seria feminina ... Porque a mulher é essência, o homem é reflexão.

(Kierkegaard, *Diário de um sedutor*)

Que relação estabelece entre poesia, estética e prazer? Para poder compreender o entrelaçamento que ele procura dar a esses três elementos, só através da sua concepção do poeta. Porque para ele o poeta é um esteta, na medida em que procura impregnar-se da beleza do real para poder fazer os seus versos. Nessa apreensão de beleza, ele experimenta prazer. A vida de um poeta é uma vida de permanente busca de estímulos ao belo, mas o sedutor-poeta revela a sua capacidade estética ao construir um estilo de linguagem, um método de abordagem, um projeto de vida, tudo de caráter poético.

A vida ética passa ao largo: "sob o céu da estética, tudo é leve, belo, fugitivo, mas assim que a ética se mete no assunto se torna duro, anguloso, infinitamente fatigante". É difícil julgar eticamente um poeta porque o seu comportamento é tão sedutor, por ser belo e poético, que impõe admiração. Essa mesma admiração que ele desperta é o que experimenta por si mesmo, de tal modo que passa a não ter espaço interior para poder compreender a realidade. A sua vida é um teatro, onde a representação o impede de estar consigo mesmo, quer na hora da carência, quer na hora da plenitude. Como um Narciso, vive a se procurar no espelho do mundo e nunca aprofunda as relações, já que está à mercê de novos interesses e emoções. Ele dispensa as regras da moral e não chega às profundezas da vida religiosa.

Para Kierkegaard, a poesia não expressa a verdade, pois ela é fundamentalmente ficção, a confundir real com irreal. Mas, como produto da imaginação, sua essência é a beleza a provocar prazer. De certo modo, Kierkegaard caracteriza a dimensão estética como uma dimensão de exterioridade, para não dizer de superficialidade, se não fosse trabalho poético. Mas a vida de um esteta é a de alguém que não suporta a solidão e se prepara continuamente para novos encontros e mantém diálogos de memorização. E as questões: Por que a vida? Por que a morte? Por que a liberdade? Por que o nada? As questões existenciais são ignoradas, a inteligência é usada como um instrumento para buscar o que dá prazer.

Assim, não há como passar da dimensão estética para a ética. É uma escolha, depende de um "salto". Só por um ato de vontade, e não de inteligência, é possível mudar, de modo decisivo, a linha de conduta anterior. Wilhelm, amigo mais velho de Johannes, tenta sem sucesso aconselhá-lo a viver de acordo com as regras da ética, superando a estética.

O conselheiro Wilhelm, típico homem burguês, casado, funcionário público, impressionado com o diário de Johannes, tenta em longas cartas influenciá-lo a fim de que ele chegue à percepção das vantagens de uma vida bem regrada.

Segundo o conselheiro, a dimensão estética dissipa a existência, enquanto leva o homem a sair sempre fora de si, ao passo que a dimensão ética a unifica e dá coerência aos atos devido à conformidade às normas universais. Torna a vida coerente graças ao dever e à responsabilidade social. Enquanto a vida estética se esvai no instante do prazer, a ética alicerçada no dever, considerado valor absoluto, dá continuidade ao tempo de vida.

3.2. Dimensão ética

Fundamentalmente, a dimensão ética é a dimensão da liberdade. Que liberdade? Kierkegaard, de maneira original, analisa os alicerces da liberdade à luz da consciência individual, marcada pelo desespero humano. Como ultrapassá-lo, senão se abrindo para uma outra dimensão, onde aparecem claramente os limites da dimensão ética?

É na obra *Desespero humano* que ele estuda o fenômeno do desespero como a característica essencial do ser humano. Visto como um sentimento que o homem experimenta não apenas em face da precariedade da vida, mas em face da escolha de si mesmo.

O livro *Desespero humano* desdobra-se em duas partes: a doença mortal é o desespero, e o desespero é pecado. Mas, para sintetizarmos, podemos destacar algumas questões que são apresentadas em forma de temas:

— Em que sentido o *desespero é doença mortal?* (*"O desespero é doença mortal"*)

— Se o desespero tem alcance universal, por que muitos homens ignoram a sua presença? (*"Universalidade do desespero"*)

— Dentro das personificações do desespero, o que caracteriza o tipo ativo e o tipo passivo? (*"Personificação do desespero"*)

204   Curso de filosofia

O DESESPERO É DOENÇA MORTAL:

Para abordar o desespero como doença mortal, Kierkegaard procura caracterizar o que é o homem.

> O homem é uma síntese de infinito e de finito, de temporal e de eterno, de liberdade e necessidade, em suma, uma síntese. Uma síntese é a relação de dois termos. Sob esse ponto de vista, o eu não existe ainda.
>
> (Kierkegaard, *Desespero humano*)

O eu só existe quando é uma autorrelação, isto é, na medida em que se volta sobre si mesmo e a própria relação entra como um terceiro termo e cada um dos termos passa a se relacionar com o relacionamento do eu, após o estabelecimento da primeira relação é o que caracteriza o eu.

Mas o homem pode tomar duas atitudes: não querer relacionar-se consigo mesmo ou querer relacionar-se, independentemente daquele que o pôs no processo da relação.

No primeiro caso, é fictícia a posição do homem ao não querer relacionar-se consigo mesmo. Pois como fugir de si, a não ser destruindo a relação, isto é, matando-se?

Essa impossibilidade de sair de si gera desespero — é o que ele chama de "desespero que não quer".

No segundo caso, o homem quer ser ele mesmo, aceita a relação, mas não quer admitir que a relação foi estabelecida por outrem, por Deus. Não consegue, porém, deixar de procurar uma fonte para explicar a origem da relação e busca um ídolo como se fosse um deus, ou mesmo se endeusa na ilusão de se criar a si mesmo. "É o desespero de quem quer ser por conta própria." Como Kierkegaard diz: que ainda um outro tipo de desespero, talvez o mais comum, é aquele desespero.

> Daí provém que haja duas formas do verdadeiro desespero. Se o nosso eu tivesse sido estabelecido por ele próprio, uma só existiria: não querermos ser nós próprios, queremo-nos desembaraçar do nosso eu, e não poderia existir esta outra: a vontade desesperada de sermos nós próprios. O que esta fórmula, com efeito, traduz é a dependência do conjunto da relação, que é o eu, e a incapacidade, pelas suas próprias forças, de o eu conseguir o equilíbrio e o repouso; isso não lhe é possível, na sua relação consigo próprio, senão relacionando-se com o que pôs o conjunto da relação.
>
> (Kierkegaard, *Desespero humano*)

Mas o que caracteriza o desespero? É principalmente a discordância dessa síntese interna que sou eu mesmo enquanto autorrelação. Originalmente, não há discordância, já que o eu é pura possibilidade de ser e de não ser. Só há discordância do eu consigo mesmo na síntese estabelecida que eu sou. A cada momento que há discordância do eu com a sua origem, negando-o ou afirmando-a por conta própria, aí o desespero se instala na autorrelação.

> Cada vez que se manifesta uma discordância, e enquanto ela permanece, é necessário remontar a relação. Diz-se, por exemplo, que alguém apanha uma doença, digamos por imprudência. Em seguida, declara-se o mal e, a partir desse momento, é uma realidade, cuja origem está cada vez mais no passado ... . De outro modo se passam as coisas no desespero. Cada um dos seus instantes reais é redutível à sua possibilidade; a cada momento de desespero se apanha o desespero; o presente constantemente se desvanece em passado real do desespero, o desesperado contém todo o passado possível como se fosse presente. Deriva isso de ser o desespero uma categoria do espírito, que no homem diz respeito à sua eternidade.
> (Kierkegaard, *Desespero humano*)

Por que o desespero é doença mortal? Porque é uma doença que termina pela morte, não com a morte do eu, pois se o eu é espírito e corpo, enquanto espírito eterno, como se destruirá? E que será desse eu que só vive como ser carnal?

Mas em que sentido é doença mortal? Enquanto é afecção que altera continuamente o equilíbrio em que o eu desajaria instalar-se. Ele se manifesta continuamente como um desequilíbrio que se estabelece na autorrelação entre o que se é e o que não se sabe que é.

Em outras palavras, o desespero é a consciência da luta entre a vida e a morte que assola qualquer homem, ora de modo brutal, ora de modo mórbido, ora tenuemente, mas acenando uma presença indicativa do fim. Diferentemente do animal, o homem sabe que vai morrer e esse é seu único e último projeto determinante.

Só que normalmente o homem vive entre programas de ter e de ser, onde ele tenta libertar-se da sua condição de ser, um ser temporal e eterno, e passa a ser um eu da sua própria invenção. Mas, enquanto ele se instala no mundo das máscaras, não percebe o rosto do desespero. E até se imagina um outro, para poder evadir-se de si. Para não enfrentar a angústia em face da morte, muitas vezes o ser humano alega que está desesperado porque há motivo para estar desesperado — seja

206 Curso de filosofia

um obstáculo, seja um fracasso, uma frustração —, só que não percebe que essa não é a causa do desespero, mas a ocasião em que o desespero se manifesta, o desespero de ser esse eu limitado, esse eu que não queria ser e que não posso destruir.

> Assim, desesperar-se a partir de uma coisa não é o verdadeiro desespero, é o seu início, está latente, como dizem os médicos de uma enfermidade; depois se declara o desespero: desespera-se de si próprio.
>
> (Kierkegaard, *Desespero humano*)

Portanto, a questão central é o homem não poder libertar-se de si. Isso significa que quem se desespera quer, no seu desespero, ser ele próprio, quer viver. Todavia, no desespero "o morrer transforma-se em viver". E a vida não permite esperança, e a desesperança é a impossibilidade de morrer. De um modo muito forte, ele exclama:

> Quem desespera não pode morrer? Assim como um punhal não serve para matar pensamentos, assim também o desespero, verme imortal, fogo inextinguível, não devora a eternidade do eu, que é o seu próprio sustentáculo.

Qual o verdadeiro rosto do desespero? É a face dilacerada entre a sua imagem e a sua origem. É a contradição entre querer ser ele mesmo e não querer ser a sua origem. Tudo se processa no solo da liberdade.

Mas esse querer ser ele mesmo não significa aceitar plenamente o que é, do ponto de vista psicológico, mas, ontologicamente, ser homem a partir do ser da existência, fonte eterna e temporal. O homem, porém, teme que seja absurdamente o nada. E ele mesmo se cria, legitimando-se, fundamentando-se, mas a partir de que abismo?

Como ultrapassar o desespero, a não ser por um sentido transcendente que dê sentido à vida e à morte?

A UNIVERSALIDADE DO DESESPERO

Do mesmo modo que os médicos dizem que não há pessoa totalmente sã, pode-se dizer que não há homem isento do desespero. Quem está livre de uma inquietação, de um receio que não se sabe de onde vem, um mal que nem se ousa conhecer? Para muitos, isso pode parecer um exagero, já que no nível do "vulgo" procura-se minimizar a presença e a força do desespero. O argumento mais corrente é que o desespero é mera impressão e, se o homem a desfizer, passará de fato a não experimentá-la.

> A concepção corrente do desespero limita-se, pelo contrário, à aparência, é um ponto de vista superficial, não uma concepção. Segundo ela, cada um de nós será o primeiro a saber se é um desesperado. O homem que se diz desesperado será o primeiro a saber se é ou não desesperado. O homem que se diz desesperado crê que o seja, mas basta que não creia para passar por não o ser. Rareia-se assim o desespero, quando, na verdade, ele é universal. Não é ser desesperado que é raro, o raro, o raríssimo, é realmente não o ser.
>
> (Kierkegaard, *Desespero humano*)

> Mas essa forma de não querer admitir o desespero é precisamente uma forma de desespero. É mais uma doença por não se querer admiti-la como tal. Mas geralmente se interpreta que quem não é doente é são. Os médicos, porém, "olham de outro modo as doenças". Eles não se baseiam em impressões; reconhecem o mal e daí a sua avaliação sobre a situação complexa a respeito da doença também. Assim, o psicólogo sabe o que é o desespero e portanto não se contenta com a opinião de quem não se crê ou crê desesperado.
>
> (Kierkegaard, *Desespero humano*)

Só que o homem é solicitado a viver de modo despreocupado em face do mundo, preso à banalidade da vida cotidiana, onde encontra satisfação imediata, sem se dar conta do desespero. Nem percebe o jogo dialético entre saúde e doença que vive a apontar a fragilidade da vida. Ele vive em segredo e a vida passa a ser desperdiçada.

Kierkegaard nega que a felicidade esteja no prazer. Quando está, é devido à dissimulação do sentido da morte que se manifesta no ocultamento da dimensão eterno-temporal. A felicidade é uma miragem, enquanto busca de um bem durável, no plano da finitude e do possível. Não há exceção — todo homem, por natureza, é desesperado.

> Mas o desespero é precisamente a inconsciência em que os homens estão do seu destino espiritual. Mesmo aquilo que para eles é mais belo e adorável, a feminilidade na flor da idade, toda ela alegria, paz e harmonia, mesmo esta é desespero. É felicidade, sem dúvida, mas será a felicidade

208 Curso de filosofia

uma categoria do espírito? De modo algum. E no seu fundo, até na sua mais secreta profundidade, também habita a angústia que é desespero e que só aspira a se ocultar aí, pois não há lugar mais na predileção do desespero do que o mais íntimo e profundo da felicidade.

(Kierkegaard, *Desespero humano*)

PERSONIFICAÇÃO DO DESESPERO

Embora o homem seja originalmente uma síntese do finito e do infinito, ele é uma permanente relação que se dá através da liberdade. Pois essa síntese não está pronta, nem é dada aprioristicamente — decorre de uma escolha. O eu é liberdade. Mas a liberdade é dialética de duas categorias do possível e do necessário. De tal modo que, num homem sem vontade, o eu inexiste; todavia, quanto mais forte for a vontade, maior será a consciência de si.

Assim, difere de natureza, difere de acordo com a consciência de cada homem, a agir livremente em face do seu destino. Desse modo, o desespero deve ser analisado enquanto relação do finito e infinito, do possível e da necessidade, e à luz da consciência.

A) O desespero visto sob a dupla categoria do finito e do infinito

Analisar o desespero sob a dupla categoria do finito e do infinito significa tentar compreender essa síntese que é o eu, dilacerado entre o desejo de se tornar concreto e o apelo a ser mais, espiritualmente. Nesse sentido, o eu é livre na medida em que se orienta por conta própria, ora a cair num polo de existência, ora se fixando no outro. Mas sempre em desespero, pois todo equilíbrio no tempo é fugaz.

a) *O desespero da infinidade ou a carência do finito*

Se o eu é uma "síntese do finito que delimita e o infinito que ilimita", cada vez que o homem escolhe viver fora do real, projetando-se no imaginário, ele se perde, fica privado do seu próprio eu. Isso pode dar-se no campo do sentimento, do conhecimento e da vontade. Ele se projeta fora de si infinitamente.

> É o imaginário em geral que transporta o homem ao infinito, mas afastando-o apenas de si próprio e o desviando, assim, de regressar a si próprio.

Que pode acontecer com quem vive de imaginação? Ama abstratamente, de modo impessoal, sem vínculo. E seu modo de conhecer é de alguém que procura saber sem se ligar ao que é estudado. E sua vontade é de um eu que nunca chega às realizações dos seus projetos. Vive privado do seu próprio eu.

Mas para alguém que seja assim presa do imaginário, um desesperado portanto, a vida pode muito bem seguir seu curso, semelhante à de toda gente, estar plena de temporalidade, amor, família, honras e considerações; talvez ninguém se aperceba de que, num sentido mais profundo, esse indivíduo carece de eu. O eu é uma dessas coisas a que o mundo dá muita importância, é com efeito aquela que menos curiosidade desperta e que é mais arriscado mostrar que se tem ... .

Quem se isola no campo do imaginário também não consegue relacionar-se com Deus, apenas é conduzido a uma "embriaguez no vácuo".

b) *O desespero no finito e a carência do infinito*
É o desespero próprio a alguém que não ousa ser plenamente ele mesmo, em toda a sua originalidade, no livre jogo dos contrários, e se perde na banalidade do cotidiano, a se fechar no finito.

Esta forma de desespero passa perfeitamente despercebida. A perder assim o seu eu, um desesperado dessa espécie adquire uma aptidão sem fim por ser bem-visto em toda parte, para se elevar na sociedade ... . Bem longe de o tomarem por um desesperado, é precisamente um homem como a sociedade o quer ... . Porque o século não se compõe, afinal, de pessoas dessa espécie, devotadas às coisas do mundo, sabendo usar os seus talentos, acumulando dinheiro, hábeis em prever etc. Seus nomes talvez passem à história, mas terão sido na verdade eles próprios?
(Kierkegaard, *Desespero humano*)

B) O desespero visto sob a dupla categoria: do possível e da necessidade
Para que possa transformar-se e chegar a ser ele mesmo, o eu tem que viver tanto no campo do finito quanto no do infinito. Ele tem "uma igual precisão de possível e de necessidade".

a) *O desespero do possível ou a carência de necessidade*
O homem como ser de possibilidades só pode realizá-las no reino da necessidade. Mas quando não se dá conta dos limites impostos na

210   Curso de filosofia

realidade aos seus projetos, pode ficar preso às malhas da imaginação do desejo.

> O possível contém de fato todos os possíveis e, portanto, todos os desvarios, mas principalmente dois: um em forma de desejo, de nostalgia, e o outro de melancolia imaginativa (esperança, receio ou angústia). Como aquele cavaleiro, tão falado nas lendas, que subitamente vê uma ave rara e teima em persegui-la, julgando-se a princípio prestes a atingi-la ... mas a ave de novo se distancia até o cair da noite, e o cavaleiro, longe dos seus, perdido na solidão, já não sabe o caminho — assim é o possível do desejo. Em vez de reportar o possível à necessidade, o desejo persegue-o até perder o caminho de regresso a si próprio.
>
> (Kierkegaard, *Desespero humano*)

b) *O desespero na necessidade ou a carência do possível*
Um eu que atenda à pura necessidade sem nada esperar a mais falseia o próprio processo da existência de ser inacabado e carente, que tende a uma finalidade espiritual. Transviar-se no possível compara-se ao balbuciar infantil; carecer de possível será assim como ser mudo. Kierkegaard procura analisar a situação dos ateus que se voltam ao mundo material, sem perspectiva de uma relação com Deus. E critica mais ainda os filisteus.

> Fatalistas e deterministas têm, pois, imaginação suficiente para desesperar do possível e suficiente possível para sentirem a sua insuficiência; quanto aos filisteus, a banalidade os tranquiliza, seu desespero é o mesmo, quer as coisas corram bem ou mal. Fatalistas e deterministas carecem de possível para suavizar e acalmar, para temperar a necessidade. E desse possível, que lhes serviria de atenuante, carece o filisteu como reagente contra a ausência de espírito ... se tornou escravo da tolice e o último dos párias ... . Assim, o filisteu, nem tem eu, nem Deus.
>
> (Kierkegaard, *Desespero humano*)

C) **O desespero visto sob a categoria da consciência**
Segundo Kierkegaard, à medida que o homem vai se desencantando das ilusões, próprias ao mundo dos sentidos, ele vai adquirindo mais consciência da existência nas suas profundas contradições. Mas nem sempre isso significa libertação. Pode acontecer que essa consciência intensifique de modo crescente o desespero. E assim analisa duas formas de desespero, uma na qual se deseja, outra na qual não se deseja ser si próprio.

1. Desespero-fraqueza (tipo passivo):

É próprio de alguém que sabe o que significa ser existente — ser livre e determinado —, mas não aceita e não deseja ser essa realidade.

Nessa situação, há diversos tipos de desesperados, desde aqueles que tomam consciência do desespero na hora de um golpe do destino, e ficam abalados, mas enfrentam a situação passivamente. Logo que entram na rotina, procuram esquecer-se da ocasião que tiveram para se conhecerem mais profundamente. Mas há outro tipo que sofre o desespero, devido a uma *capacidade de autoreflexão*, mas, logo que sobrevém uma dificuldade, recusa-a aterrorizado.

> Então desespera. O seu desespero é o desespero-fraqueza, sofrimento passivo do eu, o oposto do desespero em que o eu se afirma, mas, graças à pequena bagagem de reflexão sobre si próprio, tenta também aqui, diferente do espontâneo puro, defender o eu. Compreende que perturbação causaria o abandoná-lo, e sua meditação ajuda-o a compreender que se pode perder sem contudo chegar ao ponto de perder o eu ... . Mas em vão se debate a dificuldade que se lhe depara e exige a ruptura com o todo imediato; para isso lhe falta a suficiente reflexão ética, não tem a menor consciência de um eu que se adquire por uma infinita abstração que o liberta da exterioridade, de um eu abstrato e nu, oposto ao eu vestido do imediato ... .
>
> Esse tipo só raras vezes visita o seu eu para ver se não tem havido mudanças. Pouco a pouco consegue esquecer e, com o tempo, chega até a achá-lo ridículo, principalmente quando está bem com a sociedade.
>
> E a questão da idade é secundária e acidental. Tanto um jovem como um velho, um voltado para o futuro, o outro voltado para o passado, ambos não chegam à raiz do tempo, à eternidade.

2. Do desespero-desafio (tipo ativo):

Trata-se do tipo consciente de si, que curte a sua solidão e aumenta progressivamente a consciência do seu eu. Para ser ele próprio, abusa desesperadamente da eternidade, inerente ao eu. Mas é precisamente por estar em face da eternidade que esse desespero a tal ponto se aproxima da verdade, e é por estar próximo dela que vai infinitamente longe. Mas ele recusa a começar por se perder. Ele quer ser ele próprio, isolando-se de qualquer relação com o poder que lhe deu existência. Ele quer dispor de si, criar-se, fazer do eu o que quer ser. Como um estoico, um eu ativo não reconhece nenhum poder acima dele. "Rouba-se o fogo roubado aos deuses por Prometeu, rouba-se a Deus a ideia de que ele está presente."

212   Curso de filosofia

Essa forma de desespero não é frequente. É mais comum entre os grandes poetas que conferem à sua criatividade "essa idealidade demoníaca como a entendiam os gregos". Mas criar para "desvanecer-se no nada"?

Na segunda parte do livro *Desespero e pecado*, ele analisa a situação do homem desesperado em face de sua relação com Deus, relação desconhecida pelos gregos. E afirma que o desespero humano só tem sentido a partir do pecado. Toda psicologia e toda ética não alcançam as suas raízes, só mesmo a fé. O contrário do pecado de modo algum é a virtude, como exaltava Sócrates, mas a fé.

Mas que é o pecado? Nem é um desregramento da carne e do sangue, nem o consentimento dado a qualquer desregramento. Mas decorre de um desviar-se voluntariamente de Deus. Nesse sentido, o pecado não é um ato de vontade que se processa no campo das regras éticas, nem um ato que procede de algum imperativo categórico universal. É simplesmente proveniente da relação pessoal do homem com Deus. Ou essa relação se dá ou não se dá, ou se a recusa livremente ou a ela se adere. Não há saída. Eis o escândalo que está para além de qualquer lógica ou ética.

> Pecamos quando, perante Deus ou com a ideia de Deus, desesperados, não queremos ou queremos ser nós próprios. O pecado, desse modo, é a fraqueza ou o desafio elevado à suprema potência; é, portanto, condensação do desespero. O acento recai aqui sobre estar perante Deus ou ter a ideia de Deus ... .
>
> (Kierkegaard, *Desespero humano*)

Mas o defeito da definição socrática de pecado está em deixar vago o sentido mais precioso dessa ignorância; *a sua origem* ... na medida em que não mergulha fundo nas raízes, isto é, *no obscurecimento do nosso conhecimento*. O que Sócrates não pôde perceber é que não basta o autoconhecimento para o homem agir com coerência, pois o homem não é um *ser transparente*, mas ambíguo, contraditório. Por isso mesmo a *passagem do compreender* ao agir esbarra em obstáculos, depende da liberdade e da fé.

> Que faltou então a Sócrates na sua determinação de pecado? A vontade, o desejo; a intelectualidade grega era demasiado feliz, demasiado ingênua, demasiado estética, demasiado irônica, maliciosa ... demasiado pecadora para chegar a compreender que alguém, tendo o seu saber, conhecendo

O irracionalismo de Kierkegaard   213

o justo, pudesse cometer o injusto. O helenismo dita um imperativo categórico da inteligência.

Por que a fé?

Ele nos diz que *a fé é como o amor* e a razão não é capaz de prová-la, defendê-la e explicá-la. Que apaixonado é capaz de defender a causa do seu amor, de admitir que esse seu amor não seja o seu absoluto?

> Mas crer é como amar, a tal ponto que no fundo, quanto ao entusiasmo, o mais apaixonado dos apaixonados faz figura de adolescente ao lado do crente. Olhai o homem que ama, olhai o homem que ora, a oração é uma beatitude que ultrapassa o entendimento.
>
> (Kierkegaard, *Desespero humano*)

... Quem prova e explica não ama, limita-se a fingir. ... E muitos pastores defendem e apresentam razões. Com esse tipo de formação, os cristãos, na sua maioria, carecem de espiritualidade, não percebem o sentido de pecado e se limitam a rituais vazios.

Eis o paradoxo do pecador: *amar e desconhecer*. Que resta senão a fé? E que é um jogo de luz e sombras — quanto mais se seguem as luzes da razão, mais trevas encobrem o campo da fé. Daí o desespero. *O pecado por si só é a luta do desespero*. Jó é o exemplo; como explicar todo o sofrimento sem maldizer a Deus? O próprio Cristo na cruz e o seu grito: "Deus, por que me abandonastes?" O cristianismo, diferente do socratismo, começa de outro modo, "pondo a necessidade *numa revelação de Deus*, que instrui o homem sobre o pecado, mostrando que há muita diferença entre poder e não querer compreender. Esse não querer compreender é um ato voluntário de se recusar ou não. E a corrupção da vontade está além das regras da consciência do indivíduo. Depende de um ato de vontade que se manifesta pela crença ou não. Depende da força da liberdade."

3.3. Dimensão religiosa

Se a ética se assemelha a uma farsa porque as regras encobrem e impedem o ato de liberdade, se a dimensão estética tem uma trama de comédia ao se voltar para o prazer e entretenimento, a dimensão religiosa tem características de tragédia, pois a sua mola é a paixão — a paixão da fé; onde há paixão, há angústia e dor.

214   Curso de filosofia

No livro *Temor e tremor*, ele procura participar e fazer o leitor participar do drama de Abraão em face do sacrifício do seu filho Isaque.

Ele começa apresentando quatro versões de um versículo da Bíblia:

> E Deus pôs Abraão à prova e disse-lhe: toma o teu filho, o teu filho único, aquele que amas, Isaque, vai com ele ao país de Morija e ali oferece-o em holocausto, sobre uma das montanhas que eu indicarei.
>
> (Kierkegaard, *Temor e tremor*)

E se refere à história de um homem que na infância ouviu o relato de Abraão, desse que foi terrivelmente colocado à prova. Mas naquela época ele pouco entendeu. E confessa que, mesmo na sua maturidade, releu o texto com renovada paixão e só desejou ter sido testemunha do acontecimento. Mas uma pergunta o perseguiu: quem foi esse homem? um assassino, do ponto de vista moral? um louco, do ponto de vista psicológico? um crente, do ponto de vista religioso?

> Apesar de tudo, Abraão acreditou e acreditou para esta vida. Se a sua fé se reportasse à vida futura, ter-se-ia, com facilidade, despojado de tudo, para sair prontamente de um mundo a que já não pertencia. Mas não era dessa espécie a fé de Abraão, se acaso, isso é fé. ... Mas a fé de Abraão era para esta vida; acreditava que iria envelhecer na sua terra, honrado e benquisto do seu povo, inolvidado pela geração de Isaque ... . Abraão acreditou sem jamais duvidar. Acreditou no absurdo.
>
> (Kierkegaard, *Temor e tremor*)

Como fazer um elogio a Abraão? Ele fala da sua decepção em face dos pregadores, que de um modo tão indiferente fazem o sermão dominical. Será que basta dizer: "Ele foi grande por amar a Deus a ponto de lhe sacrificar o melhor que possuía"? Mas, exclama Kierkegaard: este melhor é muito vago. Omite-se da história se é a angústia que revela o conflito entre o amor ao filho e o amor ao Pai eterno. O conflito entre querer matar o filho e querer servir a Deus.

> Se a fé não pode santificar a intenção de matar o filho, Abraão cai sob a alçada dum juízo aplicável a todo o mundo. Se não há coragem para ir até o fim do pensamento e dizer que Abraão é assassino, mais vale então adquiri-la primeiro do que perder o tempo em imerecidos panegíricos. Sob o ponto de vista moral, a conduta de Abraão exprime-se

O irracionalismo de Kierkegaard   215

dizendo que quis matar Isaque e, sob o ponto de vista religioso, que pretendeu sacrificá-lo. Nessa contradição reside a angústia que nos conduz à insônia e sem a qual, entretanto, Abraão não é o homem que é.

(Kierkegaard, *Temor e tremor*)

Ele enfatiza que é esse Abraão, homem de fé a viver o paradoxo, num clima de angústia e não de desespero, que deve ser comunicado aos fiéis pelo orador. Para lhes fazer sentir o jogo dialético da fé e da paixão. Mas poucos vivem a fé e poucos a cantam. Nem poetas, nem filósofos, nem sacerdotes. "A fé não tem quem a cante" ... . E ouvindo uma pregação formal ninguém desperta.

Como decorrência, encontramos no meio social o tipo do "burguês endomingado"; quem é o burguês endomingado senão aquele que frequenta a igreja, cumpre os seus preceitos e leis? É tranquilo em face das coisas, vive como se este mundo finito fosse o que há de mais certo.

E no entanto essa representação do mundo que ele figura é nova criação do absurdo. Resignou-se infinitamente a tudo para tudo recuperar pelo absurdo. Constantemente efetua o movimento do infinito, com tal precisão que sem cessar obtém o finito, sem que suspeite da existência de outra coisa.

(Kierkegaard, *Temor e tremor*)

Mas que diferencia o homem de fé de um "burguês endomingado"? É que aquele não se desperdiça entregando-se absurdamente às coisas do mundo, mas se unifica tomando consciência de si, a partir das coisas que faz. Em face da necessidade, é capaz de se resignar, compreender desprendimento e luto. Mas sem energia e liberdade de espírito é impossível realizar o movimento de resignação, último estádio que precede a fé. Só ele concentra as forças e permite o "salto" na vida eterna.

Da história de Abraão, Kierkegaard extrai o paradoxo estabelecido entre fé e moral, entre fé e razão.

"Aquele que ama a Deus não tem necessidade de lágrimas, nem de admiração, vive de uma paixão ... . A fé é a mais alta paixão de todo homem." Segundo Kierkegaard, a fé é a mola da história humana. Mas o homem, ao ficar preso às tarefas para encher o tempo, não vai mais além. "É preciso ir mais além. Essa necessidade é velha, e vem lá de Heráclito, que não foi compreendido pelos seus discípulos ... . Mas é preciso ir mais além."

216   Curso de filosofia

4. Considerações finais

1. Entre as três fases, segundo Kierkegaard, não há mediações, pois cada uma se caracteriza por contradições irreconciliáveis. Só a liberdade pode terminar com os conflitos, na medida em que se escolhe um dos polos da contradição. Por isso mesmo, a passagem de uma dimensão a outra não se dá à luz da razão, mas à luz da vontade, através de saltos. Mas a dimensão religiosa é, para ele, a mais verdadeira, por ser a mais significativa para o ser humano.

2. Numa época dominada pela objetividade científica, ele defende temas que se processam no campo da subjetividade humana (amor, sofrimento, angústia, desespero). Mostra que essas questões subjetivas não decorrem da vida social, nem podem ser analisadas através da razão — estão ligadas à origem desconhecida do homem, assim como também à certeza que o homem tem de que vai morrer.

3. Mas até que ponto ele não limita a força da libertação quando restringe a vida ao mundo interior? Quando o homem deve atender ao reino das necessidades básicas, terá ele condições de se preocupar com a sua origem? Se é obrigado a viver permanentemente fora de si? Na qualidade de ser livre, como pensar em vida e morte, como optar pela fé, se a fome e a moradia são as molas da vida e provocadoras da morte? Como deixar de lado a atuação política que leva ao homem a consciência dos seus direitos e deveres? O autoexame é suficiente para mudar o modo de o homem viver no mundo? Bastam a introspecção e a tomada de consciência das origens? Ou é preciso ir além? É preciso ir mais além.

PALAVRAS-CHAVE

Estética
Não é uma filosofia crítica da arte. É um estado de existência que se caracteriza pela busca do prazer. Não se trata de qualquer prazer, mas de um prazer vivamente estudado que se manifesta na fruição da beleza e na arte da sedução.

Ética
Enquanto um sentido de existência significa um comportamento em face da vida regulada pelas leis universais. Tem por fim uma vida coerente e regrada.

Angústia
É uma antipatia simpatizante, uma simpatia antipática (*Conceito de angústia*). É um sentimento de inquietude que está presente na fonte da livre opção. Não tem um objeto definido, como o medo; seu objeto é "quase um nada". Não é uma falta, não é um fardo, nem mesmo um sofrimento como o desespero. É o solo próprio à liberdade. Nesse sentido, diz que "ela é a própria possibilidade de liberdade".

Ironia
É uma atitude de crítica a toda conceituação ideológica, um modo de duvidar do que se apresenta previamente estabelecido, quer no campo intelectual ou social; segundo Kierkegaard, a ironia propicia uma verdadeira liberdade de espírito.

Humor
É um estado subjetivo de quem desarticula toda justificação conceitual e chega a uma libertação interior intensa, mas incomunicável.

Existência
"É uma síntese do eterno e do temporal, do finito e do infinito; é abertura, mas não é passível de conceituação, pois não está sendo objeto de saber, escapa, em princípio, ao conhecimento ... . Essa subjetividade reencontrada para além da linguagem, como a aventura pessoal de cada um em face dos outros e de Deus, eis o que Kierkegaard chama de existência" (J.-P. Sartre, *A questão do método*).

QUESTÕES

1. Estabeleça relações entre liberdade e prazer, liberdade e dever, liberdade e fé.
2. Defina o sentido da existência segundo Kierkegaard.
3. Ao se voltar para o estudo de temas vinculados à existência, ele deixa de lado as questões metafísicas?

TEMAS PARA DEBATE

1. A filosofia como questão.
   Kierkegaard apresenta uma nova diretriz para o filosofar, a partir

da existência, e chega mesmo a dizer: "o presente autor de modo algum é filósofo, não entendeu nenhum qualquer sistema de filosofia, se é que existe algum ou esteja terminado" (*Temor e tremor*). Essa sua posição crítica trouxe grandes consequências para a atualidade.

2. A incomensurabilidade entre o real e o saber.

Numa oposição radical a Hegel, que defendia a tese de que "a existência humana se desenvolve logicamente no interior de esquemas conceituais", Kierkegaard afirma que os esquemas particulares dos conceitos constituem apenas uma possibilidade entre outras, cuja concretização depende da liberdade de escolha do indivíduo, "e não de um conhecimento racional".

Para Kierkegaard, a essência da liberdade está no fato de ela ser despida de critérios; mas, à luz dessa atitude, como interpretar a história?

3. Caracterize o romantismo de Kierkegaard.

A obra e a vida de Kierkegaard dão testemunho de um pensador de vida ambígua. De um lado, ele apresenta características de um romântico — consciência infeliz, exaltação dos sentimentos e da paixão. Por outro lado, é um pensador reflexivo que elucida conceitos da vida psicológica (angústia, desespero, liberdade). Mostrar a influência da sua época no seu comportamento.

Capítulo 12

NIETZSCHE: UMA CRÍTICA RADICAL

Vera Portocarrero*

1. Apresentação

Nietzsche mostra-nos um caminho crucial para a filosofia. Sua abordagem pouco convencional e bastante desconcertante de temas clássicos, como a verdade, a política, a moral, nos dá a dimensão de uma crítica realmente radical de todos os valores discutidos pela filosofia tradicional.

Parece-nos difícil, e até desnecessário, classificar o pensamento nietzschiano, pois ele não busca a formulação de um "sistema teórico", mas a "experiência estética de vida", afirmada como superior ao pensamento conceitual. Tal posicionamento supõe uma crítica ao conhecimento racional, à sua supervalorização própria das sociedades ocidentais modernas.

Sua argumentação não deve ser compreendida como a descoberta de uma outra verdade, conforme poderíamos imaginar, para substituir "a crença" da verdade por ele rejeitada.

A questão da verdade, em Nietzsche, coloca-se do ponto de vista da vida, da afirmação de todos os instintos. Ele procede inicialmente à inversão dos valores tradicionais, isto é, denúncia da verdade como mentira e reivindicação da aparência como única realidade. Contudo, sua crítica é radicalizada até as últimas consequências, até a rejeição de todos os valores, isto é, superação da oposição metafísica dos valores que lhe permitiu efetuar a "transvalorização de todos os valores".

---

*   Professora de filosofia da USU.

220 Curso de filosofia

Dessa forma, suas afirmações devem ser tomadas como um "instrumento", uma "perspectiva estratégica", que serve para balizar as possíveis interpretações de mundo, e não como uma Verdade.

2. Nietzsche e sua época

Friedrich Nietzsche nasceu em 1844, na Alemanha, no seio de uma família de pastores protestantes; chegou a pensar em seguir a mesma carreira do pai, mas terminou por criticar o cristianismo, classificando-o de "platonismo para o povo". Sua crítica baseia-se na concepção de que a moral e o pensamento do cristianismo seriam a vulgarização da metafísica platônica e socrática, que, em sua opinião, inaugurou o conhecimento racional, característico da época moderna. O pensamento socrático teria sido originado pela invenção e dogmatização de ideias ditas superiores — Bem, Belo, Verdade — criadas, na realidade, pelas consciências "enfraquecidas" e "escravas". Tais valores foram criados, afirma Nietzsche, para escapar à luta e impor a resignação, compensando a impossibilidade de participação na dominação dos senhores e dos fortes, desenvolvida até a modernidade. Esse afastamento do cristianismo deveu-se, em parte, ao contato com os pensamentos de Fichte (1762-1814), Hölderlin (1770-1843) e outros professores.

Brilhante aluno, Nietzsche dedicou-se ao estudo de latim, grego, textos bíblicos e filologia, que considerava, a exemplo de Ritschl, não apenas a história das formas literárias, mas o estudo das instituições e do pensamento.

Foi nomeado professor de filologia na Basileia, onde trabalhou durante dez anos até que seu estado de saúde não lhe permitiu mais continuar, fazendo com que pedisse demissão do cargo.

A obra de Schopenhauer o atraiu para o campo da filosofia, por considerar a experiência estética o eixo central do pensamento filosófico. Mas tanto as teorias de Schopenhauer como as dos outros mestres foram radicalmente rejeitadas por Nietzsche, inclusive as teorias musicais de Wagner, cuja produção artística havia enaltecido; todos pareciam-lhe "decadentes", ou melhor, seus pensamentos eram vistos como manifestações negativas, diminuidoras de vida. Isso porque seus valores impunham-se como "transcendentais", "verdadeiros", enquanto Nietzsche os via apenas como criações do "homem do ressentimento", isto é, do homem fraco.

A crítica de Nietzsche advém de sua preocupação com a modernidade europeia, propiciada pelo positivismo de Augusto Comte e pela teoria da origem e evolução das espécies de Darwin (1809-1882), que trazia uma nova visão de homem e provocava violento debate com a teologia e a filosofia. Nietzsche criticava todas as teorias científicas, teológicas e filosóficas.

Nietzsche escreveu seus textos de forma aforística, com poesias ou pensando a "história", retrospectivamente, não para marcar semelhanças do passado com o presente e daí copiar soluções, mas para entender suas condições de possibilidade. Mesmo quando tratava da antiga Grécia, a crítica de Nietzsche visava a cultura ocidental moderna, seus valores, suas concepções de Estado, de nacionalismo e de antissemitismo. Para ele, o Estado moderno era uma manifestação negativa de dominação, que entravava o movimento da cultura dos "espíritos livres", tornando-a estática e estereotipada; o Estado moderno não correspondia sequer aos preceitos ideológicos e filosóficos afirmados pelo pensamento liberal ou pela teoria de Hegel, então propagados, e por Nietzsche rejeitados.

É nesse sentido que caminham seus escritos: *Nascimento da tragédia* (1871), *O andarilho e sua sombra* (1880), *Aurora e Eterno retorno* (1881), *A gaia ciência* (1886), *Assim falou Zaratustra* (1884), *Para além do bem e do mal* (1886), *O caso Wagner, Crepúsculo dos ídolos* e *Nietzsche contra Wagner* (1888), publicados em vida. *Ecce Homo, Ditirambos dionisíacos, O Anticristo* e *Vontade de potência* (que é uma seleção, arranjada postumamente, de anotações feitas entre 1883 e 1888) foram publicados depois de sua morte.

Crítico demolidor, Nietzsche foi se isolando, merecendo cada vez menos a atenção dos intelectuais que o haviam prestigiado. Doente e mergulhado em profunda solidão, acabou sendo internado por "paralisia progressiva", provavelmente de origem sifilítica. A 25 de agosto de 1900, faleceu o crítico mais radical que a modernidade conheceu.

3. A vontade de potência e a arte trágica

Para Nietzsche, não há uma diferença essencial entre a racionalidade filosófica clássica e a racionalidade científica moderna. Elas são manifestações "negativas" da vontade de dominar, que é a "vontade de potência", própria do homem. Seu único antídoto é a arte trágica,

222   Curso de filosofia

"porque todo instinto é ávido de domínio; e como tal tenta filosofar" (*Para além do bem e do mal*).

Vejamos, primeiramente, o que diz Nietzsche da vontade de potência, a partir da qual analisa o problema do conhecimento, ou melhor, da ciência. A vontade de potência desdobra-se através de vários instintos (igualitário, de conhecimento etc.), que são forças desembocando na criação de métodos científicos, de teorias do conhecimento, de crenças no sujeito, na unidade, na verdade. Para Nietzsche, trata-se, de fato, de mecanismos ilusórios, encaminhados, não para o conhecer propriamente, mas para adquirir poder sobre as coisas, atribuindo-lhes um sentido lógico dogmático:

> Admitindo que a verdade seja mulher, não será justificado suspeitar que todos os filósofos, conquanto dogmáticos, pouco percebiam de mulheres? Que o sério trágico, a inoportuna falta de tato que até agora têm empregado para atingir a verdade eram meios demasiado desastrados e inconvenientes para conquistar o coração de uma mulher? Certo é que ela não se deixou conquistar; e toda a espécie de dogmática toma hoje uma atitude triste e desencorajada, se é que ainda toma alguma atitude. É que há trocistas que pretendem que toda a dogmática caiu por terra — pior ainda, que agoniza. Falando sério, creio que há bons motivos para esperar que todo o dogmatismo em filosofia — por mais solene e definitivo que se tenha apresentado — não tenha sido mais do que uma nobre criancice e um balbucio. E talvez não venha longe o tempo em que se compreenderá cada vez mais o que no fundo bastou para a primeira pedra desses edifícios filosóficos, sublimes e absolutos, erguidos até agora pelos dogmáticos: uma superstição popular qualquer, dos mais recuados tempos (como, por exemplo, a superstição da alma que, sob a forma de superstição do sujeito e do eu, também ainda hoje não deixou de fazer das suas); talvez um trocadilho, um equívoco gramatical, ou qualquer generalização temerária de fatos muito restritos, muito pessoais, muito humanos, demasiado humanos.
>
> (Nietzsche, *Para além do bem e do mal*)

A vontade de potência cria no homem o espírito de vingança, de dominação, de ressentimento, que pode resumir-se no anseio de "corrigir" a realidade, tornando-a cada vez menos contraditória, mais luminosa, através da determinação da Razão. Contudo, afirma Nietzsche, não há sujeito, nem unidade, mas multiplicidade de forças e acaso:

Nietzsche: uma crítica radical   223

Exigir à força que se não manifeste como tal, que não seja uma vontade de dominar uma rede de inimigos, de resistência e de combate, é tão insensato como exigir à fraqueza que se manifeste como força. Uma quantidade de força corresponde exatamente à mesma quantidade de instinto, de vontade, de ação, e não pode parecer de outro modo, senão em virtude dos sedutores erros da linguagem, segundo a qual todo efeito está condicionado por uma causa eficiente, por um "sujeito". Isso é um erro. Assim como a plebe distingue entre o raio e o seu resplendor como uma ação do sujeito raio, assim a moral plebeia distingue entre a força e os efeitos da força, como se detrás do homem forte houvesse um *substratum* neutro que fosse livre para manifestar ou não a força. Mas não há tal *substratum*, não há um ser por detrás do ato; o ato é tudo. O que a plebe faz é desdobrar um fenômeno em efeito e em causa.

Não são mais avisados os físicos quando dizem que a "força opera", que "produz tal ou qual efeito"; a nossa ciência acha-se ainda encartada pela linguagem e não pode ainda desembaraçar-se desses empecilhos de sujeitos (como o "átomo" ou a "coisa em si" de Kant). Não é, pois, de admirar que a sede de vingança e o ódio utilizassem essa crença para sustentar que o forte pode ser fraco, que a ave de rapina pode ser cordeiro: desse modo poderemos pedir contas à ave de rapina por ser ave de rapina... Quando os oprimidos, os servos, cheios de vingança e de impotência, se põem a dizer: "Sejamos o contrário dos maus, sejamos bons. O bom é o que não injuria ninguém, nem ofende, nem ataca, nem usa de represália, senão que deixa a Deus o cuidado da vingança e vive oculto como nós e evita a tentação e espera pouco da vida como nós os pacientes, os humildes e os justos." Tudo isso quer dizer, em suma: "Nós, os fracos, não podemos sair de fracos, não façamos, pois, nada que não possamos fazer." Essa amarga prudência, que até o inseto possui (o qual, em caso de grande perigo, se finge de morto), tomou o pomposo título de virtude, como se a fraqueza do fraco — isto é, a sua essência, a sua atividade, toda única, inevitável e indelével — fosse um ato livre e voluntário, meritório. Essa classe de homens na realidade necessita crer num "sujeito" neutro dotado de livre-arbítrio; é um instinto de conservação pessoal, de afirmação de si mesmo, por que toda a mentira tende a se justificar. O sujeito (*a alma*) foi até aqui o artigo de fé mais inquebrantável, porque permitia à grande maioria dois mortais, aos fracos e oprimidos, esta sublime ilusão de ter a fraqueza por liberdade, a necessidade por mérito.

(Nietzsche, A genealogia da moral)

Dessa forma, podemos dizer que, em Nietzsche, a questão da verdade se coloca do ponto de vista da vida, dos instintos:

224   Curso de filosofia

Depois de ter passado bastante tempo a observar de perto os filósofos, acabei por concluir que a maior parte do pensamento consciente deve também ser incluído nas atividades instintivas, do que não excetuo mesmo a meditação filosófica. Aqui, torna-se *necessário* aprender a julgar de outro modo, como já se fez com a hereditariedade e com os "caracteres adquiridos". Assim como o ato de nascer não influi no conjunto do processo da hereditariedade, tampouco o fato da "consciência" *se opõe* de qualquer modo decisivo ao *instinto* — a maior parte do pensamento consciente num filósofo é dirigida secretamente pelos instintos e forçada a seguir determinada via. Por detrás de toda a lógica e da autonomia aparente dos seus movimentos, há valorizações, ou, para me exprimir mais claramente, exigências fisiológicas para a manutenção de um determinado tipo de vida. Afirmar, por exemplo, que o determinado tem mais valor que o indeterminado, a aparência menos valor que a verdade: tais valorizações, apesar da importância regulativa que têm para *nós*, não podem ir além de valorizações de primeiro plano, uma espécie de ingenuidade, útil talvez para a conservação de seres tais como nós. Admitindo, bem entendido, que não é justamente o homem a "medida das coisas" ... .

(Nietzsche, *Para além do bem e do mal*)

A busca da verdade e o movimento em direção à sua supervalorização constituem, segundo o filósofo, um processo de decadência, iniciado na Grécia clássica por Sócrates e Platão, e prolongado até o mundo moderno, onde predomina o espírito científico:

Essa irreverência de considerar os grandes sábios como *tipos de decadência* nasce em mim precisamente num caso em que o preconceito letrado e iletrado se opõe com maior força: reconheci em Sócrates e em Platão sintomas de decadência, instrumentos da decomposição grega, pseudo-gregos, antigregos (*A origem da tragédia*, 1872). Esse *consensus sapientium* — sempre o compreendi claramente — não prova, de maneira alguma, que os sábios tivessem razão naquilo em que concordavam. Prova, isto sim, que eles, esses sábios entre os sábios, mantinham entre si algum acordo *fisiológico* para assumirem diante da vida essa mesma atitude negativa — para serem *tidos* por tomá-la. Julgamentos, juízos de valor, avaliações da vida, a favor ou contra, não podem, em última instância, jamais ser verdadeiros: o único valor que apresentam é o de serem sintomas, e só como sintomas merecem ser levados em consideração; em si, tais julgamentos não passam de idiotices. É necessário, portanto, estender a mão para se poder apreender essa *finesse* extraordinária de que o *valor da vida não pode ser apreciado*. Não pode ser apreciado por um vivo, porque é parte e até objeto de litígio, e não juiz; nem pode ser apreciado por um morto, por outras razões. Tratando-se dum filósofo, ver um problema no valor da vida constitui uma objeção contra ele mesmo, constitui uma falta de discernimento e faz com que se ponha em dúvida sua sabedoria ou se confirme sua não sabedoria — Como? Todos esses grandes sábios não só teriam sido decadentes, mas, além disso, pode ser que nem fossem sequer sábios? De minha parte, volto ao problema de Sócrates.

(Nietzsche, *Crepúsculo dos ídolos*)

Segundo Nietzsche, esse processo de decadência ou de supervalorização da verdade se deu porque os instintos estéticos, isto é, da arte trágica da Grécia arcaica, foram desclassificados pela razão. A sabedoria instintiva foi reprimida pelo saber racional. De acordo com tal ideia, somente a arte trágica seria capaz de recuperar a perda ocasionada pela "civilização socrática".

Sócrates interpretou a arte trágica como algo irracional, que apresenta efeitos sem causas e causas sem efeitos, de um modo tão confuso que deveria ser ignorada. Ele valorizou apenas o saber de Apolo, deus da clareza, desqualificando o saber de Dionísio, deus do êxtase. A arte trágica apresenta a luta dos contrários que reúne esses dois elementos, fazendo-os aparecer simultaneamente na tragédia grega:

Nós fizemos um progresso decisivo, em estética, quando compreendemos, não como uma ação da razão, mas com a imediata certeza da intuição, que a evolução da arte está ligada ao dualismo do apolinismo e do dionisismo, como a geração está ligada à dualidade dos sexos, à sua luta contínua, cortada de acordos provisórios. Nós tomamos emprestados esses dois termos dos gregos: a bem dizer, eles exprimem, não em conceitos, mas nas formas distintas e convincentes das divindades gregas, as verdades secretas e profundas de sua crença estética. As duas divindades protetoras da arte, Apolo e Dionísio, nos sugerem que no mundo grego existe um contraste prodigioso, na origem e nos fins, entre a arte do escultor, ou arte apolínea, e a arte não escultural da música, a de Dionísio. Esses dois instintos tão diferentes caminham lado a lado, mais frequentemente num estado de conflito aberto, excitando-se mutuamente a criações novas e mais vigorosas, a fim de perpetuar entre eles esse conflito dos contrários que recobre em aparência apenas o nome de arte que lhes é comum; até que finalmente, por um milagre metafísico

226 Curso de filosofia

do "querer" helênico, eles apareçam unidos, e nessa união acabem por engendrar a obra de arte ao mesmo tempo dionisíaca e apolínea, isto é, a tragédia grega.

(Nietzsche, *Nascimento da tragédia*)

4. O "ideal dionisíaco"

O "ideal dionisíaco" de Nietzsche é seu ideal de acrescentar ao saber apolíneo o saber de Dionísio.

O saber apolíneo é aquele do deus Apolo, deus da beleza e da clareza. A beleza, para o grego, é medida, harmonia, ordem, proporção, calma, liberdade com relação às emoções, isto é, serenidade. Contra a dor, o sofrimento, a morte, o grego diviniza o mundo, criando a beleza, um estado onírico, de sonho.

A beleza é uma aparência, cujo objetivo é mascarar a dura realidade e escapar do saber pessimista do povo grego, extremamente sensível e vulnerável à dor. Sua finalidade é tornar a vida possível ou desejável, dando ao mundo uma superabundância de vida. Por sua necessidade de clareza, ordem e proporção, o saber apolíneo situa-se do lado da Razão, ou seja, da racionalidade filosófica e científica.

O saber dionisíaco opõe-se ao apolíneo. Dionísio é o deus da desmesura, da contradição e da volúpia nascida da dor. Em vez de medida e serenidade, o dionisíaco busca o êxtase, as extravagâncias do frenesi sexual, busca a bestialidade natural; sua volúpia e crueldade, sua força brutal. Em vez de sonho é embriaguez. O êxtase dionisíaco permite esquecer a consciência, o Estado ateniense, a civilização, tudo o que foi vivido. Essa experiência mostra ao homem a ilusão em que vive, ao criar o mundo da beleza para mascarar a triste verdade. E isso o faz desistir de agir, de viver, o que o levaria ao aniquilamento.

Por isso, Dionísio não vive sem Apolo, que transforma o mundo em arte. Transforma o dionisíaco puro, aliviando-o de sua força destrutiva e irracional. A ilusão apolínea liberta o peso excessivo do dionisíaco fazendo com que os instintos sejam descarregados na arte:

Com a palavra "*dionisíaco*" é expresso: um ímpeto à unidade, um remanejamento radical sobre pessoa, cotidiano, sociedade, realidade, sobre o abismo do parecer; o passionalmente doloroso transporte para estados mais escuros, mais plenos, mais oscilantes; o embevecido dizer-sim ao caráter global da vida como que, em toda mudança, é igual, de igual potência, de igual ventura; a grande participação panteísta em alegria e sofrimento, que aprova e santifica até mesmo as mais terríveis e problemáticas propriedades da vida; a eterna vontade de geração, de fecundidade, de retorno; o sentimento da unidade, da necessidade do criar e do aniquilar.

Com a palavra *"apolíneo"* é expresso: o ímpeto ao perfeito ser-para-si ao típico "indivíduo", a tudo o que simplifica, destaca, torna forte, claro, inequívoco, típico: a liberdade sob a lei.

Ao antagonismo desses dois poderes artístico-naturais está vinculado o desenvolvimento da arte, com a mesma necessidade com que o desenvolvimento da humanidade está vinculado ao antagonismo dos sexos. A plenitude de potência e o condimento, a suprema forma de autoafirmação em uma fria, nobre, arisca beleza: o apolinismo da vontade helênica.

Essa contrariedade do dionisíaco e do apolíneo no interior da alma grega é um dos grandes enigmas pelo qual me senti atraído, frente à essência grega. Não me esforcei, no fundo, por nada senão adivinhar por que precisamente o apolinismo grego teve de brotar de um fundo dionisíaco: o grego dionisíaco tinha necessidade de se tornar apolíneo: isso significa quebrar sua vontade de descomunal, múltiplo, incerto, assustador, em uma vontade de medida, de simplicidade, de ordenação a regra e conceito. O desmedido, o deserto, o asiático, está em seu fundamento: a bravura do grego consiste no combate com seu asiatismo: a beleza não lhe foi dada de presente, como tampouco a lógica, a naturalidade do costume — ela foi conquistada, querida, ganha em combate —, ela é sua *vitória*.

(Nietzsche, Vontade de potência)

5. A questão da genealogia dos valores morais

Como vimos, Nietzsche procede, inicialmente, a uma inversão de va-lores, considerando tudo o que foi tratado pela tradição como funda-mental, essencial, importante, justamente o seu contrário, ou seja, o dispensável, o erro a decadência. Nietzsche trata de todas essas questões atribuindo-lhes um valor moral não apenas de conhecimento. Ele mostra que a verdade foi associada ao Bem e ao Belo; e ao erro e à mentira se associou a ideia de Mal.

228 Curso de filosofia

Nietzsche tenta ultrapassar essa oposição metafísica dos valores, criticando-a e efetuando a "transvalorização de todos os valores", ou seja, levando sua discussão para outro nível, isto é, o nível da genealogia dos valores; que é a discussão do valor dos valores — Como?, por que a tradição valorizou essa determinada hierarquia e não outra?

> O problema do valor da compaixão e da moral altruísta (sou inimigo da feminilidade e do sentimentalismo vergonhosos que hoje predominam) parece ser, à primeira vista, uma questão isolada, uma interrogação única e à parte; mas quem se detiver um pouco, quem souber interrogar, verá como se lhe abre diante uma perspectiva nova, imensa; sobressaltá-lo-á como uma vertigem a visão de toda uma possibilidade; apoderar-se-ão dele as suspeitas, as desconfianças, as apreensões: vacilará a sua fé na moral, e por fim levantará à sua voz uma *exigência nova*. Necessitamos de uma *crítica* dos valores morais, e antes de tudo deve discutir-se *o valor desses valores*, e por isso é de toda a necessidade conhecer as condições e os meios ambientes em que nasceram, em que se desenvolveram e deformaram (a moral como consequência, máscara, hipocrisia, enfermidade ou equívoco, e também a moral como causa, remédio, estimulante, freio ou veneno), conhecimento tal que nunca teve outro semelhante nem é possível que o tenha. Era um verdadeiro postulado o valor desses valores: atribuía-se ao bem um valor superior ao valor do mal, ao valor do progresso, da utilidade, do desenvolvimento humano. E por quê? Não poderia ser verdade o contrário? Não poderia haver no homem "bom" um sintoma de retrocesso, um perigo, uma sedução, um veneno, um *narcótico* que desse a vida ao presente a expensas do *futuro*? Uma vida mais agradável, mais inofensiva, mas também mais mesquinha, mais baixa? ... De tal modo que fosse culpa da moral o não ter chegado o tipo homem ao mais alto grau do poder e do esplendor? E de modo que entre todos os perigos fosse a moral o perigo por excelência? ...
>
> (Nietzsche, *A genealogia da moral*)

Ao pensar a genealogia. Nietzsche tenta interpretar o passado da moral humana, com o objetivo de descobrir para sua atualidade novas soluções mais condizentes com as necessidades vitais do homem. Trata-se de um tipo de trabalho árduo por não possuir mais a clareza luminosa com a qual o pensamento da tradição ocidental elaborou suas teorias:

> Depois que se abriu ante os meus olhos esta perspectiva, procurei colaboradores eruditos, audazes e laboriosos, e ainda os procuro. Trata-se

de resolver um sem-número de problemas novos; trata-se de percorrer com pés novos e olhos novos o imenso, longínquo e misterioso país da moral, da moral que verdadeiramente viveu e foi vivida: não é isso descobrir um continente? ... Se pensei no Dr. Ree, foi porque vi que a própria natureza dos seus problemas o levara a um método mais racional. Enganei-me nisso? O fato é que não pretendi senão dar a uma visão tão penetrante e tão imparcial uma direção melhor: a direção para uma verdadeira história da moral; pretendi pô-lo em guarda contra um mundo de hipóteses inglesas edificadas no azul vazio. É claro que para o genealogista da moral há uma cor cem vezes preferível ao azul, a cor parda; isso é tudo o que se funda em documentos, tudo o que consta que existiu, todo o longo texto hieroglífico, laborioso, quase indecifrável do passado da moral humana. O Dr. Ree não conhecia esse grande texto; mas havia lido Darwin, e por isso vimos nas suas hipóteses como a besta humana de Darwin estende gentilmente a mão ao humilde efeminado da moral, criação moderna que já "não morde", mas que corresponde à saudação com ar indolente, bonacheirão e gracioso, mesclado de pessimismo e de cansaço, como se não valesse a pena tomar tão a sério isso da moral. A mim, pelo contrário, parece-me que nada há no mundo que mereça ser tomado mais a sério, e algum dia se reconhecerá esse mérito. De fato e, para estabelecer um exemplo: a *Gaia ciência* é a recompensa de um esforço contínuo, ousado, tenaz, subterrâneo, reservado a poucos. Mas quando pudermos gritar: "Adiante! a nossa velha moral entra também no *domínio da comédia*", teremos descoberto para o drama trágico dos *Destinos da alma* uma nova intriga, uma nova possibilidade, e até poderíamos assegurar que já disso se aproveitou o grande, o antigo e eterno poeta das comédias da nossa existência.

(Nietzsche, *A genealogia da moral*)

6. Considerações finais

O pensamento de Nietzsche encontrou e encontra, hoje, muitas apreciações negativas, mas também adeptos. Suas ideias infiltraram-se, pouco a pouco, pela Europa, apesar de sofrerem pesadas acusações de servirem à fundamentação em favor do antissemitismo, do antifeminismo e de preconceitos nacionalistas propagados durante a guerra. Trata-se de uma decorrência da apropriação tendenciosa de sua obra por parte de interessados, e da leitura apressada e incompleta de seus textos, que levou à má compreensão da noção do "super-homem", do "Anticristo", e dos ditos sobre a mulher.

230   Curso de filosofia

No Brasil, o pensamento de Nietzsche foi introduzido, a partir de 1946, com o ensaio publicado no *Diário de São Paulo* pelo crítico literário Antônio Cândido de Mello e Souza, que se empenhou em acabar com tais preconceitos, tão propagados, sobretudo, nos meios feministas e de esquerda.

Podemos dizer que a filosofia não pode mais deixar de levar em conta o projeto filosófico de Nietzsche, de que viveu e vive, ainda, grande parte do pensamento moderno.

PALAVRAS-CHAVE

Vontade de potência
É a vontade de viver e dominar, própria da natureza do homem. Essa noção tem como pressuposto a vida que se manifesta pela força. A vontade de dominar positiva é a vontade de potência que proporciona o aumento de força. A arte trágica é sua expressão, a "vontade de verdade", sua negação.

Arte trágica
Para Nietzsche, a arte trágica resulta da vontade de potência positiva, pois se baseia no saber dionisíaco, onde os instintos fundamentais de vida estão liberados. A arte trágica opõe-se à racionalidade filosófica e científica. Ambas são "invenções" do homem. Mas, enquanto a arte trágica se exerce positivamente, por se reconhecer como criação, expandindo a vontade de potência, a racionalidade é decadente.

Ciência
É a busca da verdade pela razão, é fruto da vontade de verdade, isto é, da vontade de potência negativa, que não proporciona aumento de vida. A "impotência da vontade de criar" fez com que, em vez de criar um mundo conforme as suas necessidades e seu querer, o homem (religiosos, filósofos, cientistas) criasse uma ficção, uma crença: a crença na "Verdade".

Ideal dionisíaco
Este ideal realiza-se através da arte; é a participação da experiência dionisíaca, sem se deixar destruir, porque é uma experiência de embriaguez sem perda de lucidez. Trata-se do dionisíaco artístico, onde

os elementos destruidores são reprimidos pela beleza e pela medida, dadas por Apolo. O dionisíaco artístico não se opõe ao apolíneo, mas necessita de seus limites e da bela aparência. Apolo e Dionísio são inseparáveis.

Genealogia
Significa, para Nietzsche, uma disciplina nova, reconhecida como crítica, que abrange, de forma histórica, a questão do conhecimento numa perspectiva ao mesmo tempo teórica e prática. Para proceder à história genealógica, analisam-se os documentos sob a ótica da questão da busca da origem das ideias e dos sentimentos.

QUESTÕES

1. Como Nietzsche interpreta o dogmatismo dos filósofos em relação à verdade?
2. O que Nietzsche entende por "crença no sujeito"?
3. Por que Nietzsche considera a busca da verdade um processo de decadência?

TEMAS PARA DEBATE

1. Nietzsche considera não haver uma diferença essencial entre a racionalidade filosófica clássica e a racionalidade científica moderna. Discuta os fundamentos de tal posicionamento.
2. Nietzsche tenta ultrapassar a oposição metafísica dos valores. Discuta como é possível a "transvalorização de todos os valores" do ponto de vista da moral.

Capítulo 13

O EXISTENCIALISMO DE SARTRE

Gerd Bornheim*

Definição

O existencialismo é das doutrinas mais características de nosso século. Todo o seu empenho está em pensar o indivíduo concreto, a partir de sua existência cotidiana, desprovida de qualquer relevo especial. O único filósofo que aceita a palavra existencialismo para designar a sua própria doutrina é Sartre. Mas ele toma de Heidegger a frase que tornou famosa toda a escola: a existência precede a essência. Isso significa que não existe uma natureza humana, uma definição do que seja o homem anterior ao ato de existir: não há uma essência precedente, que determinaria aquilo que cada indivíduo vai ser ou deve ser.

> O existencialismo ateu, que eu represento ... declara que se Deus não existe, há ao menos um ser no qual a existência precede a essência, um ser que existe antes de poder ser definido por algum conceito e que esse ser é o homem ou, como diz Heidegger, a realidade humana. O que significa aqui que a existência precede a essência? Isso significa que, primeiramente, existe o homem, ele se deixa encontrar, surge no mundo, e que ele só se define depois. O homem tal como o concebe o existencialista não é definível porque, inicialmente, ele nada é. Ele só será depois, e ele será tal como ele se fizer. Assim, não existe natureza humana, já que não há Deus para concebê-la. O homem é apenas não somente tal como ele se concebe, mas tal como ele se quer, e como ele se concebe após existir, como ele se quer depois dessa vontade de existir — o homem

---

* Professor de filosofia da UFRJ.

é apenas aquilo que ele faz de si mesmo. Tal é o primeiro princípio do existencialismo.

*(O existencialismo é um humanismo, p.24)**

O método

A questão do método é muito ampla, mesmo porque o pensamento de Sartre se desdobra em três fases fundamentais. A primeira, em que se constitui o existencialismo propriamente dito, dominada pela principal obra de Sartre, *O ser e o nada* (1943), adota o método fenomenológico. A segunda, inspirada por preocupações de ordem marxista, assimila também a sua metodologia, e condensa-se no livro *Crítica da razão dialética* (1960). Finalmente, na terceira fase, volta a acentuar-se a nunca abandonada inquietação com o indivíduo concreto; agora, a extensa biografia do romancista Gustavo Flaubert, *O idiota da família* (1972), mostra as novas transformações: além do marxismo, Sartre lança mão também da psicanálise. Mas ele não chega a elaborar as bases teóricas de sua interpretação de Flaubert.

Contudo, em sua primeira novela, *A náusea*, de 1937, uma descrição fenomenológica muito livremente entendida casa-se com o emprego da dúvida na acepção cartesiana, com a diferença reveladora de que, ao contrário de Descartes que punha em dúvida apenas as formas do conhecimento humano, Sartre busca destituir de suas bases tudo aquilo que possa emprestar um sentido à existência do homem; põe-se em dúvida, assim, o sentido da existência humana em geral, e também o sentido do outro, de Deus, da História, da arte. O nome que assume a dúvida para alcançar esse despojamento inaugural é a náusea. A experiência da náusea, minuciosamente descrita, revela-se aos poucos uma força definitivamente reveladora.

> Alguma coisa me acontece, já não posso mais duvidar. ... não foram necessários mais de três segundos para que todas as minhas esperanças fossem varridas.
>
> *(A náusea*, p.168)

---

* Todas as citações são tomadas da edição francesa da obra de Jean-Paul Sartre (1905-1980), editada pela Gallimard.

234 Curso de filosofia

Éramos um monte de existências enfadadas, embaraçadas de nós mesmos, sem a menor razão para estarmos aí, nem uns nem outros; cada existente, confuso, inquieto, sentia-se demais em relação aos outros. ... E *eu* — fraco, enlanguecido, obsceno, digerindo, movendo mornos pensamentos — *eu também era demais*. (...) A palavra absurdidade nasce agora sob minha pena. (...) E sem nada formular claramente, compreendi que havia encontrado a chave da Existência, a chave de minhas náuseas, de minha própria vida. De fato, tudo o que consegui apreender em seguida se reduz a essa absurdidade fundamental.

(*A náusea*, p.163-4)

Mas eu, há pouco, fiz a experiência do absoluto: o absoluto ou o absurdo. ... Eu não estava surpreso, sabia que era o Mundo, o Mundo em sua nudez que se mostrava repentinamente, e eu sufocava de cólera contra esse grande ser absurdo.

(*A náusea*, p.170)

As teses fundamentais do existencialismo

A experiência da náusea põe de manifesto ao menos três coisas. Em primeiro lugar, a necessidade de converter a revelação do absurdo em um sentido que justifique a existência humana: o existencialismo deve ser um Humanismo. Em segundo lugar, a náusea revela, para mim mesmo, que eu sou consciência — a consciência é o "núcleo instantâneo" de minha existência. E em terceiro, essa consciência não pode ser sem o outro que não ela mesma, ela só existe por aquilo do qual ela tem consciência. O livro de Sartre chama-se *O ser e o nada:* o ser é o objeto, é tudo aquilo do qual tenho consciência; a consciência precisa do objeto para ser, sem objeto ela não vai além de seu próprio vazio — o sujeito é nada. E a partir do modo como esse sujeito se relaciona ao objeto pode ou não instaurar-se o Humanismo. O grande entrave à realização do Humanismo é aquilo que Sartre, como veremos, chama de má fé.

Nosso filósofo dedica poucas páginas ao ser. O que dele se poderia dizer? Que ele é, ele é o que ele é, mais nada. Ele é pleno, total, perfeito, ilimitado, nada pode perturbá-lo, pois ele não tem a menor consciência de si mesmo; ele é, pura e simplesmente. Já com o nada as coisas se complicam, e o grande tema do ensaio de Sartre é a consciência.

O ser se define pelo princípio de identidade: ele é o que ele é. A consciência, ao contrário, não é idêntica consigo mesma, toda busca de autoidentificação devolve-a imediatamente ao outro que não ela mesma: para ser deve ser consciência de algo. Assim, a consciência só se deixa definir pelo princípio de contradição: ela é o que não é e não é o que é. Ou seja: ela é necessariamente consciência de alguma coisa, mas ela nunca consegue identificar-se com esse conteúdo que a constitui. Vale dizer que a consciência é intencional, tema tirado da fenomenologia de Husserl e radicalizado por Sartre. Sartre chama o ser de em-si e a consciência de para-si, e estas são as colunas mestras de todo o seu pensamento.

> O em-si é pleno de si mesmo e não se poderia imaginar plenitude mais total, adequação mais perfeita do conteúdo ao continente: não existe o menor vazio no ser, a menor fissura por onde se pudesse introduzir o nada.
>
> <div align="right">(<i>O ser e o nada</i>, p.116)</div>

> O homem é o ser pelo qual o nada vem ao mundo.
>
> <div align="right">(<i>O ser e o nada</i>, p.60)</div>

> A consciência nada tem de substancial, é uma pura "aparência", no sentido de que só existe na medida em que se aparece.
>
> <div align="right">(<i>O ser e o nada</i>, p.23)</div>

> A consciência é um ser que, em seu ser, é consciência do nada de seu ser.
>
> <div align="right">(<i>O ser e o nada</i>, p.85)</div>

> O ser da consciência não coincide consigo mesmo em uma adequação plena. ... A característica da consciência é que ela é uma descompressão do ser. É impossível, com efeito, defini-la como coincidência consigo própria. Desta mesa, posso dizer que ela é pura e simplesmente *esta* mesa. Mas de minha crença (por exemplo), não me posso limitar a dizer que é crença: minha crença é consciência (de) crença.
>
> <div align="right">(<i>O ser e o nada</i>, p.116)</div>

> O para-si é responsável em seu ser por sua relação com o em-si ou, se se preferir, ele se produz originariamente sobre o fundamento de uma relação com o em-si. ... (A consciência é) um ser para o qual se trata, em seu ser, do problema de seu ser enquanto esse ser implica um ser outro que não ele.
>
> <div align="right">(<i>O ser e o nada</i>, p.220)</div>

236   Curso de filosofia

Sartre chama de má fé a tendência, inerente à condição humana, de fazer com que a consciência esqueça o nada que é seu fundamento, para identificar-se de alguma forma com o ser. Assim, o homem crê que crê, ele se toma como ser-crença, quando em verdade ele é consciência da crença. O nada é essa distância inaugurada pela consciência e que corrói o ser em seu próprio cerne. O homem é habitado por uma falácia: o desejo de ser, que é o desejo de fundamentar-se a partir do outro que não ele mesmo. O Humanismo existencialista exige que o homem seja "o fundamento sem fundamento de todos os valores", que ele se invente a partir do nada que ele é, ao invés de autodeterminar-se por algo que lhe é exterior — seja a família, o Estado, um partido político, a religião, os valores ou qualquer tipo de determinismo social, biológico ou psicológico.

A intersubjetividade

O grande desbravador de caminhos, nesta questão, foi Hegel. A sua intuição genial, expressa na dialética do mestre e do escravo, foi mostrar que a consciência depende, em seu próprio cerne, e para ser, do reconhecimento de outra consciência: eu só sou na medida em que o outro me reconhece como tal. Heidegger não é menos incisivo: o homem é, originariamente, ser-com, a relação eu-tu é compreendida a partir do nós; a dimensão "coletiva" do homem não se acrescenta a um eu inicialmente solitário. Em Sartre as coisas se fazem mais complicadas.

O ponto de partida está no olhar. É "infinitamente provável" que o homem que vejo passar seja mais que um boneco aperfeiçoado. Sartre pretende que há uma "ligação fundamental" entre o eu e o tu. Se olho os olhos do outro, sua cor, por exemplo, apreendo um objeto. Mas se capto o olhar do outro tudo muda de figura, pois aí me sinto visto pelo outro, e sei que atrás do olhar do outro há uma consciência. Acontece que o olhar do outro me reduz à condição de objeto, de um em-si. Disso deriva o sentimento originário da minha relação com o outro, que é a vergonha. Tudo se passa como se o outro me flagrasse em meu menos ser, nessa incompletude radical a que me condena o nada que eu sou. A consequência não se faz esperar: a relação intersubjetiva se dá necessariamente no horizonte do conflito; ou bem o outro me olha e sou objeto para ele, ou então reajo e transformo o outro em objeto através do meu olhar. A relação objeto-objeto não existe, o em-si é exterior a si próprio. E a relação sujeito-sujeito também termina não se verificando: como poderia o nada relacionar-se com o nada? Assim, a intersubjetividade só se concretiza com o recurso à dicotomia sujeito-objeto.

> O outro é, por princípio, aquele que me olha.
>
> (*O ser e o nada*, p.315)

> O olhar é, antes de mais nada, um intermediário que remete de mim a mim mesmo.
>
> (*O ser e o nada*, p.316)

> Quando sou visto, tenho, de repente, consciência de mim enquanto escapo a mim mesmo, não enquanto sou o fundamento de meu próprio nada, mas enquanto tenho o meu fundamento fora de mim. Só sou para mim como pura devolução ao outro.
>
> (*O ser e o nada*, p.318)

> A vergonha é vergonha de *si*, ela é *reconhecimento* de que eu realmente *sou* esse objeto que o outro olha e julga. Só posso ter vergonha de minha liberdade enquanto ela me escapa para tornar-se objeto *dado*.
>
> (*O ser e o nada*, p.319)

A liberdade

O tema da liberdade é o núcleo central do pensamento sartriano e como que resume toda a sua doutrina. Sua tese é insólita: a liberdade é absoluta ou não existe. Sartre recusa todo determinismo e mesmo qualquer forma de condicionamento. Assim, ele recusa Deus e inverte a tese de Lutero; para este, a liberdade não existe justamente porque Deus tudo sabe e tudo prevê. Mas como Deus não existe, a liberdade é absoluta. E recusa também o determinismo materialista: se tudo se reduzisse à matéria, não haveria consciência e não haveria liberdade. Qual é, então, o fundamento da liberdade? É o nada, o indeterminismo absoluto. Agora entende-se melhor a má fé: a tendência a ser termina sendo a negação da liberdade. Se o fundamento da consciência é o nada, nenhum ser consegue ser princípio de explicação do comportamento humano. Não há nenhum tipo de essência — divina, biológica,

238   Curso de filosofia

psicológica ou social — que anteceda e possa justificar o ato livre. É o próprio ato que tudo justifica. Por exemplo: de certo modo, eu escolho inclusive o meu nascimento. Por quê? Se eu me explicasse a partir de meu nascimento, de uma certa constituição psicossomática, eu seria apenas uma sucessão de objetos. Mas o homem não é objeto, ele é sujeito. Isso significa que, aqui e agora, a cada instante, é a minha consciência que está "escolhendo", para mim, aquilo que meu nascimento foi. O modo como sou meu nascimento é eternamente mediado pela consciência, ou seja, pelo nada. A falsificação da liberdade, ou a má fé, reside precisamente na invenção dos determinismos de toda espécie, que põem no lugar do nada o ser.

> Somos separados das coisas por nada, *apenas por nossa liberdade*; é ela que faz que *haja* coisas com toda sua indiferença, sua imprevisibilidade e sua adversidade, e que nós sejamos inelutavelmente separados delas, pois é sobre um fundo de nadificação que elas aparecem e que se revelam como ligadas umas às outras.
>
> (*O ser e o nada*, p.591)

> A *natureza* do passado é dada ao passado pela escolha original de um futuro.
>
> (*O ser e o nada*, p.578)

> A única força do passado lhe advém do futuro.
>
> (*O ser e o nada*, p.580)

> A liberdade que é *minha liberdade* permanece total e infinita.
>
> (*O ser e o nada*, p.632)

> Em certo sentido, eu *escolho* ter nascido.
>
> (*O ser e o nada*, p.641)

> Eu sou responsável por tudo, salvo por minha própria responsabilidade, porque eu não sou o fundamento de meu ser.
>
> (*O ser e o nada*, p.641)

> A liberdade é o único fundamento dos valores e *nada*, absolutamente nada, me justifica ao adotar tal ou tal valor, tal ou tal escala de valores. Enquanto ser pelo qual os valores existem eu sou injustificável. E minha liberdade se angustia de ser o fundamento sem fundamento dos valores.
>
> (*O ser e o nada*, p.76)

O homem é apenas seu projeto, só existe na medida em que se realiza, ele é tão somente o conjunto de seus atos.

(*O existencialismo é um humanismo*, p.55)

Todo homem se refugia na desculpa de suas paixões, todo homem que inventa um determinismo é um homem de má fé.

(*O existencialismo é um humanismo*, p.81)

Nossa responsabilidade é muito maior do que poderíamos supor, porque ela engaja a humanidade inteira.

(*O existencialismo é um humanismo*, p.26)

Sou responsável por mim mesmo e por todos, e crio uma certa imagem do homem que eu escolho: escolhendo a mim, escolho o homem.

(*O existencialismo é um humanismo*, p.27)

Cada vez que o homem escolhe seu compromisso e seu projeto com toda sinceridade e com toda lucidez, torna-se-lhe impossível preferir um outro.

(*O existencialismo é um humanismo*, p.79)

Existencialismo e marxismo

Na sua primeira fase, Sartre fala em ontologia e pretende dar conta da condição humana como tal; a partir dos anos 60 prefere a palavra antropologia, publica a *Crítica da razão dialética* e pergunta pela condição humana tal como ela se manifesta hoje. A grande virada concentra-se toda na descoberta da história, entendida através dos contornos bem definidos do marxismo. A análise dos fatos cede o seu lugar à interpretação dos acontecimentos.

De um lado, Sartre faz o elogio do marxismo: trata-se de uma filosofia jovem, que corresponde às exigências de nosso tempo por conseguir equacionar os problemas que ainda precisam de solução. Mas de outro lado, Sartre procede a uma crítica do marxismo e faz graves censuras aos caminhos percorridos pelas ideias de Marx em sua evolução histórica. É que, frequentemente, o marxismo marginaliza e esquece o sentido da existência humana, o valor insubstituível do indivíduo e da liberdade, transformando a doutrina num princípio de terror. No fundo, o que Sartre faz é retomar e ampliar a sua velha

240 Curso de filosofia

doutrina da má fé, que passa agora por qualquer coisa como um processo de socialização. O ateu Sartre continua ferrenho inimigo de qualquer forma de materialismo: sempre que se interpreta a história a partir da categoria do objeto, através, por exemplo, de leis econômicas, a subjetividade humana é abandonada, o homem é desfigurado. E contra esse perigo sempre iminente, faz-se necessário que se coloque na base da doutrina, como sua única razão de ser, o indivíduo concreto, a subjetividade individual, livre e consciente. Por aí, existencialismo e marxismo convergiriam na configuração de um novo humanismo.

> Desde que ele (Merleau-Ponty) aprendera a História, eu já não era o seu igual. Continuava a questionar os fatos, quando ele já tentava fazer falar os acontecimentos. Os fatos se repetem.
>
> (*Situações IV*, p.206)

> Ele foi meu guia; *Humanismo e terror* é que me fez dar o salto. Este pequeno livro tão denso mostrou-me o método e o objeto: deu-me a sacudida necessária para arrancar-me de meu imobilismo.
>
> (*Situações*, p.215)

> E são estas duas ideias — difíceis, reconheço: o homem é livre — o homem é o ser pelo qual o homem se torna objeto — que definem o nosso estatuto presente e permitem compreender a *opressão*.
>
> (*Situações*, p.109)

> Nossa liberdade hoje não é nada mais que a *livre escolha de lutar para nos tornarmos livres*. E o aspecto paradoxal desta fórmula exprime simplesmente o paradoxo de nossa condição *histórica*. Não se trata de *enjaular* meus contemporâneos: eles já estão na jaula.
>
> (*Situações*, p.110)

> Há *uma* história humana, com *uma verdade* e *uma* inteligibilidade.
>
> (*Crítica da razão dialética*, p.156)

> [Há uma] totalização perpetuamente em curso como História e como Verdade histórica.
>
> (*Crítica da razão dialética*, p.10)

> [O marxismo] permanece a filosofia de nosso tempo ... as circunstâncias que o geraram ainda não foram vencidas.
>
> (*Crítica da razão dialética*, p.29)

O marxismo parou: precisamente porque esta filosofia quer mudar o mundo, porque ela visa o tornar-se mundo da filosofia, porque ela é e quer ser prática, operou-se nela uma verdadeira cisão que lançou a teoria de um lado e a práxis do outro.

(Crítica da razão dialética, p.25)

O método se identifica ao Terror por sua recusa inflexível de diferençar.

(Crítica da razão dialética, p.40)

Nós censuramos ao marxismo contemporâneo o relegar ao azar todas as determinações concretas da vida humana ... . O resultado é que ele perdeu inteiramente o sentido do que seja um homem: ele não dispõe, para preencher as suas lacunas, senão da absurda psicologia de Pavlov.

(Crítica da razão dialética, p.58)

O marxismo degenerará em uma antropologia inumana se não reintegrar em si o próprio homem como seu fundamento.

(Crítica da razão dialética, p.109)

No momento em que a pesquisa marxista assumir a dimensão humana (isto é, o projeto existencial) como o fundamento do Saber antropológico, o existencialismo não terá mais razão de ser: absorvido, excedido e conservado pelo movimento totalizante da filosofia, ele cessará de ser uma pesquisa particular para tornar-se o fundamento de toda pesquisa.

(Crítica da razão dialética, p.111)

BIBLIOGRAFIA

Entre as obras de Sartre já traduzidas para o português destacam-se, para um primeiro contato com o existencialismo, as seguintes:

O existencialismo é um humanismo, Lisboa, Editorial Presença.
A tradução vem precedida de uma longa análise do pensamento de Sartre, por Vergílio Ferreira.

Questões de método, São Paulo, Difusão Europeia do Livro.
Trata-se da Introdução da *Crítica da razão dialética.*

As palavras, São Paulo, Difusão Europeia do Livro.

242   Curso de filosofia

Outras indicações:

Bornheim, Gerd A., *Sartre — metafísica e existencialismo*, São Paulo, Perspectiva.

_____ *O idiota e o espírito objetivo*, Rio de Janeiro, Globo.

Cranston, Maurice, *Sartre*, Rio de Janeiro, Civilização Brasileira.

Danto, Arthur C., *Sartre*, São Paulo, Cultrix.

Foulquié, Paul, *O existencialismo*, São Paulo, Difusão Europeia do Livro.

Garaudy, Roger, *Perspectivas do homem*, Rio de Janeiro, Civilização Brasileira.

Mounier, Emmanuel, *Introdução aos existencialismos*, São Paulo, Duas Cidades.

Penha, João da, *O que é existencialismo*, São Paulo, Brasiliense.

PALAVRA-CHAVE

Existencialismo
Doutrina que centraliza toda a filosofia no valor do indivíduo concreto. A afirmação de Heidegger de que a existência precede a essência caracteriza o existencialismo em sua acepção mais típica; ela quer dizer que, em primeiro lugar, está o ato de existir, e que toda possível determinação por uma essência anterior a esse ato é manipulada pelo existir. O único filósofo que aceitava a palavra existencialismo para a sua doutrina foi Sartre. Na acepção mais ampla da palavra, contudo, podem ser classificados como existencialistas muitos pensadores: Kierkegaard, Heidegger, Gabriel Marcel, Karl Jaspers, Unamuno, Abbagnano, Chestov, Albert Camus etc.

QUESTÕES

1. Por que o existencialismo dá tanto valor ao indivíduo?
2. O que significa que a existência precede a essência?
3. Qual é a relação do existencialismo com a sociedade?
4. Por que a liberdade é absoluta?

TEMAS PARA DEBATE

1. A importância do indivíduo e a crise dos universais.

2. O conceito burguês de liberdade enquanto levado às últimas consequências por Sartre.

3. O individualismo e a abertura para o social.

4. A importância da intersubjetividade.

Capítulo 14

A Filosofia Analítica

Vera Cristina de Andrade Bueno*
Luiz Carlos Pereira**

Definição

Quando usamos a expressão "filosofia analítica", estamos querendo referir-nos a um modo de fazer filosofia que acredita que os problemas filosóficos *possam* e *devam* ser resolvidos por meio de uma análise da linguagem. Isso significa que a atividade filosófica deve preocupar-se com o esclarecimento das expressões linguísticas e, mais abstratamente, com questões sobre a significação, a verdade, a referência. Muitas vezes lidamos com expressões que nos podem confundir, que, em vez de revelar um verdadeiro problema filosófico, não fazem mais do que revelar um falso problema. Assim, a atenção para com as expressões linguísticas e seus elementos constitutivos revela um cuidado para com a maneira pela qual falamos das coisas e dos problemas por ela levantados.

Contexto histórico

A filosofia analítica teve início na virada do século, mas corresponde a uma concepção tradicional que entende a atividade filosófica como atividade *a priori*, isto é, como atividade cuja validade não depende de uma verificação na experiência, como acontece com a ciência. A com-

---

* Professora de epistemologia da PUC/RJ e da UFF.
** Professor de lógica da Unicamp e da PUC/RJ.

A filosofia analítica   245

preensão filosófica se dá por meio da análise e da explicitação dos conceitos que constituem as expressões filosóficas, e da possibilidade que a explicitação feita tem de se defrontar com outras posições filosóficas. Assim a validade de uma determinada análise se verificará se ela se sair vitoriosa no confronto com outras posições. Se é assim, não se tem ainda uma ideia precisa do que seja a filosofia analítica, enquanto não se determinar o que se entende exatamente por "fazer análise da linguagem", enquanto não se precisar o tipo de análise em questão. Para fazer isso, vamos partir das diversas formas que tomou o movimento da filosofia analítica no decorrer de sua história. Vamos restringir-nos aos quatro momentos que marcaram seu início.

1. O primeiro momento é aquele no qual começa a ocorrer uma mudança na concepção de filosofia. É aquele em que os filósofos começam a ver que as questões sobre o *sentido* e sobre a linguagem desempenham um papel fundamental na filosofia. Para esse momento, muito contribuiu G. Frege (1848-1925). Ao se perguntar pelo sentido das ideias que os homens têm a respeito do mundo e da mente humana, Frege vai colocar no centro da atividade filosófica questões sobre a linguagem. Tendo em vista eliminar a influência que as palavras da linguagem ordinária possam ter sobre a filosofia, ele vai construir uma ideografia, uma linguagem formal. Com esse procedimento, questões sobre a linguagem ganham precedência sobre questões que versam sobre *o quê* e *como* podemos conhecer. Vejamos o que Frege diz a respeito da tarefa da filosofia.

> Se uma das tarefas da filosofia é derrubar a dominação da palavra sobre o espírito humano, ao desnudar os equívocos que, através do uso da linguagem com frequência e quase que inevitavelmente surgem com respeito às relações entre os conceitos, o liberar o pensamento daquilo que apenas por meio das expressões da linguagem ordinária, constituídas como são, sobrecarregam-na, então, minha ideografia, desenvolvida adiante, para esses propósitos, pode tornar-se um instrumento útil para o filósofo. Certamente, ela não conseguiria reproduzir ideias numa forma pura, e isso provavelmente não pode deixar de ser assim, pois as ideias são representadas por meios concretos, mas, por um lado, podemos restringir as discrepâncias àquelas que são inevitáveis e inofensivas e, por outro, o fato de elas serem de um tipo completamente diferente daquelas peculiares à linguagem ordinária já dá proteção contra a influência específica que os meios particulares de expressão possam exercer.
>
> (G. Frege, "Begriffsschrift", in *From Frege to Gödel*. Cambridge/Londres, Harvard University Press, 1981, p.7)

246 Curso de filosofia

No entanto, a linguagem torna-se uma preocupação filosófica por excelência com dois filósofos ingleses, G.E. Moore (1873-1958) e B. Russell (1872-1970). Esses filósofos têm em comum a crítica à postura idealista vigente, nesse momento, na Inglaterra. Contra o idealismo, Moore reafirma a existência de um mundo físico, independente da mente humana, que contém uma série de objetos individualizados. Para Moore, se não podemos questionar a crença na existência do mundo, podemos, no entanto, questionar a *interpretação* segundo a qual a crença no mundo é explicitada. A tarefa do filósofo consiste, portanto, em *analisar*, em *interpretar* e dar sentido à linguagem na qual essas crenças são explicitadas.

Russell também não duvida da existência de um mundo exterior e da pluralidade de elementos nele existente. Mas aceitar isso não significa que se possa justificar tudo o que é afirmado pelo senso comum. Assim sendo, Russell admite dois tipos de análise: uma *lógica* e outra *metafísica*. Todas as vezes em que a forma verbal da proposição se revelar obscura, torna-se necessário recorrer à análise lógica. Muitas vezes uma proposição parece simples e singular, como "O autor de *Grande sertão: veredas* era brasileiro". Sua análise, porém, revelará que ela é complexa e geral. Ela envolve uma quantificação existencial. Ela pressupõe a afirmação de que existe um indivíduo e que esse indivíduo é escritor e é brasileiro. Reparem como Russell procede na análise da proposição de "O autor de *Waverly* era escocês".

> ... a proposição "o autor de *Waverly* era escocês" envolve:
> 1) "X escreveu *Waverly*" não é sempre falsa;
> 2) "se X e Y escreveram *Waverly*, X e Y são idênticos;
> 3) "se X escreveu *Waverly*, X era escocês" é sempre verdadeira.
> Essas três proposições, traduzidas para a linguagem ordinária, dizem:
> 1) pelo menos uma pessoa escreveu *Waverly*;
> 2) no máximo uma pessoa escreveu *Waverly*;
> 3) quem quer que tenha escrito *Waverly* era escocês.
> (B. Russell, *Introdução à filosofia da matemática*, Rio de Janeiro, Zahar Editores, 1974, p.169)

E todas as vezes em que a proposição se referir a coisas, relações e características do mundo que sejam complexas, devem-se substituir os nomes das entidades complexas por nomes de entidades mais fundamentais. Trata-se da análise metafísica. Isso deverá ser feito de tal forma que o conteúdo da proposição não seja modificado. Faz-se uma *refor-*

mulação da proposição, uma tradução, se assim podemos dizer. Russell chama as entidades complexas de "construções lógicas". Os objetos materiais são construções lógicas feitas a partir dos dados fornecidos pelos sentidos, os dados sensíveis. Assim, podem-se substituir, numa proposição, os nomes dos objetos, isto é, das construções lógicas, por nomes dos dados dos sentidos, sem modificar aquilo que a proposição diz. Se é assim, os nomes dos objetos, para Russell, são supérfluos.

Apesar de algumas vantagens que esse modo de fazer análise trouxe para a filosofia num primeiro momento, no que diz respeito à reformulação dos termos mais complexos em termos mais simples, começaram a surgir algumas dificuldades. Como analisar, numa proposição, conceitos que indiquem entidades como uma nação? Vejamos a seguinte proposição:

(1) O Brasil assinou um acordo com o FMI.

Como poderemos analisar "Brasil"? Será que podemos fazê-lo na forma de (2)?

(2) Os brasileiros assinaram um acordo com o FMI.

Se (1) é verdadeira, será que (2) também é? É verdade que cada um dos brasileiros assinou o acordo? Se (2) não é verdadeira, então as duas proposições não podem estar dizendo *exatamente* a mesma coisa. Podemos, ainda, tentar a análise nos seguintes termos:

(3) O ministro da Fazenda assinou um acordo com o FMI.

Mas o ministro da Fazenda também não é o Brasil, ainda que possa ser o representante do Brasil. Assim, ainda que a frase analisada diga *mais ou menos* a mesma coisa, ela não diz *exatamente* a mesma coisa. A análise não consegue decompor, de modo adequado, os termos complexos. E como os filósofos queriam justamente, evitar as inadequações e as confusões que a linguagem pudesse oferecer, passaram a não levar mais em conta o pressuposto metafísico que, em última análise, justificava esse procedimento de reduzir os termos mais complexos aos mais fundamentais. Os conceitos fundamentais estavam relacionados aos indivíduos existentes no mundo. A cada proposição simples, que Russell chamava de proposição atômica, correspondia um fato simples, o fato atômico. A esse modo de ver as coisas se dá o nome de *atomismo lógico*. Ao abandonar o pressuposto metafísico, os filósofos empenharam-se na construção de linguagens formais cada vez mais rigorosas. Essa mudança na concepção de análise constitui o momento seguinte.

248   Curso de filosofia

2. O segundo momento da filosofia analítica vai continuar a intensificar a busca de uma estrutura lógica mais transparente que possa dar conta do funcionamento da linguagem e, além disso, abandonar os pressupostos metafísicos. A formalização que até então estava ligada ao escopo da matemática amplia-se agora para o da ciência. Essa fase da filosofia analítica ficou conhecida por *positivismo* ou *empirismo lógico*. Contribuíram para esse tipo de análise o próprio Russell e L. Wittgenstein (1889-1951), que trabalhou com Russell na primeira fase do movimento analítico, além de M. Schlick (1882-1936), R. Carnap (1891-1970) e A. Ayer (1910-   ), entre outros. Carnap diz o seguinte a respeito das vantagens do uso de uma linguagem formal:

> Observemos agora, brevemente, a *linguagem da ciência*. Ainda hoje é fundamentalmente uma linguagem natural (com exceção de sua parte matemática), com somente algumas convenções feitas explicitamente para algumas palavras ou símbolos especiais. É uma variante da linguagem pré-científica, causada por necessidades profissionais especiais. O grau de precisão aqui é em geral consideravelmente maior (isto é, o grau de vacuidade é menor) do que na linguagem cotidiana, e esse grau aumenta continuamente. ... Nos mais velhos livros de química, por exemplo, havia um grande número de enunciados que descreviam as propriedades de uma substância dada, digamos, água ou ácido sulfúrico, incluindo suas reações com outras substâncias. Não havia nenhuma indicação clara com relação a quais dessas numerosas propriedades se deveriam considerar como essenciais ou definitórias da substância. ... Mas na química houve um desenvolvimento rápido a partir do estado descrito até estados de precisão intencional cada vez maiores. Na base da teoria dos elementos químicos, escolheram-se lentamente, de maneira cada vez mais explícita, determinadas propriedades essenciais. Para um composto, considerou-se a fórmula molecular (por exemplo, H_2O) como definitória, e posteriormente o diagrama da estrutura molecular. ... Atualmente, podemos observar as vantagens já obtidas pelas convenções explícitas que foram feitas, embora apenas numa extensão muito limitada, na linguagem da ciência empírica, e podemos observar as grandes vantagens efetuadas pela formalização em grau maior da linguagem matemática. Suponhamos — como de fato acredito, mas que é exterior à presente discussão — que essa tendência em direção a regras explícitas continuará.
>
> (R. Carnap, "Significado e sinonímia nas linguagens naturais",
> in Schlick e Carnap, Col. Os Pensadores.
> São Paulo, Abril Cultural, 1980, p.136-7)

A filosofia analítica   249

Carnap procura mostrar que se pode entender melhor uma linguagem se ela, em lugar de tentar descrever as propriedades de uma substância, *referir-se* à substância através de uma *fórmula convencional* como H_2O. A ciência progride, então, na medida em que sua linguagem abandona certos pressupostos metafísicos e define convencionalmente, através de uma fórmula, aquilo sobre o que ela está falando.

Esses dois primeiros momentos da filosofia analítica da linguagem, ainda que se distingam pelo tipo de análise que fazem, têm em comum a ideia de que o significado de uma proposição depende de sua *verificação*, isto é, depende do fato de se encontrar ou não uma situação que corresponda àquilo que diz a frase: de sua *verdade* ou *falsidade*. O atomismo lógico pressupõe que um fato atômico corresponda à proposição atômica, e o positivismo lógico pressupõe que as proposições da linguagem terão, de algum modo, de ser verificadas na experiência. A colocação da verdade como condição de significação, por esses dois tipos de análise, vai ser questionada nos momentos seguintes. O problema da significação passa agora a estar ligado ao do *uso* de uma expressão linguística. É o que veremos a seguir.

3. O terceiro momento da filosofia analítica adota uma posição bem diferente daquela adotada pelo atomismo e pelo positivismo lógicos. Ele é representado pelo trabalho de Wittgenstein numa segunda fase. Ainda que inicialmente Wittgenstein tenha participado com Russell, de forma bem intensa, do primeiro momento da filosofia analítica, num segundo momento do seu trabalho ele se dá conta de que as imprecisões e generalizações dos termos da linguagem ordinária deveriam ser entendidas da maneira como se manifestam. Elas não devem ser reduzidas a termos mais simples, a partir dos termos mais gerais. Se a análise já havia mostrado a impossibilidade de uma redução legítima entre um conceito lógico e um conceito empírico, Wittgenstein se deu conta de que a impossibilidade de redução não diz respeito apenas a esses dois tipos de conceitos, mas praticamente a todas as maneiras pelas quais usamos a linguagem. Falar a respeito de objetos é diferente do falar de nossas sensações. É como se jogássemos jogos de regras diferentes. As regras do futebol não são as mesmas do vôlei. Analisar uma proposição geral sobre as coisas numa proposição singular que revelaria nossas sensações sobre os indivíduos que compõem essas coisas é querer reduzir um tipo de jogo a outro. Tampouco tem sentido, como faziam os positivistas, pressupor que a formalização

250   Curso de filosofia

da linguagem seja sempre a melhor forma de se obter precisão em termos de significação. Wittgenstein admite, portanto, *diversas maneiras de se usar a linguagem*, e isso, na sua maneira de ver, é admitir a existência de vários jogos de linguagem, com suas regras próprias, irredutíveis umas às outras. A esse respeito ele diz o seguinte:

> §23. Quantas espécies de frases existem? Afirmação, pergunta e comando, talvez? — Há inúmeras de tais espécies: inúmeras espécies diferentes de emprego daquilo que chamamos de "signo", "palavras", "frases". E essa pluralidade não é nada fixo, um dado para sempre; mas novos tipos de linguagem, novos jogos de linguagem, como poderíamos dizer, nascem e outros envelhecem e são esquecidos. (Uma imagem aproximada disso podem nos dar as modificações da matemática.)

> O termo *"jogo* de linguagem" deve aqui salientar que o falar da linguagem é uma parte de uma atividade ou de uma forma de vida.
> Imagine a multiplicidade de jogos de linguagem por meio destes exemplos e outros:

> Comandar, e agir segundo comandos —
> Descrever um objeto conforme aparência ou conforme medidas —
> Produzir um objeto segundo uma descrição (desenho) —
> Relatar um acontecimento —
> Conjecturar sobre o acontecimento —
> Expor uma hipótese e prová-la —
> Apresentar os resultados de um experimento por meio de tabelas e diagramas —
> Inventar uma história; ler —
> Representar teatro —
> Cantar uma cantiga de roda —
> Resolver enigmas —
> Fazer uma anedota; contar —
> Resolver um exemplo de cálculo aplicado —
> Traduzir de uma língua para outra —
> Pedir, agradecer, maldizer, saudar, orar.

> É interessante comparar a multiplicidade das ferramentas da linguagem e seus modos de emprego, a multiplicidade das espécies de palavras e frases com aquilo que os lógicos disseram sobre a estrutura da linguagem. (E também o autor do *Tractatus logico-philosophicus*)
> (L. Wittgenstein, *Investigações filosóficas*, in Col. Os Pensadores. São Paulo, Abril Cultural, 1979, p.18-9)

A filosofia analítica   251

4. O quarto momento da filosofia analítica também deixa de lado a preocupação com a construção de linguagens formais. Ele vai ater-se ao estudo da linguagem ordinária, mas vai fazer um tipo de análise diferente daquele feito por Wittgenstein. Vai partir, pelo menos inicialmente, da preferência que se dá a um ou outro termo da linguagem. Essa maneira de se trabalhar com a linguagem ocorreu em Oxford, enquanto os trabalhos de Wittgenstein se deram em Cambridge. As diferentes maneiras de uma e de outra escola entenderem a linguagem devem-se, em parte, à diferente formação dos filósofos que delas participam. Os filósofos analíticos de Cambrigde, Russell e Wittgenstein, vieram para a filosofia após um longo trabalho em matemática. Os filósofos da Escola de Oxford entram na filosofia após um longo estudo das ciências humanas clássicas. O estudo da diferença entre o uso das palavras, da sintaxe, das expressões idiomáticas, além de reverter em benefício da compreensão dos problemas filosóficos, revela o interesse que têm pela linguagem em si mesma. Para os filósofos da Escola de Oxford, a linguagem natural, com sua variedade de termos e considerada pela grande maioria dos filósofos analíticos como não sendo adequada para o pensamento, é de grande valor, pois ela contém todas as distinções que os homens estabeleceram no decorrer do uso que dela fizeram. Os termos da linguagem natural são exatos onde têm necessidade de ser assim, e vagos onde a precisão não se faz necessária. Todos os que sabem usar a linguagem têm conhecimento implícito desses conceitos e nuanças. Os filósofos, por terem uma concepção diferente da linguagem ordinária, não prestam a devida atenção à maneira como ela funciona. Nesse sentido, a Escola de Oxford dedicou-se ao estudo aprofundado e minucioso da linguagem ordinária, estudo que revela riquezas encobertas e explica distinções a respeito das quais temos apenas um conhecimento confuso. Esse estudo é feito através das descrições das diversas funções das expressões linguísticas. G. Ryle (1910-   ) pertence à Escola de Oxford, mas seu principal representante é J. Austin (1911 1960).

O trabalho de Austin caracterizou-se por duas maneiras diferentes, ainda que *não exclusivas*, de fazer análise. Uma em que ele se atém mais ao modo pelo qual empregamos as palavras. Austin pretende que, a partir do exame do uso da linguagem, possamos melhor compreender o mundo e as coisas que nele se encontram. Essa maneira é mais descritiva e pretende exercer uma função de *método* para chegarmos às coisas. A outra é mais *teórica* e, através dela, Austin tenta uma sistema-

252 Curso de filosofia

tização das expressões linguísticas, de modo especial dos *performativos* e, mais tarde, dos *atos de fala*. Com a noção de performativo e de ato de fala, Austin se dá conta do caráter eminentemente prático da linguagem ordinária. A linguagem não tem apenas uma função *constatativa* de descrever as coisas do mundo; tem também uma função *performativa*, de realizar os atos mais diversos, como o de prometer, apostar, casar-se, afirmar, negar, cumprimentar etc. A descoberta e a sistematização dos atos de fala deu origem à *teoria dos atos de fala*, que Austin estava começando a formular quando morreu. As citações abaixo exemplificam o pensamento de Austin a respeito de cada um dos procedimentos.

> Mas existem também razões pelas quais este é um assunto atraente metodologicamente, pelo menos se partimos da "linguagem ordinária", isto é, do exame *do que deveríamos dizer e quando*, e portanto, o porquê e o que queremos dizer com ela. Talvez esse método, pelo menos como *um* método filosófico, não exija justificação no momento — ... mais oportuno seria uma advertência sobre o cuidado e a minúcia necessários se não se quiser cair em descrédito. Farei, no entanto, uma breve justificativa a respeito. Primeiro, as palavras são nossos instrumentos e, no mínimo, devemos servir-nos de instrumentos em bom estado: devemos preparar-nos logo para as armadilhas que a linguagem arma contra nós. Em segundo lugar, as palavras não são (exceto em seu próprio cantinho) fatos ou coisas: é-nos, portanto, necessário separá-las, retirá-las do mundo, de modo a que possamos reconhecer o que há de inadequado e de arbitrário, e que possamos olhar novamente o mundo sem antolhos. Em terceiro lugar, e com mais otimismo, nosso fundo comum de palavras contém todas as distinções que os homens acharam por bem estabelecer, e as distinções que acharam dignas de ser assinaladas no decorrer de uma série de gerações: essas naturalmente são as mais numerosas e as mais bem fundadas, desde que são aquelas que conseguiram manter-se no decorrer do longo teste de sobrevivência dos mais aptos e mais sutis, pelo menos no que diz respeito a todos os assuntos comuns e razoavelmente práticos de que você ou eu poderíamos imaginar em nossa poltrona no decorrer de uma tarde — o que seria o outro método mais apreciado.
>
> (J. Austin, "A Plea for Excuses", in *Philosophical Papers*, Oxford University Press, 1970, p.181-2)

Gostaria de examinar aqui e agora um tipo de uso da linguagem. Quero refletir sobre um tipo de proferimento que parece um enunciado e gramaticalmente, suponho, seria classificado como tal, que não é um absurdo, ainda que não seja nem verdadeiro nem falso. ... Trata-se de proferimentos inteiramente diretos, com verbos regulares, na primeira pessoa do singular do presente do indicativo, voz ativa, e que, apesar disso, veremos logo, não podem ser verdadeiros nem falsos. Além disso, se alguém proferir algo desse tipo, deveríamos dizer que esse alguém esta *fazendo* algo, e não apenas *dizendo* algo. Isso pode parecer um tanto curioso, mas na verdade os exemplos que darei não serão nada originais e poderão até, pelo contrário, parecer bastante insípidos. Eis um deles. Suponha por exemplo que no decorrer de uma cerimônia de casamento eu diga, como as pessoas geralmente dizem, "Aceito" (isto é, tomo esta mulher como minha legítima esposa segundo a lei). Ou então suponha que eu pise no seu pé e diga "Peço-lhe desculpas". Suponha ainda que, tendo uma garrafa de champanhe em mãos, eu diga: "Batizo este navio com o nome de *Queen Elizabeth*", ou que diga "Aposto seis cruzados como choverá amanhã". Em todos esses casos, seria absurdo encarar o que disse como o relato do desempenho de uma ação que, sem dúvida alguma, foi realizada — a ação de apostar, de batizar ou de pedir desculpas. Pelo contrário, deveríamos dizer que, ao proferir essas palavras, na verdade realizei uma ação determinada. Quando digo "Batizo este navio com o nome de *Queen Elizabeth*", não descrevo a cerimônia do batismo; e quando digo "Aceito" (isto é, tomo esta mulher como minha legítima esposa segundo a lei) não estou fazendo o relato sobre um casamento, estou me casando.

(J. Austin, "Performative Utterances", *in Philosophical Papers*,
Oxford University Press, 1970, p.235)

Tendo compreendido que o que temos de estudar *não* é a frase, mas a emissão de um proferimento numa situação de fala, dificilmente se deixará de ver que declarar algo consiste na realização de um ato. Mais ainda, se compararmos o ato de declarar com o que dissemos a respeito do ato ilocucionário, [veremos] que ele é um ato para o qual, assim como acontece com outros atos ilocucionários, é essencial que se "garanta a compreensão": a dúvida a respeito do fato de eu ter declarado algo se não se ouviu ou se compreendeu o que declarei é a mesma que a dúvida a respeito do fato de eu ter avisado ou protestado *sotto voce*, se não se tomou o que eu disse como um protesto e assim por diante.

(J. Austin, *How to Do Things with Words*,
Oxford University Press, 1962, p.138)

A doutrina da distinção entre os performativos/constatativos está para a doutrina dos atos locucionários e ilocucionários na situação total da

254   Curso de filosofia

fala como uma teoria *especial* em relação a uma teoria *geral*. ... O ato
de fala total na situação de fala total é o *único fenômeno real* que, em
última análise, estamos engajados em elucidar.

(J. Austin, *How to Do Things with Words*,
Oxford University Press, 1962, p.147)

Situação atual

Uma vez explicitadas, em linhas bem gerais, as primeiras concepções
da filosofia analítica, indicaremos as três correntes principais nas quais
ela se desenvolve atualmente. Essas três correntes constituem-se a
partir das diferentes respostas que dão para o problema da significação.

1) Para a *semântica formal*, o conceito básico no que diz respeito
à significação é o de *verdade*, assim como era para Frege, Russell e o
primeiro Wittgenstein. Nesse caso, compreender o sentido de uma
frase é compreender as condições de verdade da frase, ou ainda, e além
disso, compreender o sentido de uma expressão componente da frase
é compreender a contribuição que ela dá para o sentido da frase em
seu todo (D. Davidson). Dentro dessa perspectiva, podemos citar também a contribuição de M. Dummott e de E. Tugendhat, para os quais
não basta o conhecimento das condições de verdade para se saber o
sentido da frase, mas é preciso, ainda, saber como nos podemos assegurar do fato de essas condições estarem satisfeitas ou não. Nesse caso,
compreender o significado de uma frase é compreender um modo
possível de justificá-lo.

2) Para a *semântica intencional*, o conceito fundamental é o de
intenção comunicativa (P. Grice e P. Strawson). Segundo essa concepção, compreender o significado de uma frase é compreender o que se
quer dizer ao se proferir a frase, isto é, o tipo de resposta que se quer
evocar no ouvinte — uma crença, a realização de uma ação — em
virtude do reconhecimento de sua intenção comunicativa.

3) Para a *pragmática formal*, o conceito fundamental é o conceito
austiniano de *ato de fala*, mas especialmente, o conceito de ato ilocucionário, isto é, o caráter pragmático da linguagem e as pretensões de
validade erguidas com seu proferimento (J. Searle e J. Habermas). Para
essa concepção, compreender o significado de uma frase é compreender as condições de aceitabilidade do ato de fala específico que foi
realizado com o proferimento da frase.

A filosofia analítica da linguagem conhece grande expansão fora da Inglaterra, principalmente nos Estados Unidos e na Alemanha. Ela influencia fortemente filósofos de outra procedência, como é o caso de J. Habermas, pertence à Escola de Frankfurt. Pode-se compreender essa expansão desde que se compreenda que a filosofia analítica da linguagem não é uma doutrina, mas uma concepção metódica da filosofia.

QUESTÕES

1. Qual a importância de Frege para a filosofia analítica da linguagem?

2. Que é análise lógica e que é análise metafísica?

3. Que tipo de problema a análise empreendida pelo atomismo lógico levantou?

4. Qual a concepção que o positivismo lógico tem de uma linguagem significativa?

5. Qual a crítica que Wittgenstein, na segunda fase de seu trabalho, faz ao atomismo lógico?

6. Que é jogo de linguagem?

7. Que é ato de fala?

8. Em que medida a linguagem ordinária exerce a função de método na filosofia analítica da linguagem?

TEMAS PARA DEBATE

1. Filosofia analítica e filosofia tradicional.

2. Significação como verdade e significação como uso.

3. A filosofia analítica como concepção metodológica em oposição à filosofia como concepção doutrinária.

Capítulo 15

Visões da Modernidade

Eduardo Jardim de Moraes*
Kátia Muricy*

1. Introdução

Neste capítulo são apresentados três autores que, a partir de perspectivas diferentes, contribuíram com suas obras para a compreensão do universo político contemporâneo. São eles: Jürgen Habermas, Hannah Arendt e Michel Foucault.

Em Habermas, neste capítulo, é sublinhada a sua preocupação com a natureza do Estado tecnocrático e o surgimento de uma forma de ideologia que faz desaparecer da consciência dos homens a distinção entre as esferas do trabalho e da interação.

Em Hannah Arendt, indica-se sua caracterização do mundo contemporâneo, marcado pela presença de experiências políticas inéditas, como o totalitarismo. Apresentam-se, também, suas indicações para a superação dos impasses políticos do nosso tempo.

Em Foucault, encontra-se uma análise que busca caracterizar uma nova organização do poder nas sociedades modernas. O poder, indissociável do saber científico, não é compreendido como uma instância repressiva, centralizado no Estado e seus aparelhos, mas como uma rede dispersa no social e caracterizado pelo seu aspecto produtivo.

---

* Professores de filosofia da PUC/RJ.

2. Habermas e a teoria crítica da sociedade

Habermas é considerado o mais brilhante representante da segunda geração da Escola de Frankfurt. Os membros da Escola de Frankfurt (Horkheimer, Adorno e Marcuse, entre outros) agruparam-se, na década de 20, no Instituto para a Pesquisa Social, com a preocupação de elaborarem uma teoria crítica da sociedade. Sua pretensão era revitalizar os estudos marxistas, atualizando-os para que pudessem dar conta dos desdobramentos da história do capitalismo no nosso século. A intensa discussão intelectual na Alemanha da época, com a presença de pensadores como Weber e Lukács, estimulou em muito a realização de seu projeto.

3. Modernidade e racionalidade

O objetivo central da obra de Habermas consiste na caracterização das sociedades contemporâneas como sociedades racionalizadas. Ao falar em sociedades racionalizadas, Habermas não tem em mente o conceito de razão da tradição filosófica, mas uma forma específica de racionalidade — a de tipo instrumental — que se pauta pela organização dos meios para o atingimento de um fim determinado.

Essa definição de racionalidade está presente nos escritos de Max Weber. Ela foi, posteriormente, retomada no diagnóstico da modernidade, proposto pelos representantes da primeira geração da Escola de Frankfurt.

> Max Weber introduziu o conceito de "racionalidade" a fim de determinar a forma da atividade econômica capitalista, das relações de direito privado burguesas e da dominação burocrática. Racionalização quer dizer, antes de mais nada, ampliação dos setores sociais submetidos a padrões de decisão racional. A isso corresponde a industrialização do trabalho social, com a consequência de que os padrões de ação instrumental penetram também os outros domínios da vida ... .
>
> (*Técnica e ciência enquanto "ideologia"*)

4. O propósito da crítica de Habermas

Habermas não se satisfaz, entretanto, com a simples descrição do nosso mundo, cada vez mais submetido às regras da racionalidade instru-

258 Curso de filosofia

mental. Sua intenção, na linha de seus antecessores de Frankfurt, é a denúncia de que nesse mundo tecnicizado, orientado basicamente pelas preocupações relativas ao desenvolvimento acelerado da economia, uma das dimensões genuínas da espécie humana — a linguagem e a possibilidade de com ela nos comunicarmos — termina por se submeter também às regras de natureza técnica e por perder, dessa forma, a sua autonomia.

Para fundamentar o seu diagnóstico, Habermas parte de uma teoria da ação que reconhece duas esferas diferentes da atividade humana — o trabalho, ou esfera do agir racional-com-respeito-a-fins, e a interação. Cada uma dessas esferas se rege por critérios próprios. Mas o que ocorre na contemporaneidade é que os critérios que regem a esfera da interação ou da comunicação tendem a ser absorvidos pelos critérios que regem a esfera do trabalho. É essa absorção da esfera da interação ou da comunicação pela esfera do trabalho o grande sonho da tecnocracia.

> Quando seguimos essa intenção de autoestabilização de sistemas sociais, análoga à dos instintos, surge uma perspectiva peculiar, segundo a qual a estrutura de um dos dois tipos de ação, a saber, a esfera de funções do agir racional-com-respeito-a-fins, não só se torna preponderante face à contextura institucional, como também absorve pouco a pouco o agir comunicativo como tal.
>
> (*Técnica e ciência enquanto "ideologia"*)

5. A política na contemporaneidade

O diagnóstico proposto por Habermas a respeito da submissão da esfera da interação à esfera do trabalho sublinha sobretudo as consequências políticas desse processo. No mundo contemporâneo, a política deixa de ser entendida como o conjunto das atividades relacionadas à vida prática para se constituir como o campo da mera administração de questões de natureza técnica. A consequência disso é que o mundo contemporâneo se caracteriza por um processo de despolitização.

> Na medida em que a atividade do Estado é dirigida para a estabilidade e o crescimento do sistema econômico, a política assume um *caráter negativo* peculiar: ela visa eliminar as disfunções e evitar os riscos que

ameacem o sistema, portanto não para a realização de *objetivos práticos*, mas para a solução de *questões técnicas*.

(*Técnica e ciência enquanto "ideologia"*)

6. A ideologia tecnocrata

O que é mais preocupante, para Habermas, no contexto contemporâneo, é o fato de que a submissão da esfera da comunicação pela esfera do trabalho passa a não ser nem mesmo percebida pela massa da população, em função dos efeitos do surgimento de uma ideologia tecnocrata.

> A atuação dessa ideologia é a de subtrair a autocompreensão da sociedade, tanto do sistema de referência do agir comunicativo, como dos conceitos de interação, simbolicamente mediatizados, substituindo-a por um modelo científico. Nessa mesma medida, entra, no lugar de uma autocompreensão cultural determinada de um mundo do viver social, a autocoisificação do homem sob as categorias do agir racional-com-respeito-a-fins e do comportamento adaptativo.

7. A proposta de Habermas

A proposta de Habermas não é a da crítica da racionalidade instrumental como tal. Nesse ponto ele se distancia de um Marcuse, por exemplo, que aposta na elaboração de uma nova ciência e de uma nova técnica. Ela aponta, antes, para a necessidade de "descomprimir" a esfera da interação, aprisionada pela lógica daquela racionalidade. Será preciso, para Habermas, ampliar o sentido do conceito de racionalização de modo a que ele abarque, de forma diferenciada, as duas esferas do agir humano — o trabalho e a interação. Será preciso, sobretudo, estabelecer uma definição autônoma de racionalização para o campo da interação.

> Antes de mais nada, destaca-se nesse pano de fundo, com toda clareza, a necessidade de distinguir *dois conceitos de racionalização*. No nível dos subsistemas do agir racional-com-respeito-a-fins, o progresso técnico-científico, que já forçou a reorganização de instituições e setores parciais da sociedade, exige-se ainda em maior medida. Mas esse processo de

260 Curso de filosofia

desenvolvimento de forças produtivas pode tornar-se um potencial de liberação quando e só quando não substitui a racionalização num outro plano. *A racionalização no plano do quadro institucional* só se pode perfazer num meio de interação verbalmente mediatizada, a saber, por uma *descompressão no domínio comunicativo*. A discussão pública, que não sofre restrições e que é isenta de dominação, sobre a adequação e a conveniência de princípios e normas que orientem o agir à luz dos reflexos socioculturais dos subsistemas progressivos do agir racional-com-respeito-a-fins — uma comunicação dessa espécie, em todos os níveis dos processos políticos e repolitizados de formação da vontade, é o único meio no qual algo como uma "racionalização" é possível.

(*Técnica e ciência enquanto "ideologia"*)

PALAVRAS-CHAVE

Trabalho
O trabalho ou agir racional-com-respeito-a-fins corresponde, para Habermas, a uma das esferas da sua teoria da ação. No modelo da ação racional-com-respeito-a-fins, o ator é orientado para a realização de um fim; o sucesso da sua ação é medido pelo alcance maior ou menor na realização do estado-de-coisas que é pretendido. Habermas pretende mostrar, a partir de sua análise do conceito de trabalho, o quanto as regras que regem essa esfera do agir humano tendem, na contemporaneidade, a determinar a atividade humana como um todo.

Interação
A interação ou agir comunicativo, na teoria da ação de Habermas, constitui uma das esferas do agir humano. Por ações comunicativas, Habermas entende as interações sociais que se manifestam em realizações cooperativas com vistas a alcançar a compreensão entre seus participantes. A ação comunicativa ou interação, no diagnóstico do nosso tempo proposto por Habermas, precisaria ser "descomprimida" para que pudesse instaurar-se uma situação de fala não deformada entre os homens.

QUESTÕES

1. Por que Habermas caracteriza as sociedades contemporâneas como sociedades racionalizadas?

2. Quais as esferas do agir humano na teoria habermasiana?
3. Como as esferas do trabalho e da interação se apresentam na contemporaneidade?
4. Que ocorre com a política em um mundo tecnicizado?
5. Qual a proposta da teoria crítica de Habermas?

TEMAS PARA DEBATE

1. A situação de Habermas no contexto da teoria crítica.
2. A constituição das categorias de trabalho e de interação na tradição filosófica.
3. Habermas e a filosofia da linguagem.
4. Habermas e a psicanálise.

1. Hannah Arendt e a compreensão de nossa época

Existem autores para os quais o grande desafio que se impõe é o da compreensão de seu tempo, da sua atualidade. Isso vale para o caso de Kant, no século XVIII, com sua reflexão sobre o Esclarecimento. No nosso século, a obra de Hannah Arendt é, nesse sentido, exemplar. Ela busca descobrir, por múltiplos caminhos, qual a novidade do século XX, que é que o distingue dos tempos anteriores. Essa é a tarefa principal da sua filosofia.

Hannah Arendt nasceu em 1906, em Hanôver, Alemanha. Talvez a trajetória de sua vida, tantas vezes conturbada, tenha motivado a sua aguda reflexão sobre as questões do nosso tempo. Nascida de família judia, a perseguição nazista obrigou-a a fugir, na década de 30, inicialmente para a França e, mais tarde, para os Estados Unidos, onde morreu em 1975. Sua obra, na maior parte dedicada à elaboração de uma teoria política, deteve-se também sobre as questões clássicas da filosofia, que ela procurou situar no contexto contemporâneo.

São três os principais problemas que preocupam nossa autora. O primeiro refere-se ao diagnóstico da contemporaneidade que aponta para a sua situação de ruptura na história do Ocidente. O segundo, sua contribuição maior à teoria política, consiste na análise do totalitarismo. O terceiro constitui uma tentativa de indicar saídas para os nossos impasses políticos. Nesse ponto, percebe-se a sua adesão apaixonada às formas políticas da democracia direta.

2. O diagnóstico do nosso tempo

Nosso tempo é marcado, segundo Hannah Arendt, pela crise dos três sustentáculos da civilização ocidental: a da religião, a da tradição filosófica e a da autoridade política. A crise da religião é a que historicamente se apresenta em primeiro lugar.

> Desde a radical crítica das crenças religiosas nos séculos XVII e XVIII, permaneceu como característica da época moderna o duvidar da verdade religiosa, e isso é igualmente verdadeiro para crentes e não crentes. Desde Pascal e, ainda mais marcadamente, desde Kierkegaard, a dúvida tem sido remetida à crença, e o crente moderno deve constantemente resguardar suas crenças contra as dúvidas; se não a fé cristã como tal, o cristianismo (e, é claro, o judaísmo) na época moderna é ameaçado pelo paradoxo e pelo absurdo. E, se alguma coisa pode ser capaz de sobreviver ao absurdo — talvez, a Filosofia —, certamente não é este o caso da religião.
>
> (*Entre o passado e o futuro*)

A crise da tradição do pensamento ocorre no século XIX, manifestando-se na postura rebelde de três grandes filósofos — Marx, Kierkegaard e Nietzsche. Na verdade, a crise da tradição tem uma dupla face. Por um lado, ela nos deixa desorientados em nossa atividade de pensar. Por outro lado, na medida em que não estamos mais acorrentados às cadeias da tradição, podemos nos arriscar, hoje, a pensar mais livremente.

> Kierkegaard, Marx e Nietzsche são para nós como marcos indicativos de um passado que perdeu sua autoridade. Foram eles os primeiros a ousar pensar sem a orientação de nenhuma autoridade, de qualquer espécie que fosse; não obstante, bem ou mal, foram ainda influenciados pelo quadro de referência categórico da grande tradição. Em alguns aspectos estamos em melhor posição. Não mais precisamos nos preocupar com seu repúdio aos "filisteus educados", os quais, durante todo o século XIX, procuraram compensar a perda da autoridade autêntica com uma glorificação espúria da cultura. Hoje em dia, para a maioria das pessoas, essa cultura assemelha-se a um campo de ruínas que, longe de ser capaz de pretender qualquer autoridade, mal pode infundir-lhe interesse. Esse fato pode ser deplorável, mas implícita nele está a grande oportunidade de olhar sobre o passado com os olhos desobstruídos de toda tradição, com uma visada direta que desapareceu do ler e do ouvir

ocidentais desde que a civilização romana submeteu-se à autoridade do pensamento grego.

(Entre o passado e o futuro)

A crise da religião e da tradição soma-se, no nosso século, àquela que apresenta efetivamente uma dimensão política — a crise da autoridade.

Historicamente, podemos dizer que a perda da autoridade é meramente a fase final, embora decisiva, de um processo que durante séculos solapou basicamente a religião e a tradição. Dentre a tradição, a religião e a autoridade, a autoridade se mostrou o elemento mais estável. Com a perda da autoridade, contudo, a dúvida geral da época moderna invadiu também o domínio político, no qual as coisas não apenas assumem uma expressão mais radical como se torna investidas de uma realidade peculiar ao domínio político. O que fora talvez até hoje de significado espiritual apenas para uns poucos, tornou-se preocupação geral. Somente agora, por assim dizer após o fato, as perdas da tradição e da religião se tornaram acontecimentos políticos de primeira ordem.

(Entre o passado e o futuro)

3. A análise do totalitarismo

As análises empreendidas por Hannah Arendt sobre a Alemanha, no período de Hitler, e a União Soviética articulam-se ao tema da crise da autoridade política. É no vazio aberto pela crise da autoridade que se instalam os regimes totalitários. O totalitarismo é a novidade (a terrível novidade) política do mundo contemporâneo. Ele nos ameaça na vida prática e constitui um desafio ao pensamento desarmado para compreendê-lo.

O ascenso de movimentos políticos com o intuito de substituir o sistema partidário e o desenvolvimento de uma nova forma totalitária de governo tiveram lugar contra o pano de fundo de uma quebra mais ou menos geral e mais ou menos dramática de todas as autoridades tradicionais. Em parte alguma essa quebra foi resultado direto dos próprios regimes ou movimentos, antes era como se o totalitarismo, tanto na forma de movimentos como de regimes, fosse o mais apto a tirar proveito de uma atmosfera política e social geral em que o sistema de partidos perdera seu prestígio e a autoridade do governo não mais era reconhecida.

(Entre o passado e o futuro)

264 Curso de filosofia

O exame rigoroso empreendido a respeito dos regimes e movimentos totalitários sublinha o seu ineditismo, suas causas históricas, seu funcionamento e seus desdobramentos catastróficos.

> Sempre que galgou o poder, o totalitarismo criou instituições políticas inteiramente novas e destruiu todas as tradições sociais, legais e políticas do país. Independentemente da tradição especificamente nacional ou da fonte espiritual particular da sua ideologia, o governo totalitário sempre transformou as classes em massas, substituiu o sistema partidário, não por ditaduras unipartidárias, mas por um movimento de massa, transferiu o centro do poder do exército para a política e estabeleceu uma política exterior que visava abertamente o domínio mundial. Os governos totalitários do nosso tempo evoluíram a partir de sistemas unipartidários; sempre que estes se tornavam realmente totalitários, passavam a operar segundo um sistema de valores tão radicalmente diferente de todos os outros que nenhuma das nossas tradicionais categorias utilitárias — legais, morais ou lógicas — podia mais ajudar-nos a aceitar, julgar ou prever o seu curso de ação.
>
> (*O sistema totalitário*)

O terror, essência dos regimes totalitários, é legitimado ideologicamente pela afirmação da existência de leis da natureza ou da história (sejam elas as do racismo nazista ou da luta de classe marxista) que orientam o curso dos acontecimentos em um processo que não pode ser perturbado. Nesse sentido, a liberdade, possibilidade da invenção de algo novo, apresenta-se como aquilo que é mais temido nos contextos totalitários. A liberdade desafia as leis e por esse motivo ela deverá sempre ser eliminada.

> Do ponto de vista totalitário, o fato de os homens nascerem e morrerem não pode ser senão um modo aborrecido de interferir com forças superiores. O terror, portanto, como servo obediente do movimento natural ou histórico, tem de eliminar do processo, não apenas a liberdade em todo sentido específico, mas a própria fonte de liberdade que está no nascimento do homem e na sua capacidade de começar de novo.
>
> (*O sistema totalitário*)

Já se percebeu que o totalitarismo anula a experiência da liberdade, a qual se funda no próprio fato da natalidade de cada um de nós. Cada homem, ao nascer, afirma-se como um inventor da liberdade. Nossa aparição no mundo já é sempre uma novidade. O totalitarismo, por causa disso, afirma-se contra a vida, a favor da morte.

Um dos caminhos pelos quais o totalitarismo se instaura consiste em isolar os homens entre si, abolindo tudo o que é público, plural, partilhado por todos. Isso, porém, não é bastante para que se implante um regime totalitário. As tiranias e ditaduras que conhecemos também apostam no isolamento dos homens. O totalitarismo vai além. Ele se funda também na experiência da solidão, onde nossa vida privada e até a companhia que eu mesmo posso ter comigo desaparecem para dar lugar à desconfiança mais íntima.

> Enquanto o isolamento se refere apenas ao terreno político da vida, a solidão refere-se à vida humana como um todo. O governo totalitário, como todas as tiranias, certamente não poderia existir sem destruir, através do isolamento dos homens, as suas capacidades políticas. Mas o domínio totalitário como forma de governo é novo no sentido de que não se contenta com esse isolamento, e destrói também a vida privada. Baseia-se na solidão, na experiência de não se pertencer ao mundo, que é uma das mais radicais e desesperadas experiências que o homem pode ter.
>
> (*O sistema totalitário*)

4. As saídas do impasse político

A reflexão feita a respeito do totalitarismo não conduziu Hannah Arendt a uma visão pessimista da política. Seus estudos sobre os movimentos revolucionários desde o século XVIII (as Revoluções Americana e Francesa) e as experiências revolucionárias do nosso século chamaram a sua atenção para a dimensão inventiva e espontânea contida nesses movimentos. O sistema de conselhos, onde a democracia aparece em sua forma mais direta e participativa, é o principal aspecto positivo detectado por Hannah Arendt nesses períodos revolucionários. É nele que ela deposita sua esperança de mudança da vida política.

> Desde as revoluções do século XVIII, todo grande levante desenvolveu realmente os rudimentos de uma forma completamente nova de governo, que surgiu, independente de todas as teorias revolucionárias precedentes, diretamente fora do curso da revolução em si, isto é, fora das experiências de ação e fora do desejo resultante dos atores em participar do ulterior desenvolvimento dos assuntos públicos.

266   Curso de filosofia

Essa nova forma de governo é o sistema de conselho. ... Os conselhos dizem: queremos participar, queremos debater, queremos que nossas vozes sejam ouvidas em público, e queremos ter uma possibilidade de determinar o curso político de nosso país. Já que o país é grande demais para que todos nós nos unamos a fim de determinar nosso destino, precisamos de um certo número de espaços públicos dentro dele. As cabines em que depositamos as cédulas são, sem sombra de dúvida, muito pequenas, pois só têm lugar para um. Os partidos são completamente impróprios; lá somos, quase todos nós, nada mais que o eleitorado manipulado. Mas se apenas dez de nós estivermos sentados em volta de uma mesa, cada um expressando sua opinião, cada um ouvindo a opinião dos outros, então uma formação racional de opinião pode ter lugar através da troca de opiniões.

(Crises da república)

PALAVRAS-CHAVE

Totalitarismo
O totalitarismo constitui-se, para Hannah Arendt, como uma forma política inédita surgida no século XX. Ela se distingue das formas políticas já conhecidas pelo fato de destruir de forma radical toda a esfera pública e de também invadir a esfera privada dos cidadãos. O totalitarismo não se caracteriza por seus efeitos desmobilizadores. Ao contrário, ele se apresenta como um movimento de massas mobilizadas. Hannah Arendt utilizou a imagem de uma cebola para explicar o funcionamento dos regimes totalitários.

Conselhos
Na análise dos processos revolucionários desde o século XVIII, Hannah Arendt valorizou a presença da experiência dos conselhos. Os conselhos caracterizam-se pelo fato de neles estar em jogo a democracia direta. Os cidadãos participam dos negócios políticos emitindo suas opiniões diretamente e criando, dessa forma, um verdadeiro espaço público.

QUESTÕES

1. Quais as rupturas que caracterizam, para Arendt, o século XX?

2. Qual a importância da crise da autoridade para a análise do totalitarismo?
3. Quais as principais características dos regimes totalitários?
4. Como Hannah Arendt imagina a superação dos impasses políticos do nosso tempo?

TEMAS PARA DEBATE

1. A posição de Hannah Arendt diante da tradição filosófica. Sua apreciação de Marx, Nietzsche e Kierkegaard.
2. O conceito de autoridade e sua história.
3. A discussão a respeito dos regimes totalitários.
4. A revolução para Hannah Arendt. Sua visão das Revoluções Francesa e Americana.

1. Michel Foucault e a organização do poder

Michel Foucault (1926-1984), filósofo francês, revolucionou o pensamento filosófico contemporâneo, questionando seus temas mais tradicionais, como por exemplo a noção de sujeito. Sua produção percorre um período que se inicia em 1954 e se estende até 1984, ano de sua morte. Os principais livros de sua extensa obra alcançaram grande repercussão, atingindo uma popularidade para além do campo da filosofia. Psicólogos, médicos, historiadores, sociólogos foram seus entusiasmados leitores.

A maior parte de sua produção encontra-se traduzida em português: *História da loucura, O nascimento da clínica, As palavras e as coisas, A arqueologia do saber, Vigiar e punir, Eu, Pierre Rivière, que degolei minha mãe, minha irmã e meu irmão, História da sexualidade* (em três volumes).

2. O poder na modernidade

As sociedades modernas apresentam, segundo Michel Foucault, uma nova organização do poder. Essa novidade aparece a partir do final do século XVIII e se caracteriza por transformações radicais, dificilmente

268   Curso de filosofia

entendidas pela ótica tradicional da reflexão política. Tradicionalmente, o poder é concebido como uma forma repressiva, portanto negativa, que emana do Estado e de seus aparelhos. Para Foucault, se o poder dos Estados modernos fosse apenas repressivo, a dominação capitalista, por exemplo, não seria tão eficaz. Se os mecanismos da dominação fossem exercidos unicamente em sua forma violenta, pela opressão sobre os cidadãos, os movimentos de libertação alcançariam êxito muito mais facilmente. A dificuldade maior é que o poder moderno desenvolve mecanismos de dominação muito sutis e pouco conhecidos pelos historiadores e filósofos políticos.

> De maneira geral, os mecanismos de poder nunca foram muito estudados na história. Estudaram-se as pessoas que detiveram o poder. Era a história anedótica dos reis, dos generais. Ao que se opôs a história dos processos, das infraestruturas econômicas. A estas, por sua vez, se opôs uma história das instituições, ou seja, do que se considera como superestrutura em relação à economia. Ora, o poder em suas estratégias, ao mesmo tempo gerais e sutis, em seus mecanismos, nunca foi muito estudado.
>
> ("Sobre a prisão", in *Microfísica do poder*, p.141)

O poder é produtor de saber, de conhecimento. Por seu lado, também o saber engendra poder, produz o que Foucault chama de *efeitos de poder*. Assim, poder e saber aparecem necessariamente articulados na modernidade. E é nesse sentido que o poder é analisado por Foucault como positivo e produtivo:

> ... existe, e tentei fazê-la aparecer, uma perpétua articulação do poder com o saber e do saber com o poder. Não nos podemos contentar em dizer que o poder tem necessidade de tal ou tal descoberta, desta ou daquela forma de saber, mas que exercer o poder cria objetos de saber, os faz emergir, acumula informações e as utiliza. Não se pode compreender nada sobre o saber econômico se não se sabe como se exercia, quotidianamente, o poder, e o poder econômico. O exercício do poder cria perpetuamente saber e, inversamente, o saber acarreta efeito de poder. ... O humanismo moderno se engana, assim, ao estabelecer a separação entre saber e poder. Eles estão integrados, e não se trata de sonhar com um momento em que o saber não dependeria mais do poder, o que seria uma maneira de reproduzir, sob a forma utópica, o mesmo humanismo. Não é possível que o poder se exerça sem saber, não é possível que o saber não engendre poder.
>
> ("Sobre a prisão", in *Microfísica do poder*, p.141-2)

Visões da modernidade   269

É preciso cessar de sempre descrever os efeitos do poder em termos negativos: ele "exclui", "reprime", "recalca", "censura", "discrimina", "mascara", "esconde". Na verdade, o poder produz: produz o real; produz os domínios de objetos e os rituais de verdade. O indivíduo e o conhecimento que dele se pode ter relevam dessa produção.

(Vigiar e punir)

A verdade, o conhecimento, a ciência nunca estão, portanto, acima ou separados do poder: não são transcendentes em relação a ele. Ao contrário da tradição filosófica, Foucault, seguindo aí uma tematização próxima da que podemos encontrar em Nietzsche, acredita que um discurso de verdade não se obtém como fruto de uma pesquisa "livre e desinteressada", mas sempre através de um exercício de poder: a busca da verdade é sempre "interessada". Aquilo que Foucault chama de seu *projeto genealógico* — revelando nessa designação os referidos vínculos com a obra fundamental de Nietzsche, *A genealogia da moral* (1887) — procura, justamente, fazer a história da produção de verdade no Ocidente:

> Vivemos em uma sociedade que em grande parte marcha "ao compasso da verdade" — ou seja, que produz e faz circular discursos que funcionam como verdade, que passam por tal e que detêm por esse motivo poderes específicos. A produção de discursos "verdadeiros" (e que, além disso, mudam incessantemente) é um dos problemas fundamentais do Ocidente. A história da "verdade" — do poder próprio aos discursos aceitos como verdadeiros — está totalmente por ser feita.
> ("Não ao sexo rei", in *Microfísica do poder*, p.231)

3. A analítica do poder

Para que se esclareça esse *projeto genealógico*, é necessário aprofundar-se a compreensão do poder que, articulado ao saber, caracteriza as sociedades modernas. A genealogia de Foucault não pretende ser uma teoria da multiplicidade de formas do poder e que, portanto, constitui-se pela negação de qualquer unificação teórica. O poder interessa ao genealogista em sua fragmentação, na maneira como se exerce em cada setor, por menor que seja, da sociedade, na multiplicidade de seus mecanismos, na complexidade de seus efeitos. O termo *analítica do poder* procura designar uma análise que se ocupa com esse nível "micro" do poder, com a rede de minúsculos poderes que se estende sobre o social, sem partir de nenhum centro. Assim, a questão do Estado (poder central, "macro") não é importante para Foucault, como sempre foi para a tradição da filosofia política. Na genealogia, a compreensão do poder não se restringe à soberania do Estado e de seus aparelhos, ponto central de onde emanariam formas derivadas do poder:

> A análise em termos de poder não deve postular, como dados iniciais, a soberania do Estado, a forma da lei ou a unidade global de uma dominação; estas são apenas e, antes de mais nada, suas formas terminais. Parece-me que se deve compreender o poder, primeiro, como a multiplicidade de correlações de força imanentes ao domínio onde se exercem e constitutivas de sua organização; o jogo que, através de lutas e afrontamentos incessantes, as transforma, reforça, inverte; os apoios que tais correlações de força encontram uma nas outras, formando cadeias ou sistemas ou, ao contrário, as defasagens e contradições que as isolam entre si; enfim, as estratégias em que se originam e cujo esboço geral ou cristalização institucional toma corpo nos aparelhos estatais, na formulação da lei, nas hegemonias sociais. ... A condição de possibilidade do poder ... não deve ser procurada na existência primeira de um ponto central, num foco único de soberania de onde partiriam formas derivadas e descendentes. ... O poder está em toda parte; não porque englobe tudo e sim porque provém de todos os lugares ... . O poder não é uma instituição e nem uma estrutura, não é uma certa potência de que alguns sejam dotados: é o nome dado a uma situação estratégica complexa numa sociedade determinada.
>
> (*História da sexualidade*, vol.I, "A vontade de saber", p.88-9)

A analítica do poder não se localiza em algum ponto da estrutura social. Mas se o poder não se centraliza no Estado, também não se encontra em outro lugar. Não é, ainda, propriedade, privilégio de um indivíduo, de um grupo ou de uma classe. Não se nega, na analítica do poder, a existência de classes sociais, da classe dominante. O interesse da análise não se restringe à compreensão da exploração econômica. Ela quer compreender como uma classe não só se torna dominante, mas assegura a permanência de sua dominação, fazendo-se "aceitar" pelos dominados:

> Uma classe dominante não é uma abstração, mas também não é um dado prévio. Que uma classe se torne dominante, que ela assegure sua dominação e que esta dominação se reproduza, esses são efeitos de um

certo número de táticas eficazes, sistemáticas, que funcionam no interior de grandes estratégias que asseguram essa dominação.

("Sobre a *História da sexualidade*", in *Microfísica do poder*, p.252)

Por dominação eu não entendo o fato de uma dominação global de um sobre os outros, ou de um grupo sobre outro, mas as múltiplas formas de dominação que se podem exercer na sociedade. Portanto, não o rei em sua posição central, mas os súditos em suas relações recíprocas: não a soberania em seu edifício único, mas as múltiplas sujeições que existem e funcionam no interior do corpo social.

("Soberania e disciplina", in *Microfísica do poder*, p.181)

À genealogia não interessam os objetivos globais e finais do poder, mas como funciona a dominação em suas práticas reais, cotidianas, e em seus efeitos concretos. Interessam-lhe, por exemplo, as formas múltiplas e difusas pelas quais o poder se exerce sobre os corpos, sobre os comportamentos e sobre os sentimentos dos indivíduos, moldando-se e se tornando transmissores de poder:

O poder deve ser analisado como algo que circula, ou melhor, como algo que só funciona em cadeia. Nunca está localizado aqui ou ali, nunca está nas mãos de alguns, nunca é apropriado como uma riqueza ou um bem. O poder funciona e se exerce em rede. Nas suas malhas os indivíduos não só circulam, mas estão sempre em posição de exercer esse poder e de sofrer sua ação, nunca são o alvo inerte ou consentido do poder, são sempre centros de transmissão.

("Soberania e disciplina", in *Microfísica do poder*, p.183)

4. Os micropoderes na sociedade disciplinar

Examinando, na ótica da analítica do poder, a rede difusa do poder nas sociedades modernas ocidentais, Foucault distinguirá a existência de micropoderes de aspecto normativo, por oposição a um modelo legislativo, característico do Estado medieval e clássico. O modelo legislativo é repressivo: é o poder punitivo e coercitivo da *lei*. Os Estados modernos caracterizam-se pela ordem da *norma*, pela produção de práticas disciplinares de vigilância e de controle constantes. Essa ordem da norma é muito mais eficaz em seus objetivos de poder do que a ordem legislativa dos Estados antigos. É também menos dispendiosa, em termos econômicos. A ordem normativa não pretende, como a lei, apenas reprimir; ela quer ver suas normas aceitas pelos indivíduos. Não

272   Curso de filosofia

quer proibir, quer convencer. Essa aceitação garantirá o seu sucesso. Sua tática é, portanto, a de convencer racionalmente e, assim, propor-se como uma alternativa mais lúcida, escolhida pelos indivíduos e não imposta a eles por uma lei exterior às suas vontades. Para isso, e na medida em que nas sociedades modernas o prestígio de verdade está com as ciências, a estratégia normalizadora efetiva-se nos discursos e práticas científicas, em especial nas ciências humanas. A aceitação de um modelo "normal" para os comportamentos está ligada à sua legitimação, por exemplo, por uma ciência, como a psiquiatria ou a pedagogia. Os indivíduos das sociedades modernas transformam-se em agentes de normalização, na medida em que, convencidos da racionalidade das normas das ciências humanas, passam a exigir, para si próprios e para os outros, uma adequação a tais normas. Transformam-se, nessa confluência, em agentes do poder-saber que os constitui como indivíduos normais. É assim que o poder, para Foucault, passa pelo corpo dos indivíduos, pelos seus comportamentos e sentimentos. Procedimentos a que chama *disciplinares* garantem o funcionamento dessa forma nova de poder:

> A disciplina fabrica corpos submissos e adestrados, corpos "dóceis". A disciplina aumenta as forças do corpo (em termos econômicos de utilidade) e diminui essas mesmas forças (em termos políticos de obediência).
>
> (*Vigiar e punir*)

> A disciplina é uma técnica de poder que implica uma vigilância perpétua e constante dos indivíduos. Não basta olhá-los às vezes ou ver se o que fizeram é conforme à regra. É preciso vigiá-los durante todo o tempo da atividade e submetê-los a uma perpétua pirâmide de olhares.
>
> ("O nascimento do hospital", in *Microfísica do poder*, p.106)

Conjunto de teorias científicas e práticas institucionais, os procedimentos disciplinares garantem uma vigilância da sociedade autorizada pelo saber. Essa vigilância se exerce não só em locais como os hospitais, as escolas, as fábricas e as prisões, como também, pelo aspecto normativo de sua "racionalidade", de indivíduo para indivíduo. Mas, se nas sociedades modernas o ideal do poder normativo seria a transformação de "cada camarada em um vigia", esse poder acaba por produzir também a força que lhe pode fazer resistência. Forças que, para Foucault, não se totalizam necessariamente em torno de um partido ou de um programa político de classe:

Lá onde há poder, há resistência. ... Não existe, com respeito ao poder, um lugar da grande Recusa — alma de revolta, foco de todas as rebeliões, lei pura do revolucionário. Mas sim resistência, no plural, que são casos únicos: possíveis, necessárias, improváveis, espontâneas, selvagens, solitárias, planejadas, arrastadas, violentas, irreconciliáveis, prontas ao compromisso, interessadas ou fadadas ao sacrifício. ... E é certamente a codificação estratégica desses pontos de resistência que torna possível uma revolução, um pouco à maneira do Estado que repousa sobre a integração institucional das relações de poder.

(*História da sexualidade*, vol.I, "A vontade de saber", p.91-2)

PALAVRAS-CHAVE

Norma — ordem da norma — normalização
Termos que designam, para Foucault, a organização do poder nas sociedades modernas segundo um mecanismo que se fundamenta, não pela imposição de uma regra ou lei, mas pela sugestão de preceitos que, pela sua concordância com a racionalidade científica de nossa época, persuadem os indivíduos a aceitá-los.

Lei — ordem da lei
Ao contrário da norma, a *ordem da lei* está relacionada à repressão, aos códigos jurídicos. É o mecanismo característico da organização do poder nas sociedades feudais. Sua fundamentação é o direito, ao contrário da norma, que se fundamenta na ciência. Para Foucault, as análises de filosofia política ainda trabalham a partir dessa noção de lei, que não é mais eficaz para o estudo das sociedades normativas modernas.

Poder
O poder, para Foucault, é entendido na sua distribuição no todo social e não, como tradicionalmente o é, a partir de um centro do qual ele emanaria: o Estado, os aparelhos estatais.

Micropoder, microfísica do poder, poderes periféricos
Micropoderes é o termo que designa, para Foucault, esse espraiamento do poder em diversos pontos da rede social. Periféricos em relação ao poder central — o Estado —, esses poderes estão sempre produzindo novas articulações de poder. Uma microfísica do poder seria a análise dessa rede de minúsculos poderes que constituem uma sociedade.

274 Curso de filosofia

Saber
Saber é um termo que designa, em Foucault, conhecimentos, discursos, sejam estes científicos ou não. Tanto é um saber, por exemplo, a medicina quanto os conhecimentos terapêuticos populares.

QUESTÕES

1. Na perspectiva de Michel Foucault, quais as características da organização do poder nas sociedades modernas?
2. Como se articulam poder e saber?
3. Que quer dizer, na sua ótica, *produção de verdade?*
4. Em que consiste a *analítica do poder?*
5. Que é a ordem da norma?
6. Que são os micropoderes?

TEMAS PARA DEBATE

1. A verdade e as relações de poder.
2. As sociedades disciplinares.
3. O modelo normativo e o modelo legislativo.
4. A estratégia normalizadora e o discurso científico.

Capítulo 16

A Filosofia no Brasil

Antonio Rezende*

1. A desqualificação do pensamento brasileiro

A atitude da historiografia das ideias filosóficas no Brasil, expressa na obra dos dois primeiros historiadores delas, a saber, Sílvio Romero (*A filosofia no Brasil*, 1878) e, meio século após, o padre Leonel Franca ("A filosofia no Brasil", in *Noções de história da filosofia*, 1921), a despeito da ampla divergência que os separa, é de comum rejeição da produção teórica de nossos filósofos ou filosofantes brasileiros, que escreveram a partir do século passado até o começo da Primeira República.

Para ambos a causa da debilidade teórica de nossos escritores de filosofia provém da fonte extranacional, donde nutrimos nossas ideias.

Para Sílvio não há, a rigor, prejuízo nisso: "antes equivale a uma vantagem". Com efeito, diz ele:

> O cosmopolitismo contemporâneo, de que, pela força das conquistas comerciais, partilhamos também um pequeno quinhão, traz à humanidade destes resultados: espíritos vivaces de nações toscas e atrasadas, arrebatados pela rápida corrente das grandes ideias, que fecundam os povos ilustres da atualidade, deprimidos os pátrios prejuízos, conseguem alçar a fronte acima do amesquinhamento geral, e embeber-se de uma nova luz. Vejo nesse fenômeno uma exceção aberta à lei da ação do *meio social*, que às vezes é mesquinho, em prol da civilização que irradia noutra parte. A luta pela cultura consegue afinal triunfar até entre os povos sistematicamente atrasados, como o nosso.
>
> (*A filosofia no Brasil*)

---

* Professor de filosofia da PUC/RJ e do Centro Educacional de Niterói.

276 Curso de filosofia

A infelicidade dos nossos filósofos — precisamente os da corrente do espiritualismo eclético e os sectários da reação católica — é que sua leitura da fonte estrangeira — ali donde se irradia a civilização — está sempre defasada e seus livros refletem, sistematicamente, o anacronismo e a impertinência de suas ideias, mal selecionadas além de ultrapassadas.

Para o padre Franca, o pecado capital dos escritos filosóficos brasileiros é a *falta de originalidade*. Refletimos passivamente ideias alheias. Reproduzimos lutas estranhas e combatemos com armas emprestadas ("A filosofia no Brasil", in *Noções de história da filosofia*).

O cosmopolitismo ou nos salva, se nos deixarmos arrebatar pela própria corrente das *grandes ideias*, ou, ao contrário, nos condena à despersonalização que provoca o autodidatismo de nossos escritores, responsável pela reprodução mimética e desordenada das ideias alienígenas.

Nos dois críticos de nossas ideias filosóficas, o referencial comum é a *importação de ideias*, com resultados avaliados contraditoriamente; transpõe-se, assim, para o território filosófico o debate em torno da questão das "ideias fora do lugar", exemplarmente enfrentada por Marilena Chauí, a propósito do autoritarismo brasileiro (*Apontamentos para uma crítica da Ação Integralista Brasileira*) e Maria Silvia Franco, relativamente ao ideário liberal do Segundo Reinado (*As ideias estão no lugar*).

A *debilidade teórica* como a ideologia *incorreta* e, por isso, *frágil e ridícula*, porque importada, não perde, porém, a eficácia, antes sustenta processos históricos como a Abolição, a República, a Constituição de 1934, o Estado Novo e seu corporativismo, a democratização de 1945 etc., etc.

Foi Cruz Costa (embora alinhado entre os deslegitimadores da filosofia no Brasil e segundo o qual nossos filósofos são meros glosadores de ideias europeias) quem, penso, primeiro chamou a atenção para o sentido das ideias filosóficas entre nós, ao verificar o seu papel de *instrumento de ação* e, principalmente, de ação *social e política*:

A Filosofia, em grande parte, esteve no Brasil a serviço dessa ação. ... Assistimos, assim, a um longo desfilar de doutrinas desde a Independência, em que verificamos a *utilidade prática* da Filosofia. O ecletismo corresponde às necessidades e condições da política dos moderados, à orientação tradicional do espiritualismo. A renovação escolástica

A filosofia no Brasil   277

é um momento dessa tendência eclética, marcada pela necessidade, sentida por alguns bispos, de elevar o nível moral e intelectual do clero. O positivismo litreísta de Pereira Barreto prende-se à ascensão de algumas camadas da burguesia; o positivismo religioso, desde suas origens, subordina as suas preocupações científicas às aspirações sociais e corresponde à necessidade de uma regra de moralidade individual, política e administrativa. O germanismo de Tobias Barreto traz novas ideias à reflexão de certas camadas das elites nacionais. A obra de um Farias Brito é toda voltada para a procura de um critério, que conduza à regeneração moral.

("Esquema de meu depoimento de filosofante", in *Rumos da filosofia atual*, Padre S. Ladusans (org.), 1976)

No excelente trabalho sobre a vigência do ecletismo por todo o Segundo Reinado (1840-1888), Ubiratan Macedo faz inteligente uso da categoria *história das ideias*, que distingue da *história da filosofia*. Esta faz a narrativa dos grandes e mais originais sistemas filosóficos e seu ponto de vista parecer ser o da verdade, como é vista pela filosofia vigente na época e lugar do historiador. A *história das ideias*, porém, estuda estas, sem considerá-las certas ou erradas, ou se as vigências de nosso tempo as aceitam ou não. Estuda-as tendo em vista sua influência e aceitação em determinada comunidade:

O objetivo, diz ele, é compreender a comunidade e as ideias entram como ingrediente teórico que o homem individual e uma coletividade necessitam para resolver seus problemas e justificar suas ações. Deste ponto de vista, a importância de Victor Cousin na história das ideias é total, ainda que seja repudiado pela história da filosofia por ter copiado mal a Kant e Hegel e outros.

(*A liberdade no Império*, 1977)

Aproximamo-nos, assim, da intuição miguelista, para a qual a atenção do historiador deve voltar-se para o problema que o pensador enfrenta, engendrado internamente pela circunstancialidade histórica em que se situa, e para as soluções por ele aventadas, que poderão ser julgadas adequadas ou não, independente das preferências do narrador por tal ou qual tema filosófico (cf. Miguel Reale, *A filosofia em São Paulo*, 1962). Esse ponto de vista, adotado posteriormente pelos historiadores mais recentes de nossas ideias filosóficas, marca o ponto de ruptura, como veremos, com a tradição desqualificadora anterior, cor-

278 Curso de filosofia

tando definitivamente com a chamada "filosofia em mangas de camisa", que a caracterizava.

Desse modo, presentes os mesmos problemas, originados de nossa pertença a um único universo econômico, social, religioso, cultural, enfim, não é estranhável que tendamos a resolvê-los com as mesmas ideias. Nosso país, como qualquer país ocidental do século XIX, continua Ubiratan Macedo,

> ... constitucionaliza-se, ensaia um regime representativo, participa do mercado internacional, adota o navio a vapor, os trens de ferro, o romance e o drama romântico e depois o romance e o drama naturalista e realista.
>
> (*A liberdade no Império*, 1977)

Seriam, pois, a seu ver, destituídas de sentido as estéreis polêmicas que ocupavam os primeiros historiadores do pensamento brasileiro, preocupadíssimos com a originalidade e acusando todos de copiarem e importarem ideias.

> Ao que se saiba, escreve, os ingleses jamais acusariam Stuart Mill de importar e copiar A. Comte e de ser alienado por isso. O mesmo se diga dos italianos com relação a Croce e Gentile com referência a Hegel. (Como não criticaram nossos críticos a adoção do navio a vapor?) O uso do conceito de alienação supõe uma filosofia autêntica do País, selvagem e originária, o que é uma ideia romântica e alheia ao como se processa a elaboração da Filosofia e da Ciência: processo comum de gerações mais que de homens individuais.
>
> (*A liberdade no Império*, 1977)

2. A crítica "em mangas de camisa"

Em 1877, Tobias Barreto pronuncia no Município de Escada, por ocasião da inauguração do Clube Popular, que fundara, o *Discurso em mangas de camisa*, designando com essa expressão o estilo da fala informal, sem preocupações retóricas, com que desejava dirigir-se aos seus concidadãos daquela cidade do interior de Pernambuco; assim, "todo a cômodo e com toda a calma", pretende expor o que interessa a todos. Os que vieram tarde não encontraram um pouco de terra para chamarem sua; a *açucarocracia* maneja sem piedade o bastão da prepotência. É tempo de o povo de Escada pôr-se fora da tutela e contestar aos poderes a faculdade de disporem da cidade como de uma filial das suas fazendas. Ao povo de Escada importa convencer-se de que não tem para quem apelar, senão para o seu próprio gênio, que não é o da resignação e da humildade. Importa convencer-se de que ninguém se lembra dele, ninguém por ele se interessa. A contundência do *Discurso em mangas de camisa* não lhe retira um milésimo sequer da verdade nele contida, antes a acentua com as cores fortes da indignação rebelada. Hermes Lima, apreciando-o, disse ser esse discurso uma obra-prima da sociologia brasileira, e se toda a obra de Tobias houvesse desaparecido e dela só houvesse restado o *Discurso*, por ele se poderia levantar o perfil intelectual do chefe da Escola do Recife.

O tom polêmico dessa fala, presente na crítica implacável que a Escola do Recife exercita para demolir o ecletismo espiritualista, então a filosofia dominante e legitimadora da política liberal do Segundo Reinado, sugere a Miguel Reale a denominação "filosofia em mangas de camisa" a toda postura sectária e apaixonada na análise das ideias filosóficas no Brasil, denominação que Antonio Paim prefere substituir por "*filosofia de mangas arregaçadas*", segundo ele não de todo superada, mas em franco recesso (cf. *História das ideias filosóficas no Brasil*, 1974).

3. A crítica de Sílvio Romero

Natural de Sergipe (1851-1914), Sílvio Romero, juntamente com o seu impetuoso coestaduano Tobias Barreto (1839-1889), forma a banda de música da combativa Escola do Recife.

Sílvio Romero é autor de uma *História da literatura brasileira* que o coloca, no consenso de todos, entre os grandes nomes de nossa crítica literária. É, também, o primeiro historiador sistemático das ideias filosóficas no Brasil (*A filosofia no Brasil*, 1878). Mas não agiu quando escreveu sobre as letras da mesma maneira que quando escreveu sobre os nossos filosofantes.

Sua crítica, sempre apaixonada, parcial e zombeteira, não poupa os seus adversários, sobretudo os adeptos do espiritualismo eclético, que representava, na época, o pensamento oficial hegemônico, suporte ideológico do governo monárquico de D. Pedro II.

Falando de frei Mont'Alverne (1784-1858), que deixou fama de grande orador sacro e parecia muito vaidoso por seus sucessos, assim se exprime o nosso crítico:

280 Curso de filosofia

O primeiro livro que nos requer um exame é o pobre Compêndio de Fr. Monte Alverne .... A publicação de seu livro no mesmo ano em que Darwin deu à luz a sua *Origem das espécies*, longe de aproveitar-lhe, foi-lhe grandemente prejudicial.

À vista de tal documento a figura do célebre brasileiro torna-se tão mínima que quase escapa-nos das mãos.

(*A filosofia no Brasil*)

O pregador franciscano, no seu *Compêndio*, falava de Victor Cousin, fundador do espiritualismo eclético francês, com exagerada admiração:

Um destes gênios nascidos para revelar os prodígios da razão humana se levantou como um Deus, no meio do caos, em que se cruzavam, e combatiam todos os elementos filosóficos empregando a extensão de sua vista, e sublime compreensão, reconstruiu a Filosofia, apresentando as verdades, de que o espírito humano esteve sempre de posse.

(*A filosofia no Brasil*)

Mont'Alverne, proclamando *sublime* o sistema de Cousin, promete esforçar-se (*forcejarei*) "por aproveitar o que ele tem feito e restaurar com ele o sistema filosófico". Pois bem, o ecletismo não só não foi restaurado pelo nosso compatriota — *um retórico de mau gosto* —, como também, na "luta pela vida, o Compêndio do franciscano foi atirado à margem, se não devorado pelo esquecimento e o pensamento nacional passou-lhe adiante". Quem, afinal, é o autor desse "*desditoso Compêndio* onde ele se manifesta escravo submisso das vulgaridades e ridicularias da Filosofia de seu tempo entre nós" ... *desventurado livrinho*, cuja análise detalhada nosso crítico se dispensa de fazê-la, pois fora chicanar com a antigualha? Prossegue Sílvio:

Seu autor pertence a essa geração que, jovem e robusta no tempo de D. João VI, entre nós, tomou parte nos acontecimentos da Independência, e figurou nos tempos do Primeiro Reinado. É um coevo de Cairu, de José Bonifácio, de São Leopoldo, de São Carlos, e tantos outros que ainda não passaram pelo crisol da crítica imparcial e competente. Então o ensino filosófico era um amálgama de Storkenau e Genovese, esses nomes desconhecidos na história do ensino público dos povos cultos! ... Uns restos estropiados de Locke e Condillac, reduzidos a figuras mínimas pelos discípulos e comentadores, e algumas laudas enganadoras, brilhantes pelo estilo e frágeis pela análise, de Laromiguière, tal o seu conteúdo.

Tudo isto decorado, não para perscrutar o enigma do homem e do Universo; sim, para limar a argúcia e redundar a loquela. Depois, mais alguma vulgarização das obras de Maine de Biran, que não teve contraditores por não ter quem o lesse, segundo diz Taine, e de Victor Cousin, que sacrificava o pensamento por amor da *frase*, como no-lo declara Renan, trouxe a propensão e finalmente a queda completa para o ecletismo espiritualista francês. A esta fase pertencem Mont'Alverne e seus continuadores: Eduardo França e Domingos de Magalhães. Tão pobre, tão insalubre foi o alimento que lhe forneceu a cultura de sua prática, em seu tempo; tão ingratas as influências a que teve de ceder, que a crítica sente-se com impulsos de o absolver.

(*A filosofia no Brasil*)

Com respeito à obra de Eduardo Ferreira França (1809-1857), médico e político baiano, que se doutorou na França e posteriormente publicou na Bahia as *Investigações psicológicas* (1854) — livro em que busca evidenciar que, sem a menor violação dos princípios da observação rigorosamente científica, antes aprofundando a perspectiva naturalista, se comprova a existência do espírito —, assim se exprime seu severo crítico:

O digno médico foi também um discípulo do sensualismo francês dos primeiros anos deste século, e passou-se para aquela reação espiritualista, superficial e palavrosa, inaugurada pelo professor, mais parlante que profundo, Royer-Collard e continuada por Cousin e seus discípulos.

Não creio que seja mister uma discussão preliminar sobre essa fase passageira da Filosofia para bem compreender-se o espírito do trabalho do escritor baiano. Basta lembrar que o tempo da Restauração em França foi o período das efusões e desvarios do Romantismo. ... Era a reação; mas a reação mórbida, a reação pelo passado, pela Idade Média, com todos os seus encantos factícios, com todos os seus erros perigosos. Era o anacronismo buscando ser uma lei da história; era a tentativa de um desmentido à evolução lógica dos acontecimentos humanos ... A luz espalhada pela *Enciclopédia*, apesar de fraca, incomodava, e era preciso apagá-la. ... Daí a glorificação do passado em ódio ao presente, o entusiasmo pela Idade Média em prejuízo da Revolução. A Filosofia não havia de deixar de seguir o impulso que levavam a Religião e a Arte. E como tinha de fazê-lo? Restaurando o espiritualismo a título de verdade de todos os tempos, firmada no senso comum; fazendo um apelo à história e pretendendo descobrir a verdade sempre de posse do espírito humano e apenas ofuscada pelo exclusivismo dos sistemas. É este o sentido do *ecletismo* que, por sua vez, já pertence à história. Hoje é

282 Curso de filosofia

possível julgá-lo com segurança. Foi uma filosofia incoerente e pretensiosa, inimiga da observação e da experiência, uma *sortida* no campo do *absoluto*, divinizando o homem por meio da *razão impessoal*. Entretanto a Filosofia que tem por dogma a *relatividade* de todas as coisas, mudando de método e reforçando os seus princípios, continuava surdamente a acumular os achados e a fortalecer a verdade.

Obcecados pelo ruído das frases, e pelos aplausos das turbas, os hasteadores da nova bandeira, os partidários da Escolástica ressuscitada, nem deram por ela. É assim que se explica o fenômeno de um homem como Victor Cousin publicar uma dezena de livros em que nos fala da verdade *eterna*, mas onde parece que só ele e sua gente existiam no mundo filosófico de seu tempo, e onde não se vê passar, nem de longe, a sombra de alguns grandes vultos que lhe cresceram ao lado, e acabaram por ofuscá-lo. Alem da *escola* não havia ciência; o Dr. Eduardo filiou-se a ela, renegando a outra.

(*A filosofia no Brasil*)

Gonçalves de Magalhães (1811-1882), poeta e introdutor do romantismo em nossas letras, ocupou-se de muitas coisas: do teatro nacional, a quem se deve sua criação; de política, tendo acompanhado Caxias nos difíceis trabalhos de conciliação; de filosofia, lecionando a disciplina como professor no Colégio Pedro II, carreira que trocou pela de diplomata. Na Santa Sé, como ministro plenipotenciário do Brasil, tratou diretamente com Pio IX da tumultuosa Questão Religiosa que, no fim do reinado de Pedro II, opunha os bispos ao Governo. É personalidade de sólida reputação na Corte, traduzida pelo título de nobreza que ostenta, de visconde de Araguaia. Seu livro maior, *Fatos do espírito humano*, impresso em Paris em 1858, logo traduzido para o francês (1859), é reeditado em português em 1865.

Apoiado em Cousin, critica minuciosamente o empirismo de Locke e Condillac e expõe a doutrina eclética da percepção, que considera a questão fundamental da filosofia e chave para todas as outras.

Para Ubiratan Macedo, que analisou detidamente a obra de Magalhães num livro exemplar sobre o espiritualismo eclético brasileiro (*A liberdade no Império*, 1977), trata-se da

... mais bem-sucedida do Império; ainda que se possa julgar a de Tobias Barreto mais brilhante e atualizada à altura dos tempos, ... a de Magalhães se avantaja pelo caráter ousado de sua investigação pessoal. Não é um redator de manuais como a maioria de seus coetâneos, tampouco o burilador de nervosos ensaios como Tobias. Magalhães com entusiasmo parte para a construção sistemática e nos legou três volumes de investigação de bom nível, nos termos da época, o que se comprova pela imediata tradução francesa de seu livro principal, tornando-o o único filósofo brasileiro a ser traduzido durante o século passado. Se bem que se possa concordar com as críticas de Tobias a ele, o problema é que ele disse presente às graves questões da Filosofia e isso é indelével.

(*A liberdade no Império*, 1977)

Toda outra, porém, é a apreciação, na ótica silviana, tanto da personalidade do visconde de Araguaia quanto de sua obra. Vejamos o que diz, com as *mangas arregaçadas*, mais uma vez, o primeiro historiador de nossas ideias filosóficas:

Os *Fatos do espírito humano* de Domingos José Gonçalves de Magalhães apareceram em Paris em 1858; o autor, hoje titular, é um poeta de algum merecimento; como filósofo tem esta obra de valor não muito avultado. O poeta entrelaça aos voos, um pouco amortecidos, de sua imaginação *tiradas* de sua metafísica; o filósofo exibe-nos provas de uma poesia rançosa nas páginas de seu livro. Na história dos dois domínios intelectuais em que se exercitou não há de fazer uma figura muito eminente, como à mania patriótica tem querido parecer. Gonçalves de Magalhães é um romântico e um espiritualista católico. Dotado de pouco vigor de imaginação, não tem brilhos de estilo; pouco profundo, não devassou seriamente nenhum dos segredos da Ciência.

....

Quando apareceu, como filósofo, era coisa para surpreender a todos, que o supunham alheio às especulações — sérias, e que deviam ter notado a sua incompetência para as graves questões.

Em todo caso, ele é sempre um anacronismo, e um dos fatores de nossa pequenez intelectual. Foi sempre um homem de meias medidas; meio clássico e meio teólogo, com pretensões a espírito moderno.

Hoje segue a diplomacia, esta ciência do que há de mais anticientífico, — as cavilações.

Os *Fatos do espírito humano*, com ares de um quadro da Filosofia de seu tempo, são uma veleidade. O autor que, desde muito, vivia na Europa, devendo estar em dia com a ciência de então, e afirmando estar, afigura-se-nos ali muito débil. Seu livro é uma cantilena declamatória onde não se depara com o método científico nem com a segurança e elevação das ideias.

Como é que o Visconde de Araguaia, há tão pouco tempo" — com a pretensão de "aventurar-se em novas teorias —, tratando de todas as

284 Curso de filosofia

grandes questões da filosofia; expondo os sistemas mais acreditados e aceitos; refutando os que lhe pareciam contrários aos fatos e procurando, por um modo diverso do que o fizeram outros, resolver com a maior clareza que lhe foi possível algumas dificuldades", mostra-se tão enormemente atrás dos grandes pensadores então já vulgarizados?!

Se a lei suprema por que deve a História julgar dos homens e escritores, é aferi-los pelo grau de desenvolvimento da época em que floresceram, claro é que Gonçalves de Magalhães não sai engrandecido da operação da crítica. Não passa de um discípulo de Mont'Alverne desenvolvido por Cousin. Diz ele que ouviu a Th. Jouffroy em Paris; não parece... Quanto dista do pensamento profundo e do estilo sóbrio do insigne eclético! É um escritor vulgar, sem elevação de ideias, sem firmeza de doutrina, sem finezas de análise, sem habilidade na forma. Gira num círculo de raio tão curto, a ponto de não ter enxergado os grandes astros que hão ilustrado o nosso século. Todos os nobres espíritos que esclareceram com sua luz a Alemanha, a Inglaterra, a Itália e a França em nosso tempo, e que em 1858 os rapazes inteligentes dos colégios já conheciam, o Visconde de Araguaia os não refere, e, todavia, vem dizer-nos que expõe as teorias mais acreditadas e segue a filosofia que mais exalta o espírito humano! ...

Como todo o romântico desconsolado e impertinente, ele insulta o nosso século; mas é porque o não compreende. Já é tão cediça e inaproveitável certa maneira de insurgir-se contra o seu tempo que até um escritor de mínima estatura deve fugir de repeti-la: é desse apelo para o materialismo industrial e outras momices da espécie que falo. O nosso autor a emprega como quem está às voltas com uma novidade. Publica o seu livro, que trata de verdades morais, porque "não falta quem cure dos interesses materiais, quem com escritos os aconselhe, com discursos os apregoe, com obras os promova, com vantagens e lucros excite a cobiça a procurá-los, e não será ele demais no meio de tanto materialismo industrial?".

Vê-se, por esta passagem sermonática, que Gonçalves de Magalhães, como todos os pequenos poetas, é pouco escrupuloso em repetir as antigualhas desprestigiadas.

(A filosofia no Brasil)

Em contrapartida, fiel ao seu programa de destruir a filosofia dominante e enaltecer as correntes em emergência, como o observa Antônio Paim (*História das ideias filosóficas no Brasil*), não esconde o estado de espírito e a simpatia pessoal com que se propõe analisar as obras dos representantes dessas correntes, respectivamente Pereira Barreto (1840-1922), *comtista ferrenho*, autor de "As três filosofias",

José de Araújo Ribeiro, visconde do Rio Grande (*O fim da criação*, 1875), Guedes Cabral (*As funções do cérebro*, 1876), ambos *darwinistas pronunciados*, e Tobias Barreto (*Ensaios e estudos de filosofia e crítica*, 1875), *Avis rara ... uma individualidade ... o espírito mais culto e adiantado deste país ... o mais completo tipo de escritor provinciano independente*.

Começa, pois, a crítica dessas obras e seus autores com uma declaração de voto que não dissimula sua preferência:

> Falta-nos agora apreciar os quatro espíritos brasileiros de mais saliente cunho neste século. Estamos em boa companhia; minha pena não deve mais agitar-se trêmula sobre o papel; ideias amigas lhe darão suave curso.
> (*A filosofia no Brasil*)

Antes, porém, de desfrutar da boa companhia de seus *quatro espíritos*, despede com vigorosa estocada dois representantes do que chamou a *reação católica* nas pessoas do padre Patrício Muniz (1820-1871), natural de Funchal (ilha da Madeira), autor da *Teoria da afirmação pura* (1863), e que havia estudado direito e teologia em Roma; e de José Soriano de Sousa (1833-1895), médico, autor, entre outros livros, do *Compêndio de filosofia, ordenado segundo os princípios de S. Tomás de Aquino* (1867), e que se doutorara em Louvain, na Bélgica. A propósito de seus compêndios — o ora citado foi de uso nos seminários do Brasil —, escreve o padre Franca "que no gênero didático representam, até hoje, o que de mais sólido e profundo se tem escrito sobre filosofia no Brasil" (*Noções de história da filosofia*).

De Patrício Muniz diz Sílvio que o seu empenho

> ... é combater o sensualismo e também o panteísmo; para este duplo mister ele vai buscar as suas armas na Idade Média. A teologia católica, em suas mãos, reveste-se de uma *sobrecasaca* emprestada pela metafísica moderna; mas deixa ver a *batina*... o todo é grotesco. O filósofo padremestre se julga, entretanto, muito adiantado e seguro. Os seus esforços, segundo a sua própria expressão, para desenvolver a filosofia no catolicismo são um serviço real à pátria! Seu livro é consagrado a Nossa Senhora e dedicado a D. Pedro II. Não sei como tão harmoniosa lhe pareceu esta junção.
> O padre transpira todo no escritor; estas palavras são suas: "A Filosofia desenvolvendo as relações do finito e do infinito, necessariamente da religião é que tira a sua premissa; e querer religião sem revelação é querer o espírito humano desenvolvido sem ensino exterior, é não conhecer a

286   Curso de filosofia

humanidade. Se, pois, o desenvolvimento da razão resulta de um ensino externo, se este ensino é a tradição católica da revelação divina, está claro que a razão tem de desenvolver-se à luz da revelação e a Filosofia é antes de tudo o desenvolvimento científico do dogma. ... Acusam-nos os racionalistas de querermos submeter a Filosofia à Teologia. Nós não submeteremos a Filosofia à Teologia; o que fazemos é harmonizar as ciências submetendo-as todas à realidade. Mas talvez ainda se nos pergunte: Quereis retrogradar para a Escolástica? Não, não queremos retrogradar para a Escolástica, queremos progredir nela. Isto é um bem, isto é uma necessidade".

Estes trechos revelam bem claramente a intuição do nosso autor; é um crente nas relações do *finito* e *infinito*, um sectário neste ponto de Victor Cousin de quem tanto desdenha; é um reacionário da Idade Média, um neocatólico ao gosto de Rosmini, de quem não tem a profundeza e de Donoso Cortez, de quem não tem as cintilações de estilo. Patrício Muniz é um pensador muito medíocre, e um orador nas mesmas condições, apesar de já ter sido, não sei por quem, uma vez apontado como o sucessor de Mont'Alverne, o que, aliás, não é honra, porque o franciscano também era pequeno. Como este, não é lido; sua pequenina brochura está completamente esquecida. Seus votos em prol do desenvolvimento científico do dogma são uma extravagância, que em rigor lhe não pertence, e que se recusa um exame sério; seu anelo por caminhar na Idade Média é a crassa impertinência de sua escola, e não merece uma refutação. Pobres reacionários baldos de ciência e de critérios.

(*A filosofia no Brasil*)

Soriano de Sousa não tem melhor sorte. Senão vejamos:

O nosso filósofo (não sei como se dar, ao mesmo tempo, este nome a Aristóteles e a Leibniz, a Espinoza e a Kant e ao... Dr. José Soriano), o nosso filósofo, aqui há uma lacuna da língua, tem singularidade pasmar. É um autor impertinente que nenhum vácuo deixaria no quadro da literatura brasileira, se nunca tivesse aparecido. Ele aí figura para acanhamento nosso ... . É certo que ninguém o lê, a não ser em mínima escala, os seus discípulos de colégio, nos quais não raro percebe-se um riso escarninho, quando pegam no enorme bacamarte, que se intitula o *Compêndio de filosofia*, ordenado segundo os princípios e o método do *Angélico Doutor*.

... São 700 páginas votadas ao atraso e encadeamento da mocidade! Ali respira-se um ar abafado, a inquisição do pensamento irrita e molesta. Ou aceita-se tudo, o que seria uma vitória do erro e da decrepitude, ou tudo se repele. Nada existe a analisar. Um livro cadáver não se discute; a Filosofia não é um anfiteatro anatômico.

O Dr. José de Sousa disse uma vez que o Visconde de Araguaia, autor dos *Fatos do espírito humano*, é bom poeta, mas mui medíocre filósofo... E o tomista brasileiro, que deve ser classificado muito abaixo do nobre titular, o que ficará sendo? O que ficará sendo o indigesto compilador de Teologia, o espírito mefítico e importuno, enclaustrado na Idade Média? O recente doutor belga por Louvain não se arregue; ele é incompetente para julgar quem não lê por sua cartilha, quem nunca abriu as horripilantes *Lições de filosofia elementar*, por exemplo. E este autor é lente por exclusão de Tobias Barreto, o ilustre corifeu do germanismo entre nós! ...

(A filosofia no Brasil)

Foi, porém, ao se referir à obra do padre Patrício Muniz que Sílvio Romero escreveu uma página de capital importância para a historiografia brasileira, a cuja influência não escapou nenhum historiador posterior, como o adverte Geraldo Pinheiro Machado (*A filosofia no Brasil*).

Na história do desenvolvimento espiritual no Brasil há uma lacuna a considerar: a falta de seriação nas ideias, a ausência de uma genética. Por outros termos: entre nós um autor não procede de outro; um sistema não é consequência de algum que o precedeu.

É uma verdade afirmar que não temos tradições intelectuais no rigoroso sentido. Na história espiritual das nações cultas cada fenômeno de hoje é um último elo de uma cadeia; a evolução é uma lei: seja a Alemanha o exemplo.

Na história da Música, Haydn, Mozart, Beethoven... sucedem-se por necessidade do desenvolvimento da arte; um é a continuação do outro. Na evolução filosófica Kant dá Fichte; este dá Schelling e, por uma razão eminente ao sistema, aparecem, ao mesmo tempo, Hegel e Schopenhauer. Hartmann é um corolário, como o são Büchner e Moleschott, e como foram Strauss e Feuerbach. Em todos os ramos intelectuais a lei se acha aplicada.

Neste país, ao contrário, os fenômenos mentais seguem outra marcha; o espírito público não está ainda criado e muito menos o espírito científico. A leitura de um escritor estrangeiro, a predileção por um livro de fora vem decidir da natureza das opiniões de um autor entre nós. As ideias dos filósofos que vou estudando, não descendem umas das dos outros pela força lógica do acontecimento. Nem, talvez, se conheçam uns aos outros na maioria dos casos e, se se conhecem, nenhum apro-

288   Curso de filosofia

veitou do antecessor, com a exceção, que já foi feita, para Gonçalves Magalhães. São folhas perdidas no torvelinho de nossa indiferença; a pouca, ou nenhuma, influência que hão exercido sobre o pensamento nacional explica essa anomalia. Não sei que relação lógica haverá entre o Dr. Tobias Barreto e o Pe. Patrício Muniz; um leu Santo Tomás de Aquino e Gioberti e fez-se teólogo e sectário *apriorista* do absoluto; o outro Schopenhauer e Hartmann, depois de haver lido Comte e Haeckel, e tornou-se um crítico imbuído da grande ideia da relatividade evolucional e um tanto impregnado de salutar pessimismo. Que laço os prende? Não sei. É que a fonte onde nutriam suas ideias é extranacional. Não é um prejuízo; antes equivale a uma vantagem.

(A filosofia no Brasil)

4. A crítica do padre Franca

A justeza da proposição acima de Geraldo Pinheiro Machado se verifica, sem dúvida, com a publicação pelo padre Franca (1893-1948) de sua "A filosofia no Brasil", aparecida em 1921 integrando a segunda edição das *Noções de história da filosofia*, de sua autoria. Entre a publicação da crítica de Sílvio Romero e a do padre Franca há um intervalo de meio século, porém a apreciação sobre os pensadores brasileiros se exprime no mesmo *estilo romérico*, com a mesma ênfase desqualificadora, reconhecendo-se facilmente no segundo documento de nossa história das ideias filosóficas as antigas categorias de Sílvio Romero:

> O que para logo se nota na generalidade dos escritos filosóficos brasileiros, diz o Pe. Franca, é a falta de originalidade. Não podemos pleitear, como as grandes nações civilizadas, certa autonomia de pensamento. De novo e de nosso, bem pouco e bem mesquinho é o que podemos reclamar. Refletimos mais ou menos passivamente, ideias alheias; navegamos lentamente e a reboque nas grandes esteiras abertas por outros navegantes; reproduzimos, na arena filosófica, lutas estranhas e nelas combatemos com armas emprestadas. Não há por isso, entre os pensadores que aqui se sucedem, continuação lógica de ideias nem filiação genética de sistemas. Não temos escolas, não temos iniciadores que houvessem suscitado, ou por sequência de evolução ou por contraste de reação, continuadores ou opositores.

(Noções de história da filosofia)

Tobias havia dito que "não há domínio algum da atividade intelectual em que o espírito brasileiro se mostre tão acanhado, tão frívolo e infecundo como no domínio filosófico". O sábio jesuíta concorda com esse juízo, discordando, porém, da causa apontada por Tobias de nossa pobreza em matéria de filosofia: "O Brasil não tem cabeça filosófica". Não havia nenhum defeito natural nas inteligências brasileiras que as incapacitasse definitivamente para as abordagens fecundas nesse domínio. O que não nos permitiu um bom desempenho filosófico foi a ausência de um estudo metódico, a falta de uma disciplina regular na aquisição progressiva dos conhecimentos — numa palavra, a falta de organização do ensino filosófico entre nós, que nos condenava aos azares e improvisações do autodidatismo.

Com a fundação, entretanto, das Faculdades de Filosofia — o padre Leonel Franca, ele próprio, foi animador, fundador e primeiro reitor da PUC do Rio de Janeiro —, os pensadores isolados e autodidatas da época pré-universitária, segundo a classificação de Henrique de Lima Vaz, dão lugar aos estudiosos da filosofia, chamados a desenvolver suas atividades dentro dos quadros institucionais da cultura superior, contando para isso com todos os meios de preparação técnica rigorosa exigidos por qualquer trabalho científico (cf. "O pensamento filosófico no Brasil de hoje", *in Noções de história da filosofia do Pe. Leonel Franca*, 1978).

A instauração do lugar institucional da filosofia na cultura brasileira, porém, não é suficiente para assegurar a produção teórica especificamente filosófica referida a essa cultura. Assim, a Gilberto Kujawski parece que, embora a filosofia apareça *oficialmente* institucionalizada nas universidades brasileiras, ainda não foi *socialmente* institucionalizada. Entendendo que a tarefa da filosofia é a de conduzir a consciência nacional à idade da razão, não à razão pura, mas à razão histórica — único instrumento capaz de devolver o Brasil a si mesmo e de nos fazer compreender o que somos, de onde viemos, para onde vamos —, urge impedir que ela se transforme em função esotérica de alguns iniciados. É preciso, diz ele, voltar das ideias para a realidade. E uma das maneiras de fazê-lo é saber o que fazer concretamente com as ideias, o que fazer com as ideias filosóficas. Enfim, para despertar o interesse da juventude pela filosofia é preciso, antes, dar satisfação ao seu sadio pragmatismo e lhe mostrar o que fazer com a filosofia (cf. *Rumos da filosofia atual no Brasil*, padre S. Ladusans (org.), 1976).

Na mesma linha de preocupação, adverte Antônio Joaquim Severino, a propósito do que chamou de "equívocos da tradição filosófica no Brasil":

290   Curso de filosofia

Nossos cursos de graduação em filosofia não conseguem formar o pensador, amadurecer a personalidade do pensador brasileiro capaz de abordar a nossa realidade, mediante um enfoque especificamente filosófico. Ocorre, então, um fenômeno estranho: os pensadores que, entre nós, realmente abordam a problemática situacional brasileira, com uma perspectiva filosófica, não são explicitamente filósofos: mas, fundamentalmente, cientistas da área das ciências humanas, tais como: sociólogos, juristas, economistas, teólogos, psicólogos e outros.

(*Reflexão*, vol.1, nº 1, set. 75, PUC-RJ)

É evidente a necessidade da contribuição das várias especialidades científicas para a construção de um *projeto cultural brasileiro*, como é claro que a filosofia sozinha não teria sentido, continua o nosso autor; mas, no concerto das ciências, das técnicas, das artes e da práxis, a presença do filósofo deveria tornar-se igualmente imprescindível, porque o debate sobre a situação brasileira gira em torno de problemas filosóficos. De resto, as conclusões científicas acabam adquirindo uma significação filosófica extrapolada, decorrente dos pressupostos dessas especialidades. A formação filosófica, por seu turno, presa aos seus esquemas *escolasticizados*, não dá aos estudantes de filosofia condições para um diálogo com os da área científica; as próprias pesquisas nas várias áreas acabam por se ignorar, provocando críticas recíprocas, nem sempre bem-fundadas. Mas como pode, indaga o jovem pensador, a filosofia conciliar a exigência de um enraizamento histórico interno com a sua dimensão universal, em nome da qual se insiste em dissociar esses dois momentos da reflexão filosófica? Ou, em outras palavras, "como conciliar suas perspectivas de singularidade com suas exigências de universalidade?" (*loc. cit.*)

5. A crítica de Miguel Reale: um momento de ruptura

Deve-se a Miguel Reale (*A filosofia em São Paulo*) a introdução de um corte na tradição da historiografia das ideias filosóficas no Brasil, rompendo o pensador paulista com a posição sectária e polêmica típica dos primeiros trabalhos sobre o assunto, inaugurada por Sílvio Romero e continuada pelo padre Franca:

... cabe precaver-nos contra certas atitudes ostensivas ou implicitamente polêmicas na análise de nossos filósofos e filosofantes, a fim de supe-

A filosofia no Brasil 291

rarmos definitivamente a "Filosofia em mangas de camisa". Ainda se continua a escrever infelizmente *pró* ou *contra* Tobias Barreto, assim como, em revide, se escreve *pró* ou *contra* Farias Brito, quando o natural é que se escreva *sobre* o cearense e o sergipano, ambos figuras representativas de nosso modo de ser, por mais antagônicas que pareçam ... mas o que deve ser evitado é a *crítica externa* das obras. Só a crítica interna, que nos torna partícipes do ângulo ou da "circunstancialidade" do pensador criticado, é que se pode considerar autêntica, mesmo quando chegue a conclusões negativas quanto ao mérito dos trabalhos.

(*A filosofia em São Paulo*, 1962)

A nova postura crítica é assim vista por Antônio Paim:

O estudo do pensamento brasileiro marca uma inflexão acentuada a partir dos anos 50, graças ao tratamento que o professor Miguel Reale deu à questão. Reale publicara, em 1949, ensaio dedicado à doutrina de Kant no Brasil, aplicando a esse tema método que elaborara e que consistia em abandonar a postura de juiz que contempla o passado do alto de sua suficiência ... para tentar compreender o problema filosófico que o pensador brasileiro buscara enfrentar, examinando a solução que ensejara à luz da circunstância cultural que lhe era contemporânea. Esse novo método exigia humildade para reconhecer o próprio desconhecimento e sobretudo disposição de pesquisa, paciência na acumulação dos resultados.

(Apud Ubiratan Borges de Macedo, *A liberdade no Império*)

Afastado o obstáculo inibitório que desestimulava a abordagem dos pensadores brasileiros e contido o impulso à desqualificação que os denegria como simples importadores da produção teórica e frequentemente maus repetidores do pensamento europeu, abre-se, a seguir, o espaço para o estudo e a avaliação mais objetiva da meditação filosófica brasileira. À reedição de textos e aos estudos críticos de Luís Washington Vita (1921-1968), associa-se a modelar *História das ideias filosóficas no Brasil*, de Antônio Paim, a quem se deve a formação da geração de estudiosos ligados à universidade, com a criação, em nível de mestrado, na PUC do Rio de Janeiro, do curso de pensamento brasileiro, que dirigiu até a sua extinção. Paulo Mercadante (*A consciência conservadora do Brasil*) demonstra com brilho a utilização do ecletismo espiritualista como suporte ideológico das instituições liberais do Império. Roque Spencer Maciel de Barros (*Introdução à filosofia liberal*) e Vicente Barreto (*A ideologia liberal no processo de inde-*

292 Curso de filosofia

pendência do Brasil) voltam-se para o estudo do nosso liberalismo político e da aclimatação do ideário liberal na circunstancialidade peculiar brasileira. Eduardo Jardim surpreende os pressupostos de natureza filosófica subjacentes ao movimento modernista literário... Escapa, naturalmente, aos objetivos deste trabalho a listagem completa das obras e dos autores mais significativos da nova abordagem do pensamento brasileiro. A omissão não significa esquecimento. Os ora citados ilustram, simplesmente, a modo de exemplos particulares, a fecundidade do método inaugurado por Miguel Reale, que marca o momento de ruptura com a atitude tradicional dos antigos historiadores das ideias filosóficas no Brasil.

A reflexão sobre o nosso passado filosófico, mostrando que, qualquer que seja o mecanismo de seu aparecimento no país, as ideias filosóficas sempre estiveram no lugar, não nos ajudaria, hoje, a ter maior clareza quanto às funções dessas ideias, e no difícil aprendizado filosófico saber, talvez, como conciliar afinal o singular brasileiro com o universal da filosofia?

QUESTÕES

1. Que significa a "filosofia em mangas de camisa"?

2. Que existe de comum e de diferente na crítica de Sílvio Romero e do padre Leonel Franca aos pensadores brasileiros?

3. Quem introduziu um modelo de crítica alternativo à crítica dos nossos dois primeiros historiadores das ideias filosóficas no Brasil e quais os pré-requisitos indicado por seu introdutor?

TEMAS PARA DEBATE

1. Há filosofia no Brasil?

2. A questão das *ideias fora do lugar* ou da importação de ideias.

3. História das ideias e história da filosofia.

4. Regionalização e universalidade da filosofia.

VOCABULÁRIO*

elaborado por Hilton Japiassú

ABSOLUTO Aquilo que possui em si mesmo sua própria razão de ser, não comportando nenhum limite, sendo considerado independentemente de toda relação com um outro.

ABSTRATO Aquilo que é considerado como separado, independente de suas determinações concretas ou acidentais.

ABSURDO 1. Aquilo que viola as leis da lógica. 2. Impossibilidade de se justificar racionalmente a existência das coisas ou do homem e de lhes conferir um sentido.

ACIDENTE Aquilo que não pertence à essência ou natureza de uma coisa.

AGNOSTICISMO Doutrina segundo a qual é impossível todo conhecimento que ultrapassa o campo de aplicação das ciências ou que vai além da experiência sensível.

AGNÓSTICO Diz-se do indivíduo que não acredita no sobrenatural, em Deus ou no divino.

ALEATÓRIO Que depende do acaso, fortuito.

ALEGORIA 1. Representação de uma ideia por meio de imagens. 2. Relato apresentando um problema filosófico sob a forma de um simbolismo. Ex.: a alegoria da caverna de Platão.

ALIENAÇÃO 1. Estado do indivíduo que não mais se pertence, que não detém o controle de si mesmo ou que se vê privado de seus direitos fundamentais, passando a ser considerado uma coisa. 2. Ação de se tornar outrem, seja se considerando como coisa, seja se tornando

---

* Não se trata de um verdadeiro léxico filosófico, mas de um *vocabulário elementar* definindo os termos filosóficos mais utilizados. Ele comporta o sentido usual de cada termo e, em certos casos, o sentido que ele toma nesta ou naquela filosofia particular. Para se aprofundar a compreensão de certos termos, torna-se necessário o recurso a um bom dicionário filosófico.

294   Curso de filosofia

estrangeiro a si mesmo (Hegel). 3. Situação econômica de dependência do proletário relativamente ao capitalista, na qual o operário vende sua força de trabalho como uma mercadoria, tornando-se escravo (Marx).

ANÁLISE 1. Divisão ou decomposição de um todo ou de um objeto em suas partes. 2. Procedimento pelo qual fornecemos a explicação sensata de um conjunto complexo.

ANALÍTICO (Juízo) — opõe-se a *Sintético* Aquele cujo atributo pertence necessariamente à essência ou à definição do sujeito. Ex.: os corpos são extensos.

ANARQUISMO Doutrina política que repousa no postulado de que os homens são, por natureza, bons e sociáveis, devendo organizar-se em comunidades espontâneas, sem necessidade do Estado.

ANIMISMO 1. Doutrina segundo a qual a alma constitui o princípio da vida orgânica e do pensamento. 2. Crença segundo a qual a natureza é regida por almas ou espíritos análogos à vontade humana.

ANTINOMIA Conflito da razão consigo mesma diante de duas proposições contraditórias, cada uma podendo ser demonstrada separadamente.

ANTÍTESE Oposição de contrariedade entre dois termos ou duas proposições.

ANTROPOCENTRISMO Concepção segundo a qual o homem é situado e explicado como o centro do universo.

ANTROPOMORFISMO Concepção pela qual explicamos os fenômenos físicos ou biológicos atribuindo-lhes motivações ou sentimentos humanos.

APODÍTICO Modalidade de juízo que é necessário de direito, exprimindo uma necessidade lógica, não um simples fato.

APORIA Problema-impasse ou dificuldade resultante da igualdade de raciocínios contrários, colocando o espírito na incerteza quanto à ação a empreender.

"A POSTERIORI" Aquilo que é estabelecido e afirmado em virtude da experiência.

"A PRIORI" Independente da experiência sensível.

ASSERTÓRICO Modalidade de juízo que exprime um fato ou uma existência.

ATARAXIA Estado da alma que nada consegue perturbar (filosofia grega).

ATO 1. Todo exercício querido de um poder material ou espiritual do homem. Ex.: ato de coragem, ato de violência etc. 2. Um ser em ato é um ser plenamente realizado (Aristóteles).

ATRIBUTO Termo que é afirmado ou negado de um sujeito: (Sinônimo: predicado)

Vocabulário   295

AXIOLOGIA Teoria dos valores em geral, especialmente dos valores morais (do grego *"axios"*: valioso, desejável, estimado).

AXIOMA 1. Proposição evidente em si mesma e indemonstrável. 2. Pressuposto em um sistema, ocorrendo sempre como premissa ou como ponto de partida para a demonstração de algo.

AXIOMÁTICA Sistema hipotético-dedutivo no qual são totalmente explicitados os termos não definidos e as proposições não demonstradas, estas sendo afirmadas como simples hipóteses (axiomas) a partir das quais todas as proposições do sistema podem ser construídas segundo regras perfeitamente fixas.

BASE Aquilo sobre o qual repousa uma construção, material ou intelectual.

BEM Aquilo que possui um valor moral positivo, constituindo o objeto ou o fim da ação humana.

BOM-SENSO Qualidade de nosso espírito que nos permite distinguir o verdadeiro do falso, o certo do errado.

BURGUESIA Classe social que, no sistema capitalista, é detentora ou possuidora dos meios de produção (Marx).

CAPITALISMO Sistema de produção que repousa na propriedade privada dos meios de produção e de troca por uma classe social detentora do capital, a burguesia (Marx).

CAUSA Tudo aquilo que determina a constituição e a natureza de um ser ou de um fenômeno.

CAUSALIDADE Princípio fundamental da razão aplicada segundo o qual "todo fenômeno possui uma causa", "tudo o que acontece ou começa a ser supõe, antes dele, algo do qual resulta segundo uma regra" (Kant).

CETICISMO Concepção filosófica segundo a qual o conhecimento certo e definitivo sobre algo pode ser buscado, mas não atingido.

CRIACIONISMO Doutrina segundo a qual as diferentes espécies, animais ou vegetais, foram diretamente criadas por Deus tais como elas existem.

CONJECTURA Simples suposição ainda não verificada ou inverificável.

CONCRETO Aquilo que é efetivamente real ou determinado.

CONHECIMENTO 1. Função ou ato da vida psíquica que tem por efeito tornar um objeto presente aos sentidos ou à inteligência. 2. Apropriação intelectual de determinado campo empírico ou ideal de dados, tendo em vista dominá-los e utilizá-los.

CONSEQUÊNCIA Proposição que decorre necessariamente de uma outra e que, uma vez admitidos os princípios ou as hipóteses, não podemos negar sem entrar em contradição.

CONTINGÊNCIA Caráter de tudo aquilo que é concebido como podendo ser ou não ser, ou ser algo diferente daquilo que é.

296   Curso de filosofia

CONTINGENTE Aquilo que pode ser mas não é nem necessário nem impossível.

CONTRADIÇÃO Oposição entre duas proposições incompatíveis, uma afirmando e a outra negando: o fato de afirmar e negar, ao mesmo tempo, algo de uma mesma coisa.

CONVENCIONALISMO Doutrina segundo a qual as regras sociais e as regras da linguagem resultam de simples convenções.

COROLÁRIO Proposição que decorre imediatamente de uma outra por via puramente lógica.

COSMOGONIA Teoria sobre a origem do universo geralmente fundada em lendas ou em mitos e ligada a uma metafísica.

COSMOLOGIA 1. Conjunto das ciências que tratam das leis ou das propriedades da matéria em geral. 2. Teoria científica do universo.

COSMO 1. Palavra grega que significa "universo" e designa o céu estrelado enquanto nele podemos discernir uma certa "ordem", certa "beleza" e certa "harmonia" nas constelações astrais. 2. Designa o mundo enquanto ele é ordenado e se opõe ao caos: mundo considerado como um todo organizado, como uma ordem hierarquizada e harmoniosa.

CRISE Mudança decisiva no curso de uma evolução, provocando um conflito e uma ruptura violenta de equilíbrio.

CRITÉRIO 1. Sinal graças ao qual reconhecemos uma coisa e a distinguimos de outra. 2. Sinal graças ao qual reconhecemos a verdade e a distinguimos do erro.

CRÍTICA Atitude que consiste em separar o que é verdadeiro do que é falso, o que é legítimo do que é ilegítimo, o que é certo do que é verossímil.

CRITICISMO Doutrina kantiana que estuda as condições de validade e os limites do uso que podemos fazer de nossa Razão Pura. Por extensão, toda doutrina que faz da crítica do conhecimento a condição prévia da pesquisa filosófica.

CRÍTICO 1. Juízo apreciativo, seja do ponto de vista estético (obra de arte), seja do ponto de vista lógico (raciocínio), seja do ponto de vista intelectual (filosófico ou científico), seja do ponto de vista de uma concepção, de uma teoria, de uma experiência ou de uma conduta. 2. Atitude de espírito que não admite nenhuma afirmação sem reconhecer sua legitimidade racional.

DEDUÇÃO Raciocínio que nos permite tirar de uma ou várias proposições uma conclusão que delas decorre logicamente.

DEMAGOGIA Ação política que visa conquistar ou conservar o poder bajulando o povo e tomando medidas de facilidade destinadas a provocar a popularidade, mas contrárias aos reais interesses do povo.

Vocabulário   297

DEMOCRACIA Forma de organização política na qual a soberania é exercida, direta ou indiretamente, pelo povo ou por seus representantes, e não por uma só autoridade (monarquia) ou por uma pequena minoria (aristocracia ou oligarquia).

DEMOCRACIA BURGUESA É a democracia meramente formal, ou seja, aquela na qual a soberania é exercida, de fato, pela burguesia, isto é, pela classe que detém a propriedade dos meios de produção e de troca (Marx).

DEMONSTRAÇÃO Operação que, partindo de proposições já consideradas conhecidas ou demonstradas, permite-nos estabelecer a verdade de uma outra proposição chamada conclusão.

DESPOTISMO Regime político no qual a soberania é mantida por um único homem que governa como senhor absoluto.

DESTINO Poder mais ou menos personificado capaz de governar tudo o que existe no universo e de determinar, uma vez por todas e irremediavelmente, tanto o curso geral dos acontecimentos quanto o da história humana.

DEVER Necessidade de realizar uma ação por respeito à lei civil ou moral.

DIALÉTICA 1. Processo pelo qual a alma se eleva por degraus das aparências sensíveis às realidades inteligíveis ou ideias (Platão). 2. Dedução feita a partir de premissas apenas prováveis (Aristóteles). 3. Movimento racional que nos permite ultrapassar uma contradição (Hegel). 4. Método do materialismo histórico e processo do movimento histórico que considera a Natureza: a) como um todo coerente em que os fenômenos se condicionam reciprocamente; b) como um estado de mudança e de movimento; c) como o lugar onde o processo de crescimento das mudanças quantitativas gera, por acumulação e por saltos, mutações de ordem qualitativa; d) como a sede das contradições internas, seus fenômenos tendo um lado positivo e outro negativo, um passado e um futuro, donde a luta das tendências contrárias que gera o progresso (Marx-Engels).

DICOTOMIA Divisão de uma classe de fenômenos em duas partes, cujas diferenças são contraditórias.

DISCURSIVO Modo de conhecimento que atinge seu objetivo através das etapas de um raciocínio ou de uma demonstração.

DOGMA 1. Doutrina ou opinião filosófica transmitida de modo impositivo e sem contestação por uma escola ou corrente de pensamento. 2. Doutrina religiosa fundada numa verdade revelada e que exige o acatamento e a aceitação dos fiéis. No catolicismo, o dogma possui duas fontes: as Escrituras e a autoridade da Igreja.

298   Curso de filosofia

DOGMATISMO 1. Toda doutrina que professa a capacidade do homem de atingir a certeza absoluta. 2. Toda atitude de conhecimento que consiste em acreditar estar de posse da certeza ou da verdade antes de fazer a crítica da faculdade de conhecer (Kant). 3. Toda atitude que consiste em afirmar algo de modo categórico, peremptório e intransigente, sem provas daquilo que se afirma.

DOUTRINA Conjunto sistemático de concepções de ordem teórica ensinadas como verdadeiras por um autor, por um conjunto de autores ou por um mestre de pensamento.

DUALISMO 1. Doutrina segundo a qual a realidade é composta de duas substâncias independentes e incompatíveis: matéria e espírito (Descartes). 2. Toda doutrina que admite, num domínio qualquer, dois princípios ou realidades irredutíveis. Ex.: matéria e vida, razão e experiência, teoria e prática etc.

DÚVIDA 1. Incapacidade de determinar se algo é verdadeiro ou falso ou de decidir pró ou contra alguma coisa. 2. Suspensão definitiva do juízo, nada afirmando e nada negando (ceticismo). 3. Método de conhecimento que tem por objetivo descobrir a verdade (Descartes).

ECLETISMO Método filosófico que consiste em retirar dos diferentes sistemas de pensamento certos elementos ou teses para fundi-los num novo sistema.

EGOCENTRISMO Tendência espontânea do sujeito de se converter no centro do mundo, de tudo referir a seu ponto de vista próprio e de só se interessar pelos outros na medida em que eles servem a seus interesses.

ELEATAS Filósofos pré-socráticos da escola de Eleia (Parmênides e Zenão) que afirmavam a identidade absoluta do Ser consigo mesmo e a impossibilidade do devir e do movimento.

EMPIRIA Experiência sensível bruta, antes de toda e qualquer elaboração.

EMPIRISMO Doutrina segundo a qual todo conhecimento humano é derivado, direta ou indiretamente, da experiência sensível externa ou interna.

ENUNCIADO Proposição que não afirma nem nega, mas que é apresentada como hipótese ou definição.

EPIFENÔMENO Concepção que faz da consciência um fenômeno acessório e secundário, um simples reflexo, sem influência sobre os fatos de pensamento e de conduta.

ESCATOLOGIA Doutrina que diz respeito aos fins últimos da humanidade, da natureza ou do indivíduo depois da morte.

ESSÊNCIA Aquilo que a coisa é ou que faz dela aquilo que ela é.

EVIDENTE Aquilo que se impõe a nós de modo direto e imediato.

Vocabulário 299

EXISTÊNCIA O fato de a coisa estar aí, sem necessidade, de modo contingente (existencialismo).

EXISTENCIALISMO Filosofia que afirma que, para o homem, a existência precede a essência (Sartre).

EXPERIÊNCIA 1. Conhecimento espontâneo ou vivido, adquirido pelo indivíduo ao longo de sua vida. 2. Ação de observar ou de experimentar em vista de formar ou de controlar uma hipótese ou teoria.

EXPERIMENTALISMO Método de conhecimento científico que consiste em comprovar ou verificar uma hipótese ou teoria fazendo apelo aos procedimentos do método experimental.

EXPLICAÇÃO 1. Conhecimento das leis de coexistência ou de sucessão dos fenômenos, quer dizer, de seu "como" (empiristas e positivistas). 2. Conhecimento que tem em vista determinar as causas dos fenômenos, quer dizer, o seu "porquê" (racionalistas).

ÊXTASE 1. Estado da alma de íntima comunhão com Deus, desligando-se do mundo, de si e do conhecimento sensível (neoplatonismo). 2. Estado psíquico caracterizado por um sentimento de beatitude e união íntima com o Absoluto (psicologia). 3. Atitude intencional da consciência de ser consciência de um além dela mesma (fenomenologia).

FACTICIDADE Caráter daquilo que é contingente, não é necessário, mas simplesmente é (fenomenologia).

FATALISMO Doutrina segundo a qual todos os acontecimentos do universo, especialmente os da vida humana, estão submetidos ao destino, quer dizer, acontecem por uma necessidade absoluta, em conformidade com aquilo que foi dito ou escrito no chamado livro do destino.

FETICHISMO 1. Atitudes ou comportamento que acredita na existência de um espírito em objetos animados ou inanimados, aos quais é atribuído um poder mágico. 2. Ilusão que confere às mercadorias um caráter "místico" e lhes atribui um valor imanente que elas não possuem (Marx).

FIDEÍSMO 1. Doutrina que admite que a religião constitui objeto de uma pura fé. 2. Doutrina que admite verdades de fé independentes de toda e qualquer justificação racional. 3. Doutrina segundo a qual as verdades fundamentais da ordem especulativa ou da ordem prática não devem ser justificadas pela razão, mas simplesmente aceitas como objeto de pura crença.

FINALISMO Doutrina que atribui à Natureza intenções e objetivo. Em outras palavras, toda explicação substituindo uma causalidade cega por uma causalidade que pode ser mecânica, mas que é determinada por um objetivo (causa final).

300 Curso de filosofia

FORMALIZAÇÃO Construção de um sistema de conhecimentos por redução às suas estruturas formais e abstração feita de seu conteúdo empírico ou intuitivo.

FORMALISMO 1. Tendência a conferir à observância da letra de uma lei civil ou de uma regra moral ou religiosa uma importância excessiva, em detrimento de seu espírito. 2. Sistema de ideias ou de imagens expresso numa linguagem axiomática.

GÊNERO Classe que engloba várias espécies.

GNOSE Conhecimento esotérico e perfeito das coisas divinas pelo qual se pretende explicar o sentido profundo de todas as religiões.

GNOSEOLOGIA Teoria do conhecimento que tem por objetivo buscar a origem, a natureza, o valor e os limites da faculdade de conhecer.

HERMENÊUTICA 1. Interpretação ou exegese dos textos antigos, especialmente da Bíblia. 2. interpretação ou decodificação de todo texto que exige uma explicação. 3. Reflexão filosófica interpretativa ou compreensiva sobre os símbolos e os mitos em geral.

HEURÍSTICO 1. Aquilo que se refere à descoberta e serve de ideia diretriz numa pesquisa. 2. Um método é heurístico quando leva o aluno a descobrir aquilo que se pretende que ele aprenda.

HIPÓTESE Proposição ou conjunto de proposições que constituem o ponto de partida de uma demonstração, ou então uma explicação provisória de um fenômeno, devendo ser provada pela experimentação.

IDEALISMO 1. Doutrina que afirma a realidade das ideias independentes e superiores ao mundo sensível (Platão). 2. Idealismo transcendental: doutrina que define os fenômenos como simples representações, não como coisas em si (Kant). 3. Doutrina que afirma que a realidade primeira é o pensamento, todas as coisas materiais sendo simples produtos do ato de pensar.

IDEIA 1. Simples representação mental de um objeto de pensamento. 2. Representação abstrata e geral de um objeto dado na experiência. 3. Essência ou forma inteligível, eterna ou imutável, da qual participam todas as coisas sensíveis passageiras e imperfeitas, contemplada pela alma antes de estar unida ao corpo (Platão). 4. Conceito inato que nos foi dado por Deus e nos permite conhecer de modo evidente as leis da natureza (Descartes). 5. "Conceito necessário da razão ao qual nenhum objeto que lhe corresponde pode ser dado nos sentidos", sendo, por isso, incognoscível (Kant).

IMANENTE Tudo aquilo que é interior ao ser ou ao objeto dado do pensamento e que se opõe ao transcendente.

IMPERATIVO Proposição que exprime uma ordem condicional ou categórica.

INATO Tudo aquilo que existe num ser desde seu surgimento e que pertence à sua natureza. Opõe-se a adquirido, aprendido. Ex.: conhecimento inato, ideia inata (Descartes).

INDUÇÃO 1. Inferência conjectural que conclui, da regularidade de certos fatos, a sua constância; da constatação de certos fatos, a existência de outros fatos ligados aos primeiros na experiência anterior. 2. Raciocínio ou forma de conhecimento pelo qual passamos do particular ao universal, do especial ao geral, do conhecimento dos fatos ao conhecimento das leis.

INTEGRISMO Atitude daqueles que, em matéria religiosa, recusam toda evolução e toda inovação, notadamente na liturgia, para se apegarem às práticas tradicionais do culto.

INTELECTUALISMO 1. Concepção que reduz todos os fatos psíquicos aos fatos intelectuais e racionais, negando a especificidade das tendências e da afetividade. 2. Tendência a pressupor a existência de reflexão e de lógica lá onde elas não existem. 3. Doutrina que afirma o primado das funções intelectuais, às quais se reduzem todas as outras, e que privilegia o pensamento conceitual e discursivo.

INTUIÇÃO Forma de conhecimento que permite à mente captar algo de modo direto e imediato. Pode ter vários sentidos: 1. Intuição empírica: conhecimento imediato da experiência, seja externa (intuição sensível: dados dos sentidos; cores, odores, sabores etc.), seja interna (intuição psicológica: dados psíquicos; imagens, desejos, emoções, paixões, sentimentos etc.). 2. Intuição racional: percepção de relações e apreensão dos primeiros princípios (de identidade, de não contradição etc.). 3. Compreensão global e instantânea de uma situação ou de um ser humano, repousando num espírito de *finesse* e no discernimento de um todo complexo (intuição feminina, intuição de um diagnóstico médico). 4. Sentimento súbito da solução de um problema ou da descoberta de uma relação científica.

INTUICIONISMO Toda doutrina que confere à intuição um lugar privilegiado no conhecimento.

IRRACIONAL 1. Tudo aquilo que, no homem, não constitui o produto de uma ação consciente e dirigida pela razão. 2. Tudo aquilo que ultrapassa a ciência ou a razão, não podendo ser explicado por elas. 3. Enquanto sinônimo de absurdo, o irracional designa a impossibilidade de se justificar racionalmente a existência do ser humano.

IRRACIONALISMO 1. Doutrina que nega o valor da razão ou restringe sua influência apenas a certos domínios. 2. Doutrina que contesta a

302 Curso de filosofia

racionalidade do real e faz do irracional e do contingente o fundo das coisas.

JUÍZO 1. Faculdade fundamental do pensamento humano que consiste no conjunto das exigências que dizem respeito ao funcionamento do pensamento e à sua aplicação a objetos. 2. Fato de afirmar que um atributo pertence ou não a um sujeito. 3. Um juízo é analítico quando o predicado ou atributo está incluído na essência ou definição do sujeito. Ex.: todos os corpos são extensos. 4. Um juízo é sintético quando o predicado acrescenta algo à essência ou compreensão do sujeito. Ex.: os corpos são pesados.

LEGALISMO 1. Atitude que consiste em se apegar à letra das leis, em detrimento de seu espírito. 2. Doutrina segundo a qual a ciência deve limitar-se ao estabelecimento das leis e abandonar a vã procura das causas.

LEI 1. Relação necessária estabelecida entre dois acontecimentos. 2. Lei científica: aquela que estabelece entre os fatos relações mensuráveis, universais e necessárias, autorizando a previsão.

LIBERDADE Capacidade de poder agir por si mesmo, com autodeterminação, independentemente de toda coerção exterior.

MAIÊUTICA Método socrático de interrogação pelo qual Sócrates, como a parteira dá à luz os corpos, procura "dar à luz" os espíritos para levar seus interlocutores a descobrirem a verdade que eles trazem em si sem o saber. Por extensão, método pedagógico que permite ao mestre apenas dirigir a pesquisa do aluno, este devendo encontrar a verdade por sua própria reflexão.

MANIQUEÍSMO Doutrina que reduz a realidade à oposição irredutível de dois princípios contraditórios, o Bem e o Mal, aos quais correspondem as realidades espirituais e materiais.

MARXISMO Teoria econômica, social, política e filosófica elaborada por Karl Marx e Friedrich Engels, utilizada ao mesmo tempo como método de análise dos fenômenos sociais e como princípio de uma prática revolucionária.

MATERIALISMO 1. Doutrina que afirma que a única realidade é a matéria (Demócrito, Epicuro, La Mettrie, d'Holbach). 2. Conjunto de teorias que admitem que a realidade primeira e primordial de tudo é a matéria, esta só se alterando quantitativamente. 3. Materialismo histórico: teoria de Marx segundo a qual "o modo de produção da vida material condiciona, em última instância, o processo de conjunto da vida social, política e intelectual": a superestrutura social, política e ideológica de uma sociedade é determinada por sua base econômica, ou infraestrutura.

Vocabulário   303

MECANICISMO 1. Concepção caracterizada pela substituição das teorias organicistas aristotélico-medievais por uma teoria do espaço geometrizado no interior do qual as relações entre os objetos são governadas por uma causalidade cega. 2. Teoria científica que explica os fenômenos físicos unicamente pelas leis do movimento.

METAFÍSICA 1. Em Aristóteles, a metafísica ou ontologia designa a filosofia primeira, ou seja, a filosofia que procura os princípios e as causas primeiras e que estuda o ser enquanto ser. Ela compreende o conhecimento das coisas divinas e o conhecimento dos princípios da ciência e da ação. 2. Em Santo Tomás, designa a adaptação da metafísica aristotélica à doutrina cristã, dando-se por objeto tudo o que manifesta o sobrenatural. Distinta da teologia, fundada na Revelação, a metafísica utiliza apenas a razão comum a todos os homens. 3. Doutrina filosófica que, partindo do real e da experiência, procura sua explicação racional, culminando em realidades absolutas e transcendentes. 4. Segundo Kant, a metafísica ou crítica "não é outra coisa senão o *inventário*, sistematicamente ordenado, de todos os conhecimentos que devemos à Razão". 5. Para o marxismo, a metafísica é uma concepção falsa das coisas enquanto considera as coisas como independentes umas das outras e como estáticas.

MISTICISMO 1. Crença numa ordem de realidades sobrenaturais e na possibilidade de uma união íntima e direta com Deus. 2. Estado psicológico do indivíduo que tem o sentimento de entrar em relação direta com Deus, de comungar com o ser perfeito e infinito, caracterizado pela aspiração ao absoluto.

MITO 1. Relato fabuloso contando uma história que serve ao mesmo tempo de origem e de justificação de um grupo social. 2. Relato inventado ou elaborado que traduz, em imagens, uma concepção inexprimível racionalmente, mas que se pretende simbólica da verdade. 3. Representação coletiva, mais ou menos grosseira ou imaginária, das atitudes ou dos comportamentos de certos grupos sociais.

MONISMO Teoria segundo a qual a realidade é formada de uma única substância, pois só existe um princípio fundamental, seja a matéria, seja o espírito.

MORALISMO 1. Apego excessivo à letra das regras morais em detrimento de seu espírito. 2. Atitude prática que consiste em cultivar apenas a perfeição moral sem se preocupar com o bem a ser realizado. 3. Doutrina que atribui um lugar preponderante à moral ou que faz dela um absoluto comandando todo o resto.

NATURALISMO Doutrina filosófica ou atitude de espírito que não admite nada fora da natureza, cuja realidade integral reside nos dados da

304 Curso de filosofia

experiência, e que rejeita qualquer princípio transcendente para explicar as coisas.

NATUREZA 1. Aquilo que possui em si mesmo um princípio de movimento e de fixidez (Aristóteles). 2. Sinônimo de *essência:* conjunto das propriedades que definem uma coisa. Ex.: "a essência ou a natureza da alma é a de pensar" (Descartes). 3. Tudo aquilo que, num ser, é inato e espontâneo. 4. Conjunto do reino mineral, vegetal e animal considerado como um todo submetido a leis.

NECESSÁRIO 1. Aquilo que não pode ser diferentemente do que é. 2. Aquilo que não podemos conceber de outro modo. 3. Aquilo que resulta do encadeamento das causas e dos efeitos. 4. Ser que, para existir, não depende de nenhuma causa ou condição: Deus.

NIILISMO 1. Doutrina anarquista fundada numa crítica da organização social e que conclui pela absoluta necessidade de destruição do Estado. 2. Nome dado por Nietzsche ao que ele julga ser o resultado da decadência europeia, a saber, a ruína dos valores consagrados na civilização ocidental do século XIX.

NOMINALISMO 1. Doutrina segundo a qual as ideias gerais (ou universais) ou conceitos não possuem nenhuma realidade, nem no espírito (conceitualismo) nem nas coisas (realismo): são somente nomes ou sinais gerais (filosofia medieval). 2. Concepção segundo a qual os fatos, as leis e as teorias científicas são simples construções intelectuais, e não uma representação verdadeira das coisas.

NORMA Regra, modelo ou ideal relativamente ao qual se elaboram os juízos de valor.

"NOUMENO" Em Kant, designa as coisas em si enquanto elas são apenas pensadas.

ONTOLOGIA Parte central da filosofia que estuda "o ser enquanto ser", isto é, independentemente de suas determinações particulares e naquilo que constitui sua inteligibilidade própria.

OPINIÃO 1. Juízo que adotamos sem termos a certeza de sua verdade. 2. Conjunto falsamente sistemático de juízos, constituindo representações esquemáticas e sumárias, formadas pela prática e para a prática e fundadas nas preconcepções ou preconceitos, recebendo sua evidência da autoridade das funções sociais que desempenham.

ORTODOXIA Conformidade ou obediência de um ensinamento, de uma concepção ou de uma prática a uma doutrina religiosa oficial, à doutrina de uma escola de pensamento ou à doutrina de um partido.

PRÁXIS Relação dialética entre o homem e a natureza pela qual o homem, ao transformar a natureza pelo trabalho, transforma-se a si mesmo (Marx).

Vocabulário 305

PRINCÍPIO 1. Proposição que constitui uma norma moral ou uma regra de conduta. 2. Aquilo que constitui o fundamento ou a razão de ser de um fenômeno. 3. Proposição inicial de uma dedução da qual tiramos outras proposições (chamadas de consequências) que dela resultam necessariamente.

SINTÉTICO 1. Um juízo é sintético quando o atributo ou predicado acrescenta algo à essência ou definição do sujeito. 2. Uma proposição é sintética quando não podemos verificá-la ou falsificá-la sem recorrer à observação.

SISTEMA 1. Todo organizado cujos elementos dependem estreitamente do conjunto. 2. Conjunto de ideias coordenadas e articuladas em alguns princípios fundamentais.

TRANSCENDENTAL Tudo o que se ocupa das condições *a priori* pelas quais somente uma experiência é possível (Kant).

TRANSCENDENTE Aquilo que, por oposição a imanente, é de uma natureza absolutamente superior e de outra ordem, ultrapassando toda experiência possível e dependente de uma fé, não do saber.

TOTALIDADE Conjunto dos elementos que formam um todo.

UNIVERSAL Proposição cujo predicado se aplica ao conjunto dos indivíduos que compõem a extensão do sujeito. Ex.: todos os homens são mortais.

UTILITARISMO Doutrina que considera a utilidade como o princípio de todos os valores, tanto no domínio do conhecimento (pragmatismo) quanto no domínio moral ou econômico (Stuart Mill).

UTOPIA Designa todo projeto de uma sociedade ideal e perfeita, por oposição às sociedades reais, podendo ser apresentado como um programa meramente quimérico (sentido pejorativo) ou, então, como um programa contendo o princípio de um progresso real e se afirmando como um fermento e um estimulante para um futuro melhor.

"WELTANSCHAUUNG" Termo alemão que designa visão intuitiva do mundo, concepção do mundo ou cosmovisão: modo global de apreensão do mundo e da vida, mas que não é definido por um sistema explícito de filosofia, embora subentenda uma reflexão filosófica como estilo geral de pensamento e de reflexão.

ÍNDICE ONOMÁSTICO

Abbagnano, 242
Abelardo, Pedro, 95; *Diálogo entre um filósofo, um judeu e um cristão*, 95; *Sic et non*, 95
Academia platônica, 54-5
Adorno, Theodor, 257
Alemanha, 160, 174, 198, 255, 263
Alexandre, o Grande, 70, 83
Anaxágoras, 35
Anaximandro, 19, 23, 26, 27
Anaxímenes, 22, 26, 27
Antíoco, 91
Aquiles, 33
Arendt, Hannah, 256, 261-7; *Entre o passado e o futuro*, 262, 263; *Sistema totalitário, O*, 264, 265; *Crises da república*, 266
Aristóteles, 13, 14, 23, 25, 26, 28, 29, 32, 34, 36, 37, 48, 55, 65, 69-87, 96, 144; *Da geração e corrupção*, 81; *De caelo*, 23; *Ética a Nicômaco*, 83; *Física*, 74, 77; *Metafísica*, 13, 26, 71, 72, 73, 74, 75, 76, 77, 78, 79, 80, 84; *Política*, 82, 83
Ásia Menor, 19
Atenas, 37, 39, 51, 52, 70
Austin, J., 251, 252, 253, 254
Ayer, A., 248

Bacon, Francis, 111, 118
Barreto, Luís Pereira, 155

Barreto, Tobias, 278, 282, 288
Barreto, Vicente, 291; *Ideologia liberal no processo de independência do Brasil, A*, 292
Barros, Roque Spencer Maciel de, 291; *Introdução à filosofia liberal*, 291
Bauer, 170
Beckmann, 101
Berkeley, George, 112, 117, 118
Berlim, 159
Bérulle, 102
Blanc, Louis, 175
Börne, Ludwig, 175
Boyle, Robert, 118, 173
Brasil, 155, 230, 275-92
Büchner, 287

Campanella, 65
Camus, Albert, 242
Cármides, 52
Carnap, Rudolf, 124, 248
Cartago, 54
Castilhos, Júlio de, 155
Cebes, 58, 60
Chauí, Marilena, 276; *Apontamentos para uma crítica da Ação Integralista Brasileira*, 276
Chestov, 242
Círculo de Viena, 155

Cirene, 53
Clínias, 43, 44
Comte, Augusto, 124, 144-58, 221, 278; *Catecismo positivista*, 145, 152, 153, 154; *Curso de filosofia positiva*, 145, 147, 149, 151; *Discurso sobre o espírito positivo*, 147, 148; *Síntese subjetiva*, 145; *Sistema de política positiva*, 145, 151
Condillac, 124, 280, 282
Condorcet, 145
Constant, Benjamin, 155
Cousin, Victor, 277, 280, 281, 282
Crátilo, 52
Crítias, 52
Croce, 278
Cruz Costa, 276
Ctesipo, 44

Dante, 154
Darwin, Charles, 221
Davidson, D., 254
Demócrito, 28, 36, 37
Descartes, René, 101-16, 117, 153, 233; *Discurso sobre o método*, 102, 104, 105, 107; *Meditações*, 107, 124; *Meditações metafísicas*, 102, 108, 110; *Princípios da filosofia*, 103, 108, 110; *Regras para a direção do espírito*, 105, 106; *Resposta à segunda objeção*, 109; *Resposta à sexta objeção*, 110
Diels, H., 48; *Die Fragmente der Vorsokratiker*, 48
Dinamarca, 196
Diógenes Laércio, 25, 48; *Vida dos filósofos*, 48
Dion, 53
Dionisodoro, 43
Diotima de Mantineia, 62
Dummott, M., 254

Écio, 22, 23
Egito, 53

Empédocles, 34, 36
Engels, Friedrich, 171, 173-95; *Carta a Bloch*, 180; *Carta a Heinz Starkenburg*, 178; *Ideologia alemã*, 188, 194, 195; *Ludwig Feuerbach e o fim da filosofia clássica alemã*, 179, 189, 194; Prefácio à edição alemã de 1883 do *Manifesto do Partido Comunista*, 179; Segunda recensão à "*Contribuição à crítica da economia política*", de Marx, 181
Estados Unidos, 124, 255
Eurístrato, 27
Europa, 88, 174
Eutidemo, 43

Feuerbach, Ludwig, 170, 174, 175, 287
Fichte, 159, 160, 220, 287
Fílon, 91
Flaubert, Gustave, 233
Foucault, Michel, 256, 267-74; *Arqueologia do saber, A*, 267; *Eu, Pierre Rivière, que degolei minha mãe, minha irmã e meu irmão*, 267; *História da loucura*, 267; *História da sexualidade*, 267, 270, 271; *Microfísica do poder*, 268, 269, 271, 272; *Nascimento da clínica, O*, 267; *Palavras e as coisas, As*, 267; *Vigiar e punir*, 267, 269, 272
Fourier, 175
França, 101, 102, 124, 144, 175
França, Eduardo Ferreira, 281; *Investigações psicológicas*, 281
Franca, padre Leonel, 275, 276, 288, 289, 290
Franco, Maria Silvia, 276; *As ideias estão no lugar*, 276
Frege, G., 245, 254

Galileu, 84, 102, 111
Gentile, 278

308 Curso de filosofia

Gilbert, William, 118
Gioberti, 288
Glaucon, 63, 64
Gonçalves de Magalhães, Domingos José, 281, 282, 283, 288; *Fatos do espírito humano*, 282
Goethe, 159
Górgias de Leôncio, 37, 39
Grécia, 15, 51, 65, 69, 70, 83
Grice, P., 254

Habermas, Jürgen, 254, 255, 256, 257, 258, 259, 260, 261; *Técnica e ciência enquanto "ideologia"*, 257, 258, 259, 260
Hartmann, 287
Harvey, William, 118
Hegel, Georg Wilhelm Friedrich, 84, 159-72, 174, 175, 180, 181, 196, 198, 236, 278, 287; *Ciência da lógica*, 160, 163, 166, 169, 170; *Enciclopédia das ciências filosóficas em compêndio*, 160, 163, 164, 166, 168, 169, 170; *Fenomenologia do espírito*, 160, 163, 164, 166, 168, 169, 170; *Princípios da filosofia do direito*, 160, 163; *Propedêutica filosófica*, 160
Heidegger, Martin, 232, 236, 242
Heine, Heinrich, 175
Heráclito, 29, 52, 54, 69, 77
Hess, Moses, 175
Hipias de Elis, 37, 48
Hipócrates, 38
Hipólito, 22, 23, 24
Hobbes, Thomas, 114, 117, 118, 123, 124, 159; *Leviatã*, 114, 123
Hölderlin, Friedrich, 159, 160, 220
Horkheimer, 257
Hume, David, 112, 117, 118, 124, 175; *Investigações sobre o entendimento humano*, 121; *Tratado da natureza humana*, 122

Husserl, Edmund, 235

Inglaterra, 117, 118, 175, 255

James, William, 124; *Princípios da psicologia*, 124
Jardim, Eduardo, 292
Jaspers, Karl, 242

Kant, Immanuel, 124, 127-43, 159, 162, 223, 261, 286, 287; *Crítica do juízo*, 127, 135, 137; *Crítica da razão prática*, 127, 133; *Crítica da razão pura*, 127, 128, 129, 130, 131, 133; *Fundamentos da metafísica dos costumes*, 133, 135; *Ideia de uma história universal de um ponto de vista cosmopolita*, 138; *Metafísica dos costumes*, 134; *Prolegômenos*, 124
Kierkegaard, Soren, 196-218, 242, 262; *Conceito de angústia*, 198; *Desespero e pecado*, 212; *Desespero humano, O*, 198, 203, 204, 205, 206, 207, 208, 209, 210, 212, 213; *Diário de um sedutor*, 197, 198, 199, 200, 201, 202; *Ou... / ou*, 197, 198; *Temor e tremor*, 198, 214, 215
Kranz, W., 48; *Die Fragmente der Vorsokratiker*, 48
Kujawski, Gilberto, 289

Ladusans, padre S., 289; *Rumos da filosofia atual no Brasil*, 289
Lafitte, Pierre, 154
Leibniz, 112, 175, 286
Lemos, Miguel, 155
Lenin, Vladimir Ilelich Ulianov, 173, 175
Lessing, 181
Leucipo, 24, 28, 36
Lima, Hermes, 279
Littré, 154

Índice onomástico 309

Locke, John, 112. 117, 118, 119, 123, 159, 280, 282; *Ensaio sobre o entendimento humano*, 119; *Segundo ensaio sobre o governo civil*, 123
Luís XIV, 102
Lukács, 257
Lutero, 237

Macedo, Ubiratan Borges de, 277, 282, 291; *Liberdade no Império, A*, 277, 278, 282, 283
Macedônia, 51
Machado, Geraldo Pinheiro, 287
Maine de Biran, 124, 281
Malebranche, 112
Manés, 99
Marcel, Gabriel, 242
Marcuse, Herbert, 257
Marx, Karl, 65, 171, 173-95, 239; *Capital, O*, 177, 181, 183, 184, 185, 186, 187, 189, 190, 191; *Carta a Weydemeyer*, 188; *Contribuição à crítica da economia política*, 176, 177, 179, 182, 188; *Elementos fundamentais para a crítica da economia política*, 187, 191, 192, 193; *Ideologia alemã*, 188, 194, 195; *Manifesto do Partido Comunista*, 193; *Manuscritos econômico-filosóficos de 1844*, 192; *Sagrada família, A*, 177, 182; *Trabalho assalariado e capital*, 178, 193
Maurício de Nassau, 101
Mendelssohn, Moses, 181
Mênon, 41, 57, 61
Mercadante, Paulo, 291; *Consciência conservadora no Brasil, A*, 291
Merleau-Ponty, Maurice, 240
Mileto, 26
Mnesarco, 91
Moisés, 153
Moleschott, 287
Montaigne, Michel de, 102

Mont'Alverne, frei, 279, 280, 281
Moore, G.E., 246
Morus, Thomas, 65
Muniz, padre Patrício, 287, 288

Newton, Isaac, 112, 118
Nietzsche, Friedrich, 219-31, 262, 269; *Andarilho e sua sombra, O*, 221; *Anticristo, O*, 221; *Assim falou Zaratustra*, 221; *Aurora*, 221; *Caso Wagner, O*, 221; *Crepúsculo dos ídolos*, 221, 115; *Ditirambos dionisíacos*, 221; *Ecce homo*, 221; *Eterno retorno*, 221; *Gaia ciência, A*, 221; *Genealogia da moral, A*, 223, 228, 229; *Nascimento da tragédia*, 221, 226; *Nietzsche contra Wagner*, 221; *Para além do bem e do mal*, 221, 222, 224; *Vontade de potência*, 221, 227
Nova Academia, 64, 91
Nürnberg, 160

Occkam, Guilherme, 98-9; *Quodlibeta I*, 49
Ortágoras, 38
Owen, Robert, 175

Paim, Antônio, 279, 291
Parmênides, 29, 30, 31, 34, 35, 36, 46, 49, 54, 69, 77
Pascal, 262
Péricles, 51, 52
Pitágoras, 27, 29
Platão, 14, 15, 21, 27, 28, 29, 37, 38, 39, 41, 43, 45, 47, 48, 49, 51-68, 69, 70, 77, 90, 91, 96, 100, 161, 224; *Apologia de Sócrates*, 55; *Banquete, O*, 55, 62; *Cartas*, 55; *Carta VII*, 52; *Crátilo*, 29, 55, 161; *Diálogos*, 55; *Eutidemo*, 43, 44; *Eutífron*, 55, 56; *Fédon*, 55, 58, 60, 63, 90; *Fedro*, 55, 63; *Górgias*, 39, 55; *Leis*, 55; *Mê-*

310   Curso de filosofia

non, 41, 55, 57, 61; *Parmênides*, 55; *Primeiro Alcebíades*, 55; *República*, 55, 61, 62, 63, 64, 65; *Sofista*, 43, 46, 55, 161; *Teeteto*, 14, 40, 55, 59, 63; *Timeu*, 55, 90
Plotino, 90
Porfírio, 29
Prócleo, 31
Protágoras, 37, 38, 40, 58
Pseudoplutarco, 24

Reale, Miguel, 277, 279, 290, 292; *A filosofia em São Paulo*, 277, 290, 291
Ricardo, D., 176
Romero, Sílvio, 275, 279, 287, 288, 290; *A filosofia no Brasil*, 275, 279, 286
Rousseau, Jean-Jacques, 139, 159
Royer-Collard, 281
Ruge, Arnold, 175
Russell, Bertrand, 246, 248, 249, 251, 254; *Introdução à filosofia da matemática*, 246
Ryle, G., 251

Saint Simon, H. de, 144, 175
Sales, Alberto, 155
Salomão, 90
Santo Agostinho, 90-3, 96; *Cidade de Deus, A*, 90, 92, 93; *Confissões*, 90; *Contra acadêmicos*, 91, 92; *De Trinitate*, 92; *Sobre o Gênese*, 93; *Solilóquios*, 90
Santo Alberto Magno, 65
Santo Anselmo, 94-5; *Proslógio*, 95
Santo Tomás de Aquino, 65, 84, 96-7, 288; *Suma teológica*, 81, 82
São Bernardo, 95
São João Evangelista, 99
São Justino, 58-9; *Apologia*, 89
Sartre, Jean-Paul, 217, 232-43; *Crítica da razão dialética*, 233, 239, 240,

241; *Existencialismo é um humanismo, O*, 233, 239; *Náusea, A*, 233, 234; *Questão do método, A*, 217; *Ser e o nada, O*, 233, 234, 235, 237, 238; *Situações*, 240; *Situações IV*, 240
Say, J.B., 176
Schelling, 159, 160, 287
Schlick, Moritz, 124, 248
Schopenhauer, 220, 287
Scot, John Duns, 97-8; *Quaestiones Quodlibetales*, 98
Searle, J., 254
Severino, Antônio Joaquim, 289
Shakespeare, 154
Simplício, 27, 31, 35
Siracusa, 53, 55
Smith, Adam, 154, 176
Sócrates, 14, 21, 26, 37, 38, 40, 41, 43, 44, 45, 46, 48, 52, 53, 55, 56, 57, 58, 59, 60, 61, 62, 63, 64, 212, 224
Sólon, 52
Sousa, Soriano de, 286
Souza, Antônio Cândido de Mello e, 230
Spencer, 154
Spinoza, 112, 159, 175, 181, 286
Stiner, Max, 175
Strauss, 170, 287
Strawson, P., 254
Stuart Mill, John, 124, 154, 278
Suíça, 160

Taine, 154, 281
Tales de Mileto, 15, 19, 26, 46, 63
Tarento, 54
Teeteto, 40, 41, 42, 43, 45, 46, 58-9
Teixeira Mendes, 155
Teofrastro, 48; *Opiniões dos físicos*, 48
Tertuliano, 89-90; *Sobre a prescrição dos hereges*, 90
Tugendhat, E., 254
Túlio, 91

Índice onomástico 311

Unamuno, 242
União Soviética, 263

Vaux, Clotilde de, 145, 152, 153
Vaz, Henrique de Lima, 289
Vita, Luís Washington, 291

Weber, 257
Wittgenstein, Ludwig, 248, 249, 250, 251, 254

Zenão, 31, 32, 33, 34, 46, 100
Zeuxipo, 38
Zoroastro, 99

1ª EDIÇÃO [1986] 20 reimpressões

ESTA OBRA FOI COMPOSTA POR TOPTEXTOS EDIÇÕES GRÁFICAS EM MINION
E IMPRESSA EM OFSETE PELA GRÁFICA BARTIRA SOBRE PAPEL ALTA ALVURA
DA SUZANO S.A. PARA A EDITORA SCHWARCZ EM MAIO DE 2022

A marca FSC® é a garantia de que a madeira utilizada na fabricação do papel deste livro provém de florestas que foram gerenciadas de maneira ambientalmente correta, socialmente justa e economicamente viável, além de outras fontes de origem controlada.